novum pro

INHALTSVERZEICHNIS

Bibliografische Information
der Deutschen Nationalbibliothek:

Die Deutsche Nationalbibliothek
verzeichnet diese Publikation in
der Deutschen Nationalbibliografie.
Detaillierte bibliografische Daten
sind im Internet über
http://www.d-nb.de abrufbar.

Gedruckt in der Europäischen Union
auf umweltfreundlichem, chlor- und
säurefrei gebleichtem Papier.

ISBN 978-3-99131-583-4
Lektorat: Hannah Lackner
Umschlagfoto: Peter Fulde
Umschlaggestaltung, Layout & Satz:
novum Verlag
Innenabbildungen:
siehe Bildquellennachweis S. 8

Die vom Autor zur Verfügung gestellten Abbildungen wurden in der bestmöglichen Qualität gedruckt.

www.novumverlag.com

Climate neutral
Print product
ClimatePartner.com/16547-2201-1002

PETER FULDE

Rückblicke auf eine Zeit der

Umbrüche
und
Neuorientierungen

novum pro

VORWORT

Ursprünglich wurden diese Rückblicke allein für unsere Familie aufgeschrieben. Sie sollen insbesondere der Enkelgeneration etwas von den Lebensbedingungen und der Gedankenwelt vermitteln, die zur Zeit meiner Generation das Leben und Denken in Deutschland bestimmten.

Beginnend mit der Endphase des Zweiten Weltkriegs reicht sie über die Phase der Erholung von diesem Jahrhundertereignis und dessen Aufarbeitung über eine mehr als 40-jährige Spaltung Deutschlands bis hin zu der kaum noch für möglich gehaltenen Wiedervereinigung unseres Landes. Gegenwärtig versucht Deutschland zusammen mit anderen europäischen Ländern ein langfristiges Konzept für einen gemeinsamen Weg in die Zukunft zu finden. Wie eng oder weit sich diese Gemeinsamkeiten als praktikabel erweisen, wird sich zeigen.

Die wohl wichtigste Erfahrung, die ich im Leben gemacht habe, ist, dass man sich auch unter schwierigen Umständen nicht von seinen Zielen abbringen lassen soll. Kleinmütigkeit ist in schwierigen Zeiten fehl am Platz. Bisher hat die Menschheit noch jeden „Weltuntergang“ überstanden. Ein gesunder Optimismus hat sich immer wieder als gerechtfertigt erwiesen.

Die heranwachsende Generation in Deutschland wächst unter sehr günstigen wirtschaftlichen Bedingungen auf. Es ist für mich nicht absehbar, als wie robust sie sich erweisen würde, falls sich einmal die ökonomischen Rahmenbedingungen deutlich verschlechtern sollten. Wie belastbar würde sie sein? Eigene Erfahrungen lassen sich bekanntlich nicht ersetzen. Jedoch können fremde Erfahrungen sehr hilfreich sein, um Pläne und Vorstellungen für die eigene Zukunft zu entwickeln und zu konkretisieren.

Das ist der Grund, weshalb ich mich nach jahrelangem Zögern entschlossen habe, die Aufzeichnungen meiner eigenen Erfahrungen zu publizieren. Ich hoffe, dass insbesondere junge Leser dem Text etwas entnehmen können, was für sie selbst von Nutzen ist.

Erfolgreiche Readjustierungen einer Gesellschaft brauchen ein leistungsstarkes Bildungs-system, denn sie entwickeln sich durch Aufklärung und Überzeugung seiner Bürger. Da ich mein gesamtes Berufsleben im Wissenschafts- und Bildungsbereich tätig gewesen bin, konnte ich deren Entwicklung aus der Nähe kennenlernen. Obwohl in Deutschland über beide Bereiche häufig geklagt wurde und wird, so habe ich doch eine hohe Meinung, insbesondere von der Ausbildung der Mitte der Gesellschaft. In Zukunft wird es darauf ankommen, die Theorielastigkeit des Bildungssystems zu reduzieren, der praktischen Vernunft ein stärkeres Gewicht zu geben und die mentale Robustheit Auszubildender zu stärken. Die große Zahl von Studenten, die während der Corona-Epidemie an den Universitäten psychologische Beratung und Hilfe in Anspruch nehmen mussten, hat mich doch sehr überrascht. So hoffe ich, dass ich mit den vorliegenden Aufzeichnungen zur Meinungsbildung der jüngeren Generation etwas beitragen kann.

Gleichzeitig möchte ich die Gelegenheit nutzen, um Dr. Jutta Dornheim zu danken für Diskussionen über den Sinn und Nutzen solcher Rückblicke.

FLUCHT UND KRIEGSENDE

Wohl in jedem Lebenslauf gibt es Konstellationen oder Ereignisse, die außerhalb der Gestaltungsmöglichkeiten des einzeln agierenden Individuums liegen. Für Angehörige meiner Generation, die Mitte der 30er-Jahre des vorigen Jahrhunderts geboren wurden, war das gravierendste jener Ereignisse der Zweite Weltkrieg. Für einen Teil dieser Generation kommt, wie für mich auch, ein weiteres bestimmendes Ereignis hinzu: die Flucht. Wie ich diese erlebt habe, möchte ich hier berichten.

VON BRESLAU BIS GLOGAU

Die Flucht erlebte ich als fast neunjähriges Kind. Aufgrund des Ausmaßes der Katastrophe kurz vor Kriegsende werde ich die Perspektive zuweilen wechseln müssen.

Im Januar 1945 rückte die Ostfront immer weiter nach Westen und es wurde zunehmend offensichtlich, dass große Teile der Breslauer Bevölkerung nach Westen evakuiert werden würden. Die Stadt war zur Festung erklärt worden, was bedeutete, dass sie „bis zum letzten Mann“ verteidigt werden musste. Am 20. Januar wurden mein Bruder Klaus und ich von unserer Mutter auf die Straße geschickt, um am Lautsprecher, der an einer Litfaßsäule stand, mehr über die Maßnahmen zur Evakuierung der Stadt zu erfahren. Es hieß, dass die Stadtbereiche nacheinander geräumt werden würden. Jedenfalls wurden sofort Vorbereitungen für den Abtransport getroffen. Die Wohnung musste so, wie sie war zurückgelassen werden, denn pro Person waren nur zwei kleine Gepäckstücke zur Mitnahme erlaubt. Wenn man plötzlich mit der Tatsache konfrontiert wird, das ganze Lebensumfeld sofort aufgeben zu müssen, macht sich das Gefühl breit, dass etwas völlig Neues beginnt, von dem sich noch keine Umrisse andeuten. Diese sehr emotionale Erfahrung machte auch ich.

Nachdem wir einige Stunden gewartet hatten, kam gegen Abend ein Trecker mit einem angehängten Möbelwagen, der bereits voll besetzt war. Zusammen mit dem Kinderwagen für meine vier Monate alte Schwester Gabi wurden wir noch mit hineingezwängt. Bei großer Kälte ging die Fahrt nach Neumarkt. Dort übernachteten wir. Am nächsten Tag wurden wir auf einen Trecker mit offenem Anhänger geladen, der uns in Richtung Liegnitz befördern sollte. Auch an diesem Tag war es furchtbar kalt und wir froren sehr. Insgesamt war der Januar 1945 mit Temperaturen bis minus 20 Grad ungewöhnlich kalt. Unser Ziel war es, nach Glogau zu kommen, wo mein Vater als Stabsapotheker in einer Kaserne arbeitete. Unterwegs wurden wir in einem kleinen Ort aufgefordert auszusteigen, weil wir etwas zu essen erhalten sollten. Das wollten aber etliche der Flüchtenden nicht, weil sie der Sache nicht trauten, beziehungsweise weil sie fürchteten, im Stich gelassen zu werden. Wir mussten aber dann doch alle aussteigen. Meine Mutter hatte die Lage damals ebenfalls richtig eingeschätzt, denn als wir mit den anderen Flüchtlingen wieder aus dem Haus kamen, standen alle Habseligkeiten auf der Straße, der Trecker aber war verschwunden. Wahrscheinlich hatte sich der Bauer mit seiner Familie ebenfalls in Sicherheit bringen wollen.

Auf eine Weise, die ich nicht mehr rekonstruieren kann, kamen wir am 22. Januar in Glogau an. Dort wohnten wir für etwas mehr als eine Woche auf dem Kasernengelände. Dieses war schon teilweise geräumt, denn ein Teil der Soldaten war bereits abgezogen worden.

VON GLOGAU ÜBER GRÜNBERG BIS DRESDEN

Da die Front unaufhaltsam und rasch näher rückte, konnten wir auch in Glogau nicht lange bleiben. Die Angst der Bevölkerung vor den Russen und Polen war sehr groß. Viele fürchteten sich vor deren Rache. Auch die Propaganda und Berichte über Gräueltaten trugen dazu bei. So versuchten Frauen und Kinder, weiter nach Westen zu fliehen. Das Eisenbahnnetz war bereits kurz vor dem Zusammenbruch. Mit viel Glück gelang es uns, die Stadt mit dem letzten Sanitätszug zu verlassen. Der Zug war vom Roten Kreuz organisiert worden und auch als solcher gekennzeichnet. Er transportierte vorwiegend Verwundete, nur im letzten Wagen waren Familien mit Kindern untergebracht. Natürlich war er völlig überfüllt. Die Fahrt war ein ständiges Stop-and-go. Einmal wurden wir von Tieffliegern beschossen. Wir mussten die Waggons verlassen und uns unter dem Zug auf den Boden legen. Erst als die Gefahr vorbei war, durften wir wieder in die Abteile steigen, und die Fahrt ging weiter. Wasser für die Kinder konnte man sich lediglich bei einem Zwischenstopp an der Lokomotive holen. Die Fahrtroute sollte über Grünberg gehen. Einmal, als wir zum x-ten Mal anhalten mussten, war eine Frau ausgestiegen und nicht rechtzeitig in das Abteil zurückgekehrt, als sich der Zug wieder in Bewegung gesetzt hatte. Das blieb für eine ganze Weile unbemerkt, führte dann jedoch zu großer Aufregung. Zur allgemeinen Überraschung stieg sie bei einem weiteren Halt auf einem Bahnhof wieder zu. Landser hatten sie unterwegs mit einem Wehrmachtsfahrzeug mitgenommen. Das alles geschah bei Hunger und Kälte und wenig Hoffnung auf Besserung der Situation.

Unterwegs tauchte die Frage auf, wohin wir eigentlich fliehen wollten. Es gab einmal die Möglichkeit, nach Jüterbog zu fahren, wo die Breslauer Familie Wetzel, das heißt Frau Wetzel mit Jutta und Jürgen, bei Verwandten untergekommen war. Die Wetzels waren mit uns befreundet. Es war jedes Mal ein besonderes Ereignis, wenn Jutta und Jürgen uns mit ihrer Mutter besuchten, denn wir waren fast gleichen Alters und kamen gut miteinander aus. Die andere Möglichkeit war, nach Dresden zu Anni Döring zu fahren, einer alten Freundin von Mutter. Beide waren vor Jahren zusammen für ein Jahr in einem Mädchenpensionat in Heidelberg gewesen. Anni Döring hatte mehrfach geschrieben, dass wir zu ihr nach Dresden kommen könnten, wenn es in Breslau zu brenzlig werden sollte. Sie fühlte sich in Dresden sicher. Klaus und ich waren natürlich dafür, nach Jüterbog zu den Wetzels zu fahren, wohingegen Mutter meinte, Jüterbog liege zu nahe bei Berlin und sei deshalb zu unsicher. Dresden hingegen werde wegen seiner herausragenden kulturellen Rolle sicherlich auch weiterhin von Bomben verschont bleiben, ein kapitaler Irrtum, wie sich später herausstellen sollte. Wie von so vielen anderen wurde auch von Mutter der Wunsch der Alliierten nach Vergeltung an der deutschen Bevölkerung sträflich unterschätzt. Also entschied sie sich für die Fahrt nach Dresden.

Irgendwo, vermutlich war es Guben, mussten wir den Zug wechseln. Dabei passierte es, dass wir zu zeitig ausstiegen, weil er schon vor dem Bahnhof anhielt. Plötzlich standen wir zu dritt mit dem Kinderwagen zwischen rangierenden Lokomotiven. Schließlich kam ein Bahnbeamter. Er fragte uns, ob wir denn vollkommen verrückt seien, und brachte uns in Sicherheit.

DER LUFTANGRIFF AUF DRESDEN

Ende Januar erreichten wir Dresden und nahmen die Gastfreundschaft von Anni Döring in der Schneebergstraße, in der Nähe des Falkensteinplatzes, gern an. Später, nach dem Wiederaufbau, befand sich dort die Gaststätte „Aktivist", die während der DDR-Zeit in Dresden recht bekannt war.

Der Faschingsdienstag (13. Februar) war sehr kalt. Wir hatten mit Kindern aus der Nachbarschaft draußen gespielt, insbesondere mit Kindern aus dem Haus um die Ecke zum Falkensteinplatz. Ein Mädchen hatte uns zu ihrer Mutter in die Wohnung mitgenommen, wo es ein paar Kekse gab. Die Mutter und die Wohnung haben mich damals sehr beeindruckt. Das Ambiente zeugte von einem gewissen Wohlstand und strahlte Ruhe und Sicherheit aus. So schien es jedenfalls, doch der Schein trog.

Der erste Alarm wurde kurz vor 22 Uhr ausgelöst. Wir waren natürlich schon lange im Bett gewesen und schliefen. Als die Sirenen losheulten, wurden Klaus und ich halb angezogen und sollten uns zu Ende anziehen, da Mutter sich ja auch um Gabi kümmern musste. Klaus war so müde, dass er sich immer wieder auszog. Dann hasteten wir in den Keller. Es waren ununterbrochen dumpfe Einschläge zu hören, die nicht aus unserer unmittelbaren Umgebung, sondern aus einiger Entfernung zu kommen schienen. Angst hatten wir eigentlich nicht. Klaus und auch ich fragten unsere Mutter mehrfach, ob das nun ein Terrorangriff sei. Dieser Begriff war damals weit verbreitet gewesen und erzeugte jedes Mal ein Schaudern, wenn er erwähnt wurde.

Nach dem Angriff gingen wir wieder nach oben in die Wohnung, und Anni Döring machte sich auf, um nach einer Freundin zu sehen, die in einer Nachbargegend wohnte, wo, wie es hieß, schwerer Schaden verursacht worden sei. Nach einiger Zeit kam Anni mit der Nachricht zurück, dass die Sirenen nicht mehr funktionieren würden und dass ein neuer Angriff bevorstünde. Also machten wir uns wieder für den Keller fertig. In demselben Moment setzte auch schon der Angriff ein. Es war 01:30 Uhr in der Nacht. Diesmal war unsere Gegend stark betroffen. Die Einschläge waren sehr nahe und sehr heftig. Die Atmosphäre war nun äußerst angespannt. Eine junge Frau kam aus dem Großen Garten gelaufen und suchte Schutz in unserem Keller. Sie war vollkommen aufgelöst und hysterisch und schien einem Kollaps nahe zu sein. Sie berichtete, dass die Flüchtlinge und Bauern mit ihren Wägen und Pferden, die im Großen Garten gelagert hatten, schwer getroffen worden seien. Sie beschrieb ein Chaos von verzweifelten Menschen und verängstigten Tieren, von Leichenteilen, die in den Bäumen hingen, von Verletzten, die überall herumlagen. Kurz darauf gab es eine große Detonation. Das gegenüberliegende Wohnhaus war von einer Luftmine getroffen worden. Die Erschütterung war so heftig, dass die Rußklappe vom Schornstein unseres Hauses aufgerissen und alles im Keller mit Ruß bedeckt wurde. Der Kinderwagen mit Gabi wurde in die Luft gehoben, drehte sich dort um und kam mit den Rädern nach oben wieder auf den Boden. Zwei leere Blechtonnen waren ebenfalls hochgeflogen und landeten auf dem Kinderwagen. Da Gabi unter dem Wagen lag, passierte ihr nichts. Damals hieß es, das sei alles eine Folge des Luftdrucks nach einer Detonation gewesen, aber tatsächlich war es die Bodenwelle, die bei einem großen Einschlag entsteht und sich in die Nachbarschaft ausbreitet. Durch sie werden Gegenstände hoch in die Luft geworfen. Ein Baby, das vom Ruß vollkommen schwarz war, kämpfte mit Erstickungsanfällen.

Kurze Zeit später hieß es, dass das Haus brennen würde und dass wir aus dem Keller rausmüssten. Wir liefen in den Innenhof der U-förmigen Häuserblöcke, der mit Zäunen unterteilt war. Die Leute rissen die Latten heraus, und so gelangten wir in den Keller des Nachbarhauses auf der Schneebergstraße. Nach einiger Zeit brannte auch dieses Haus und wir flohen weiter in einen anderen Keller. Vom Hof aus sah man den gesamten Häuserblock brennen. Aus dem Küchenfenster der Wohnung der Dörings schlugen zungenförmige, große Flammen. Der Anblick war archaisch. Inzwischen war der Angriff vorüber. Es war völlig still geworden, nur das Knacken von brennenden Balken war zu hören. Ab und zu explodierten noch Blindgänger. Der Himmel war feuerrot, die Luft von beißendem Qualm erfüllt, der in den Augen brannte. Im Innenhof war ein mit einem Fallschirm abgesprungener Flieger aufgetaucht, und es schienen wohl auch noch ein weiterer Pilot oder gar zwei gelandet zu sein. Die Leute redeten immer von „Amerikanern", aber vermutlich waren es Engländer. Jedenfalls wollte eine Gruppe den gelandeten Amerikaner angreifen, aber ein Mann stellte sich vor ihn und rief sinngemäß, dass der Flieger Soldat sei und als Kriegsgefangener behandelt werden müsse. Auf diese Weise verhinderte er eine Lynchjustiz durch die aufgebrachte Menge. Ich weiß nicht, was später mit dem Gefangenen passiert ist.

Im Haus in der Schlüterstraße, in dem wir letztlich Zuflucht gefunden hatten, waren die Leute couragierter als in den Häusern zuvor. Sie versuchten alles, um zu verhindern, dass auch dieses Haus Opfer der Flammen wurde. Doch diese Entschlossenheit hatte auch einen besonderen Grund. Man konnte jetzt den Keller nicht mehr verlassen, weil draußen ein enormer Asche- und Funkenflug tobte. Es war wie ein Funkensturm, man hätte im Freien sofort Feuer gefangen. Insofern war unsere Situation sehr bedrohlich. So wurde sie auch empfunden. Sowohl rechts als auch links brannten die Nachbarhäuser der geschlossenen Häuserfront. So gefangen zu sein, fühlte sich für einige der Kellerinsassen ausweglos an. Panik machte sich breit. Ein Ehepaar gab auf und erschoss sich im hinteren Kellerteil mit einer Pistole, zuerst tötete der Mann seine Frau und dann sich selbst. Daraufhin wurde gesagt, wer sich erschießen wolle, der solle nach draußen gehen und es nicht im Keller tun. Unsere Mutter klagte mehrfach: „Hätte mir der Vati doch nur Zyankali mitgegeben." Sie hatte es zuvor mehrfach von ihm für den Notfall erbeten, da sie befürchtete, einmal bei einem Bombenangriff verschüttet zu werden. Mein Vater als Apotheker hätte die Bitte meiner Mutter leicht erfüllen können, aber er hatte ihr das Gift nicht gegeben, weil er gefürchtet hatte, Mutter würde es zu zeitig nehmen. Seine Bedenken waren auch richtig gewesen, denn sonst hätte es vermutlich auch unser Ende bedeutet. Jedenfalls spitzte sich die Situation zu, und es sah so aus, als ob das Haus nicht zu halten sei. Es gab Brandübergriffe im Dachstuhl und in einer der Wohnungen. Viele Scheiben waren explodiert und Gardinen hatten angefangen zu brennen. Diese Brände entstanden schnell, und da es kein Wasser gab, waren sie schlecht zu kontrollieren. So entschlossen sich mehrere Personen im Keller, zu denen auch wir gehörten, das Haus trotz der draußen herrschenden Zustände zu verlassen und zu versuchen, aus der Stadt zu entkommen. Das sollte über das Blaue Wunder geschehen, eine vormals vielbewunderte Stahlkonstruktion über der Elbe, die Blasewitz mit Loschwitz verbindet. Zuvor tränkten wir die äußere Kleidung mit Wasser und hängten ein nasses Tuch über den Kinderwagen. Die Straßen sahen fürchterlich aus, alles brannte, und Häuser waren bereits durch Bomben und Brand zusammengestürzt.

Das muss so gegen vier oder fünf Uhr in der Früh gewesen sein. Der Funkenflug war sehr stark, und mit dem Kinderwagen war es sehr beschwerlich, den richtigen Weg zu finden. Ab und zu explodierten Blindgänger. Irgendwann waren wir schließlich an der Elbe. Das Blaue Wunder war Gott sei Dank nur geringfügig getroffen worden, sodass die Brücke begehbar war. Trotzdem kostete uns das mit dem Kinderwagen einige Anstrengungen. Ich hatte dauernd Angst, ich würde durch eines der Löcher im Bretterbelag der Brücke in die Elbe fallen. Zu dem Zeitpunkt war es bereits einigermaßen hell. Wegen des starken Rauchs und Qualms und des Feuerscheins ist es aus der Erinnerung heraus schwer zu sagen, wie spät es tatsächlich war. Auf der anderen Elbseite waren die Stadtteile Loschwitz und Weißer Hirsch fast unbeschädigt geblieben, sodass wir versuchten, hier irgendwo unterzukommen. Das war schwierig, denn in etlichen Häusern rührte sich nichts, als wir klingelten. Eine Ausnahme war eine Arztfamilie. Sie hatte das Haus für Flüchtlinge geöffnet, aber es war bereits völlig überfüllt. Aus diesem Grund konnten wir dort nicht bleiben.

Genau zu dem Zeitpunkt setzte der dritte Angriff ein. Offenbar waren die verantwortlichen Befehlshaber der alliierten Luftstreitkräfte der Meinung, dass noch zu viel von der Stadt und den Menschen übriggeblieben war. Kurz darauf verließen Mutter die Kräfte, sie brach auf der Straße zusammen. Sie wurde in einen Garten gelegt, und es dauerte einige Zeit, bevor sie wieder aufstehen konnte. Ich erinnere mich nicht mehr, auf welche Weise wir schließlich wieder bei der Familie des Arztes gelandet waren, die diesmal, trotz völliger Überfüllung des Hauses, doch noch einen Platz im Heizungskeller für uns fand. Als die Frau des Hauses in den Kinderwagen schaute, lachte Gabi, die immer noch völlig schwarz war, und das war wohl der letzte notwendige Funke, der uns die Unterkunft bescherte. Im Heizungskeller überkam Mutter die unbegründete Angst, dass bei einem neuen Angriff die heißen Rohre platzen und wir verbrüht werden könnten.

DIE TAGE NACH DEM ANGRIFF

Die Verpflegung war in den nächsten Tagen ein großes Problem. Ein Arzt hatte für Gabi einige Dosen *Alete*-Pulvermilch verschrieben, aber der Apotheker wollte nicht so viele Dosen abgeben, und so erhielt Mutter nur einen kleinen Teil der bewilligten Trockenmilch. Ich erinnere mich, dass wir oft in langen Schlangen anstanden, um etwas Essbares zu bekommen. In diesem Zusammenhang denke ich oft an einen kleinen Zwischenfall. Ich stand wieder einmal in einer Schlange und muss irgendetwas gesagt haben, was offenbar politisch nicht korrekt gewesen war. Daraufhin hatte mich ein Mann in bedrohlichem

Ton angeherrscht und in der Schlange war sogleich jedes Gespräch verstummt. Die Menschen waren sofort eingeschüchtert. Eine andere Begebenheit ist mir ebenfalls noch in Erinnerung. Mutter und ich waren auf der Bautzner Landstraße am Weißen Hirsch auf der Suche nach Lebensmitteln. Überall hingen Zettel mit der Suche nach Vermissten. Denn bei der Flucht aus der Stadt, und auch bereits zuvor, waren viele Familien getrennt worden. Entlang der Bautzner Landstraße zogen schon wieder endlose Trecks von Flüchtlingen aus dem Osten nach Westen, das heißt Pferdewägen mit in vielen Fällen noch zusätzlichen Pferden, die hinten am Wagen angebunden waren, oder dem Wagen frei folgten. Dann ging plötzlich in unmittelbarer Nähe ein Blindgänger hoch. Ungefähr vier bis fünf Pferde, die offenbar nicht fest genug angebunden waren, scheuten, rissen sich los und rasten in wilder Panik die Bautzner Straße entlang und direkt auf uns zu. Die Situation machte mir damals große Angst, obwohl die Gefahr relativ gering gewesen war, wenn man es objektiv betrachtete. Schon eine Hauswand hätte genügend Schutz geboten. Trotzdem werde ich den Anblick dieser in Panik geratenen und auf uns zurasenden Pferdegruppe nie vergessen.

ZAHL DER OPFER

Der Streit rund um die Zahl der Opfer der Bombenangriffe auf Dresden ist eine lange und traurige Geschichte. Während nach dem Angriff von 150.000 bis 200.000 Toten die Rede war, wie ich mich gut erinnere, ist diese Zahl kontinuierlich nach unten revidiert worden. Dahinter steht vermutlich auch die politische Absicht, keine Vorwürfe und gegenseitigen Aufrechnungen aufkommen zu lassen, zumal wir seit mehr als 70 Jahren mit den europäischen Ländern friedlich zusammenleben. Die jetzt offiziell genannte Zahl einer Historikerkommission von 20.000 bis 25.000 Opfern darf jedoch stark angezweifelt werden.

(Die Kommission hatte ursprünglich als Mindestzahl lediglich 18.000 Opfer angegeben.) Zehn Tage nach dem Dresdner Angriff wurde bei einem Luftangriff auf Pforzheim genau wie in Dresden ein Feuersturm ausgelöst. Dabei kamen nachweislich mehr als 31 Prozent der Bevölkerung, das heißt 17.600 Menschen ums Leben. Wieso es in dem mit Flüchtlingen vollgepackten, viel größeren Dresden (mit einer rund 10-fachen Einwohnerzahl) bei den Angriffen am 13. und 14. Februar und einer mindestens dreifachen Bombenmenge lediglich 1,1 bis 1,4-mal mehr Opfer als in Pforzheim gegeben haben soll, ist schwer nachzuvollziehen. Einmal mehr zeigt sich, dass diesbezügliche Zahlenangaben mit großer Vorsicht zu betrachten sind.

VON DRESDEN NACH EILENBURG

Von Dresden gelangten wir nach Eilenburg an der Mulde. Vermutlich wurden wir von den staatlichen Flüchtlingsstellen dorthin geschickt. Unsere Bleibe war dort zunächst ein Flüchtlingslager. Wir wurden in einem Raum mit 15 bis 20 Leuten untergebracht. Die Betten waren mehrstöckig, und wir bekamen für uns drei plus Gabi als Baby ein Doppelstockbett zugeteilt. Ich erinnere mich, dass wir wieder für kurze Zeit zur Schule gingen und wohl auch für eine kleine Weile in einem Haus in der Nähe der Schule gewohnt hatten. Schließlich wurden wir in die Villa (ein besseres Einfamilienhaus) der Familie V. einquartiert. Der Eigentümer hatte einen kleinen Baubetrieb und war wohl auch ein Parteigenosse. Ich erinnere mich jedenfalls, dass in unserem Zimmer das Buch *Mein Kampf* von Hitler stand und ich darin gelesen hatte. Die Familie war sehr auf ihren Garten bedacht, und wehe wir gingen über den Rasen, statt auf dem Weg zu bleiben. Die V. betrachteten uns als Flüchtlinge aus dem Osten, bei denen es mit der Zivilisation nicht weit her sein konnte. Mit anderen Worten, die Familie war bezüglich ihrer Ansichten das, was man als leicht voreingenommen bezeichnen kann. Während dieser Zeit kam unser Vater für zwei bis drei Urlaubstage zu Besuch. Er hatte sich nach Dresden durchgeschlagen und an der Ruine des Hauses in der Schneebergstraße einen Zettel gefunden, dass wir zu den Überlebenden gehören und jetzt in Eilenburg ansässig wären. Danach wurde es etwas besser, wir stiegen bei den V.s etwas in unserem Ansehen, weil Vater Hauptmann, sprich Offizier, war. Offenbar hatte das die V.s beeindruckt.

Bei der Abreise meines Vaters passierte ein weiteres Unglück. Meine Mutter und ich hatten ihn zum Bahnhof gebracht. Der Zug stand bereits auf dem Gleis, als es plötzlich eine gewaltige Explosion gab. Jeder dachte an einen Tieffliegerangriff, und die Menschen warfen sich zu ihrem Schutz zum Teil unter den Zug oder gleich auf den Bahnsteig. Schon nach kurzer Zeit gab es eine weitere schwere Detonation. Der Zug konnte nicht aus dem Bahnhof fahren, weil Menschen unter ihm lagen. Plötzlich rief ein Soldat: „Runter vom Bahnsteig, ein Munitionszug geht in die Luft." Wir rannten wie wild vom Bahnsteig und warfen uns in einen Graben, als es wieder krachte. Nicht weit von mir, etwa vier Meter, erwischte es einen Mann. Er blieb liegen. Nach der Explosion rannten wir, so schnell wir konnten, weg vom Bahnhof, wo später noch ein oder zwei andere Wagen explodierten. Wir gelangten bis an die Mulde, die uns mit einer Schleife den weiteren Weg versperrte, sodass wir uns nach einiger Zeit wieder dem Bahnhof etwas nähern mussten, bevor wir endgültig von ihm wegkamen. Die Explosionen hatten an den Häusern in Bahnhofsnähe zum Teil schwere Spuren hinterlassen, und durch die umherfliegenden Splitter waren Menschen noch im Umkreis von einigen Kilometern zu Schaden gekommen. So wurde ein Bauer, der mehrere Kilometer vom Bahnhof entfernt vor seinem Hof gestanden hatte, von einem der Splitter tödlich getroffen.

EILENBURG ALS FESTUNG

Inzwischen rückte die Front immer näher an Eilenburg heran. Besonders beängstigend waren die Tieffliegerangriffe. Sie spielten sich wie folgt ab: Es begann mit einem zunehmenden Motorengeräusch eines nahenden Flugzeugs, das dann auch gleich im Tiefflug erschien und seine Geschosssalven auf alles, was sich bewegte, abfeuerte. Man hatte also große Mühe, möglichst schnell eine sichere Deckung zu finden.

Als die amerikanische Front die Nähe von Eilenburg erreicht hatte, geschah etwas, das in meinen Augen absolut irrational war: Eilenburg wurde zur Festung erklärt. Der Ort hatte damals vielleicht 20.000 bis 30.000 Einwohner. Bis Torgau, wo sich später Amerikaner und Russen trafen, sind es nur 30 Kilometer. Es war also völlig sinnlos, die Stadt zu verteidigen. Dennoch wurde die Stadt zur Festung erklärt. Die Verteidigung schloss den Volkssturm, also Männer bis über 60 Jahre und Jugendliche bis zu Minderjährigen, ein. Es wurden zahlreiche Panzerfäuste verteilt. Eine Panzerfaust ermöglichte es einem Einzelnen, einen Panzer zu knacken. Da der Schütze sich dabei dem Panzer bis auf wenige Meter nähern musste, kam dieser oft nicht mit dem Leben davon.

Die Folge der Erklärung Eilenburgs zur Festung war, dass die amerikanischen Truppen die Stadt nicht einnahmen, sondern ihre Truppen schonten und ihre Artillerie auf den Hügeln der Umgebung aufbauten, um von dort aus die Stadt tagelang mit Granaten zu beschießen. Dabei muss man sich vergegenwärtigen, dass der Krieg faktisch fast zu Ende war. Der Beschuss der Stadt erfolgte jeweils in längeren Schüben, die folgendermaßen abliefen: Nach Einstellung der Artilleriegeschütze wurde ein vorgegebener Winkelbereich überstrichen und beschossen. Dann kam es zu einer jeweils etwa 15-minütigen Feuerpause, während der die Neueinstellung der Entfernung vorgenommen wurde, um erneut einen Winkelbereich abzudecken und zu beschießen. Auf diese Weise konnte man sehen, wie die beschossene Fläche immer näher rückte. Am zweiten oder dritten Tag des Beschusses war es dann so weit, dass die Artilleriegeschosse unsere Gegend erreicht hatten. Spätestens jetzt war es an der Zeit, den Mut aufzubringen, um in einer Gefechtspause das Haus zu verlassen und in ein sichereres, das bedeutete bereits beschossenes, Gebiet zu wechseln. Das tat Mutter dann auch mit uns Kindern, und wir flohen in einen Bergbunker, der zur Lagerung großer Maschinen diente. Dabei mussten wir eine Brücke über einen Seitenarm der Mulde überqueren, unter der Jugendliche, besser gesagt Kinder, mit Panzerfäusten saßen. Unterwegs schrien uns Soldaten an, ob wir völlig verrückt seien, aber eigentlich war das, was wir taten, das Klügste, das man tun konnte. Wir vermieden auf diese Weise, direkt unter Beschuss zu geraten.

Amerikanische Panzer in Eilenburg (Quelle: Sammlung Stadtmuseum Eilenburg)

Die Familie V. wollte das Haus, ihr Ein und Alles, nicht verlassen, sondern blieb im Keller. Einige Zeit später wurde das Haus getroffen, und der Keller stürzte zur Hälfte in sich zusammen. Glücklicherweise saß das Ehepaar auf der richtigen Kellerseite und kam unverletzt davon. Wären wir geblieben, dann hätten wir uns vermutlich auf der falschen Seite befunden.

In dem Bunker hielten sich einige hundert Flüchtlinge auf. Er war voll belegt. Von der Decke tropfte konstant Wasser, und ich, mit meinen neun Jahren, hatte ständig die irrationale Angst, dass während der Kämpfe jemand von außen eine Handgranate durch die sich an der Decke befindenden Luftklappen werfen könnte. Nach einiger Zeit war unsere Mutter der Meinung, dass wir unseren Platz wechseln müssten, weil wir sonst unter den gegebenen Bedingungen auch ohne Waffen zu Tode kämen. Wir fanden eine neue Ecke in einem niedrigeren Raum, der halbwegs trocken war. Einige Tage später tauchte ein amerikanischer Spähtrupp vor dem Bunker auf. Daraufhin hissten einige alte Leute eine weiße Flagge. Kurz darauf zog sich der Spähtrupp wieder zurück und es kamen stattdessen einige SS-Soldaten vorbei, die ebendiese Leute, die gerade die Flagge gehisst hatten, standrechtlich erschossen. Denn eine Festung sei bis zum letzten Mann zu verteidigen. Der Höhepunkt der Irrationalität und des Kriegswahnsinns war erreicht.

Kurze Zeit später rückten die ersten amerikanischen Panzer ein. In dem Bunker wurde jemand mit Englischkenntnissen gesucht. Da niemand Englisch konnte, meldete sich Mutter. Also gingen wir beide vor den Bunker, und ich sah zum ersten Mal einen Amerikaner. Es stellte sich schnell heraus, dass das Englisch, das Mutter von der Schule noch in Erinnerung hatte, für eine Konversation kaum ausreichte. Hinzu kam die Aufregung, und so fragte sie mich mehrmals: „Peter, wie heißt das?“, was ich, der kein Wort Englisch sprechen konnte, natürlich auch nicht wusste.

Nachdem die Stadt von den Amerikanern besetzt worden war, konnten wir den Bunker verlassen. Die Stadt war zu 90 Prozent zerstört worden, von zehn Häusern war im Schnitt eines übrig geblieben. Überall herrschte ein charakteristischer Brandgeruch vor, und zahlreiche Trümmer rauchten noch. Es gab Häuser, bei denen die gesamte Vorderfront fehlte, sodass die Wohnungen, die zum Teil noch möbliert waren, wie die einer Puppenstube aussahen. Wir zogen vom Bunker in die Damaschke-Straße, eine Gegend am Stadtrand, die relativ unbeschädigt geblieben war. Unterwegs sahen wir, dass die Bonbonfabrik Heinze geplündert wurde. Klaus und ich beteiligten uns nach einigen

Hemmungen am Ausräumen der Fabrik und schleppten zwei größere Blechdosen mit Rohmasse zur Bonbonherstellung und mit fertigen Bonbons aus dem Gebäude. Da es keine Lebensmittel gab, war alles Essbare willkommen. Allerdings konnte man von der Bonbonmasse jeweils immer nur recht kleine Mengen essen, sonst hätte man sich den Magen völlig ruiniert.

Der Krieg war für uns schon kurz vor der Kapitulation Deutschlands vorbei, das wirkliche Ende folgte wenige Tage später. Wie bereits erwähnt, war die Stadt weitestgehend zerstört, und das ganze Ausmaß der Verwüstung wurde erst jetzt richtig sichtbar. Wohin man blickte, nur Schutt und Asche. Auch den schönen Rasen auf dem Grundstück der Familie V. gab es nicht mehr. Neben kleinen Einschlagtrichtern lag inmitten der Rasenfläche ein aufgedunsener Pferdekadaver. Das herumirrende Tier war von einer Granate getroffen worden und an seinen Verletzungen verendet. Das Ehepaar selbst schien wie verwandelt zu sein. Die bislang vorherrschende Reserviertheit und Überheblichkeit waren einer gewissen Freundlichkeit gewichen. Die letzten Kriegstage hatten auch bei den V.s tiefe Spuren hinterlassen.

Unsere Hauptsorge war die Ernährung. Eines Nachts wachte ich mit fürchterlichen Leibschmerzen auf. Ein herbeigerufener Arzt diagnostizierte einen entzündeten Blinddarm, der meine sofortige Einlieferung ins Krankenhaus zur Folge hatte. Dort wurde ich am folgenden Tag von einem jungen Chirurgen, der großen Eindruck auf mich machte, operiert. Die Narkotisierung war ziemlich primitiv. Wenn ich mich recht erinnere, dann war damals einfach ein mit Äther getränktes Tuch auf meine Nase gelegt worden. Ich musste tief einatmen und dabei zählen. Ich bin wohl nicht über die Zahl drei hinausgekommen. Als ich wieder erwachte, befand ich mich in einem Saal zusammen mit etwa 25 bis 30 weiteren Patienten. Viele von ihnen hatten Kriegsverletzungen. Neben mir lag ein fast gleichaltriger Junge, dem bei einem Tieffliegerangriff Teile eines Arms abgeschossen worden waren. Ein Tiefflieger hatte ihn ausgemacht, als er zum Nachbardorf unterwegs gewesen war. Als die erste Salve daneben gegangen war, war er einen zweiten Angriff geflogen und hatte einen Arm des Jungen getroffen. Irgendwann stellte sich heraus, dass mein Blinddarm völlig in Ordnung war und ich stattdessen an einer Bauchdrüsentuberkulose erkrankt war. Was das genau war, ist mir bis heute nicht recht klar. Jedenfalls war wohl Unterernährung die Ursache des Übels. Mein Gewicht betrug damals mit neun Jahren gerade einmal 27 Kilo. Aus diesem Grund sollte ich mehr Scheine für Lebensmittelzuteilungen erhalten, was aber später aufgrund der vorherrschenden Knappheit nicht zustande kam. Die mangelnde Ernährung führte bei der Bevölkerung zum Ausbruch verschiedenster Krankheiten. Besonders verbreitet war Ruhr, aber auch Fälle von Typhus traten auf und waren sehr gefürchtet. Auf Plakaten wurde vor den Tücken der einzelnen Krankheiten gewarnt und Ratschläge für deren Verhinderung, beziehungsweise Verminderung erteilt.

Nach kurzer Zeit war ich wieder auf den Beinen und Klaus und ich machten uns, wie viele andere Kinder auch, an das Sammeln von Tabak. Sobald man einen amerikanischen Soldaten mit einer Zigarette im Mund sah, wurde er verfolgt und darauf gewartet, dass er die Kippe endlich wegwarf. Die Kippen wurden gesammelt, der Tabak entnommen und gegen Lebensmittel getauscht. Manche Soldaten hatten die „schlechte" Angewohnheit, die Kippen auszutreten, was uns sehr ärgerte. Ich erinnere mich noch an eine Begebenheit, wo einige amerikanische Soldaten im ersten Stockwerk eines Hauses die Beine aus dem Fenster baumeln ließen und eine Zigarette nach der anderen nach unten warfen. Wir waren inmitten einer größeren Kinderschar und versuchten, so schnell wie möglich aufzusammeln, was wir ergattern konnten. Die Szene erinnerte sehr an die Fütterung von Enten oder Fischen.

Die Amerikaner waren recht beliebt bei der Bevölkerung und auch bei uns. Sie waren freundlich und spendierten gelegentlich eine oder mehrere ihrer zahlreichen kleinen Konserven. Das waren wirkliche Delikatessen für uns. Manchmal kam ein ganz junger Soldat zu uns. Sein Name war Terry Tinley. Vermutlich hatte er irgendwelche deutschen Vorfahren gehabt und wollte deshalb etwas Deutsch lernen. Jedes Mal brachte er etwas Essbares mit, was natürlich hoch geschätzt wurde. Bald wurde er uns jedoch von einem jungen Mädchen aus dem Haus weggeschnappt, die vielseitigeren Unterricht erteilte. Generell galten die Amerikaner als recht nett, sie waren es aber nicht immer. Einmal hatte ich einen alten Metallreifen die Straße entlang gerollt, als mir ein wachhabender Soldat etwas zurief, was ich nicht verstand. Offenbar hatte ihn das Geräusch des rollenden Reifens gestört, denn als ich unbekümmert weiterlief, nahm er sein Gewehr ab und zielte auf mich. Der unfreundliche Akt hat mich damals in Angst versetzt.

Eines Tages tauchte unser Vater auf. Die Freude, dass die Familie wieder beisammen war und niemand durch den Krieg körperlichen Schaden genommen hatte, währte nur kurze Zeit, denn Vater war verpflichtet, sich in der amerikanischen Kommandantur zu melden. Er ging im kurzärmeligen Hemd dorthin und kam nicht wieder nach Hause. Man hatte ihn als Kriegsgefangenen kurzerhand einbehalten, und es dauerte etliche Monate, bis wir ihn wiedersahen. Das Kriegsgefangenenlager lag in Bückeburg, in der Nähe von Hannover. Fehlender Kälteschutz und schlechte Verpflegung machten ihm dort sehr zu schaffen. Nach seiner Entlassung wäre es klug gewesen, sich in der amerikanischen oder britischen Besatzungszone nach einer Arbeitsstelle als Apotheker umzusehen, um danach die Familie nachziehen zu lassen. Diese Einsicht fehlte jedoch und wäre unter den damaligen Bedingungen, die bereits beschlossene Nachkriegsordnung war nicht allgemein bekannt, wohl auch etwas zu viel verlangt gewesen. So kehrte Vater nach Eilenburg zurück und bemühte sich später von dort aus um eine Arbeitsstelle.

BESETZUNG DURCH DIE ROTE ARMEE

In Eilenburg hatte es zwischenzeitlich große Veränderungen gegeben. Die Grenzlinie zwischen den amerikanischen und russischen Truppen, die sich bei Torgau an der Elbe getroffen hatten, verlief nach Vereinbarungen der Alliierten ursprünglich entlang der Mulde. Da die Stadt Eilenburg auf der westlichen Seite des Flusses lag, waren wir deshalb nach der Einnahme der Stadt durch die Amerikaner für einige Zeit von amerikanischen Truppen besetzt. Bald traten jedoch die in Jalta gefassten Beschlüsse in Kraft, nach denen Deutschland in festgelegte drei, beziehungsweise vier Besatzungszonen aufgeteilt wurde. So hörten wir eines Nachts Hufgetrappel, das überhaupt nicht aufzuhören schien. Eine endlose Schlange kleiner Panje-Pferdewagen der Roten Armee zog durch die Stadt weiter westwärts. Die Sowjetunion besetzte nun auch den Teil Deutschlands, der ihr nach dem Jalta-Abkommen zukam und der ihnen nun von den Amerikanern übergeben worden war. Zuvor waren die amerikanischen Truppen fast lautlos abgezogen. Das Verhältnis zwischen der deutschen Bevölkerung gegenüber den Besatzern änderte sich mit diesem Wechsel schlagartig. Nun war es von Angst und Misstrauen geprägt. Das hatte mehrere Ursachen. Zum einen war während der Kriegsjahre „der Russe“ von der Propaganda als brutal, kulturlos und barbarisch stigmatisiert worden. Außerdem gab es wahrhaftig erschreckende Berichte über Gräueltaten hinter der Frontlinie der sowjetischen Streitkräfte in Schlesien und Ostpreußen. Die meisten der jungen russischen Soldaten kamen aus ländlichen Gegenden und waren in einigen Fällen mit alltäglichen Dingen wie etwa einem WC nicht vertraut und dementsprechend war ihr Verhalten. Außerdem wurden sie von der eigenen Führung oft äußerst hart behandelt, was aus unserer Sicht dafür sprach, dass sie nicht gerade zart besaitet sein konnten. Für sie waren die Deutschen die Besetzer ihrer Heimat, die den Krieg angezettelt hatten.

So kam es anfangs häufig zu Übergriffen der Soldaten gegenüber der Zivilbevölkerung, zu Vergewaltigungen, Plünderungen und Raub auf offener Straße. „Uri, Uri“ war ein bekannter Slogan, der bedeutete: Wenn ein Einheimischer mit einer Armbanduhr von einem russischen Soldaten gesichtet wurde, dann war jener die Uhr mit hoher Wahrscheinlichkeit sofort los. Ähnlich begehrt waren auch Fahrräder. Setzte sich jemand zur Wehr, dann war der Ausgang des Streits für den Deutschen oft tödlich. Über die Monate entspannte sich die Lage jedoch zusehends. Die gutmütigen Seiten der Soldaten wurden deutlicher sichtbar. Auffallend war ihre große Kinderliebe. Auch wurde bald bekannt, dass einige der Offiziere sehr gebildet waren, das machte bei der Bevölkerung dementsprechenden Eindruck. So gewöhnte man sich allmählich aneinander. Russen und Deutsche lebten über Jahrhunderte gut nebeneinander, warum sollte das in Zukunft anders sein.

Im Herbst 1945 kehrte Vater aus der Kriegsgefangenschaft zurück und begann mit der Arbeitssuche. Nach einiger Zeit erhielt er das Angebot, in Weißenfels in der dortigen Neustadt-Apotheke zu arbeiten. So siedelte unsere Familie nach Weißenfels um. Dort wohnten wir in der Merseburger Straße 9. Im selben Haus befand sich auch die Apotheke. Wir hatten für unsere fünfköpfige Familie drei Zimmer zur Verfügung. Im Erdgeschoss lag das nunmehr umgenutzte Nachtdienstzimmer, ein Zimmer gab es im ersten Stock sowie eine kleine Dachkammer im dritten Stock. In dieser waren Klaus und ich untergebracht, während die Eltern im ersten Stock schliefen. Die Wohnung im ersten Stock bewohnte der Eigentümer der Apotheke, Herr Koch Senior mit seiner Ehefrau, der „alten Dame“, die von meinem Vater mit „gnädige Frau“ angeredet wurde. In derselben Wohnung wohnten auch Koch Junior, der ebenfalls Apotheker war, mit seiner Ehefrau, der Juniorin. Koch Junior war beinamputiert und konnte sich nur mit zwei Krücken bewegen. Die Juniorin war eine hübsche blonde Frau und schien unternehmungslustig zu sein. Allerdings gab es damals wenig zu unternehmen. Sie wurde von meinem

Vater ebenfalls mit „gnädige Frau“ angeredet. In der zweiten Etage wohnte Familie Rogge. Herr Rogge war ursprünglich Besitzer einer Tankstelle gewesen, aber zum damaligen Zeitpunkt bereits enteignet.

Das kleine Dachzimmer im dritten Stock ließ sich im Winter nur durch einen Radiator erwärmen, der mit der darunter liegenden Wohnung der Familie Rogge verbunden war. Wenn also im Winter Klaus oder ich den Radiator einmal etwas zu hoch einstellten, dann wurde es bei den Rogges sofort spürbar kühler. Wurde es zu kalt, dann tauchte Frau Rogge bei uns auf, um zu intervenieren. Da sie eine nette Frau war, obwohl sie von meinem Vater nicht mit „gnädige Frau“ angeredet wurde und wohl auch einsah, dass wir Kinder auch etwas Wärme brauchten, gab es nie ernsthafte Streitereien. So sah also das Umfeld in der Merseburger Straße aus, wobei ich noch hinzufügen möchte, dass wir von den Kochs, Senior wie Junior, als arme schlesische Flüchtlinge und nie als ihresgleichen angesehen wurden. Nach ihren Vorstellungen heulten östlich der Elbe die Wölfe. Dagegen erschien mir Herr Koch Junior, der viele Schmisse hatte und, wie bereits erwähnt, beinamputiert aus dem Krieg zurückgekehrt war, lange Zeit als Kriegsheld und tapferer Vaterlandsverteidiger. Später allerdings erfuhr ich, dass die Amputation nicht vom Schlachtfeld herrührte, sondern von dem Sturz aus dem Fenster des ersten Stockwerks eines Gebäudes, der ihm, als sogenanntem Etappenschwein, einmal im Suff widerfahren war. Trotzdem wirkte er auch danach immer noch wie der geborene Offizier auf mich. Ich sollte auch nicht vergessen zu erwähnen, dass sich die etwas herablassende und geringschätzige Haltung der Kochs ganz und gar auf ihren Hund abgefärbt hatte, der auf den bezeichnenden Namen Batzi hörte. Batzi also kam jedes Mal, wenn Klaus oder ich die Wohnung im ersten Stock betreten wollten, wild angeschossen und kläffte uns an, als seien wir gekommen, um sein Futter zu stehlen. Nur Gabi durfte sich bei Batzi alles erlauben und sich sogar in sein Hundekörbchen legen.

SCHULZEIT UND BEGINN DES STUDIUMS

Die Grundschule, die ich besuchte, hatte in der 4. Klasse über 50 Schüler. Unser Klassenlehrer Herr Bermig war von der Schulbank weg direkt in den Krieg und an die Front abkommandiert worden. Nach Kriegsende wurde er in einem Schnellverfahren zum Neulehrer, so der „terminus technici", ausgebildet. Zusammen mit seiner Mutter war er in der Nähe des Bahnhofs untergebracht worden. Er zeichnete sich damals durch großes literarisches Interesse aus. So stand er unter anderem in Korrespondenz mit Hermann Hesse und Hans Carossa. Für uns war er ein Glücksfall. Eine Woche begann mit einem jeweils anderen Wochenspruch, den wir zu lernen hatten und der dann an jedem Tag der Woche zu Unterrichtsbeginn von einem der Schüler aufgesagt wurde. Diese Sprüche und Lebensweisheiten sind mir langfristig in Erinnerung geblieben und haben dazu beigetragen, dass ich mir ein Bild von der Welt formen konnte. Um der großen Schülerzahl in der Klasse gerecht zu werden, wurde die Regel eingeführt, dass nach jeder größeren Klassenarbeit die besten Schüler in die letzten Reihen gesetzt wurden. So konnte Herr Bermig den schwächeren Schülern mehr Aufmerksamkeit widmen, was diesen natürlich missfiel.

Ein großes Problem waren damals die schlechten hygienischen Zustände an den Schulen. Die Umsiedlungen von Millionen Menschen vor und nach Kriegsende hatten es mit sich gebracht, dass Ungeziefer wie Wanzen, Läuse und Krätzemilben weit verbreitet waren. Deshalb wurden in gewissen zeitlichen Abständen alle Schüler auf Läuse und Krätze untersucht. Wurde man fündig, dann war das sehr stigmatisierend, und es wurde alles unternommen, um die Krabbeltierchen schnell wieder loszuwerden.

IM LANDERZIEHUNGSHEIM GROVESMÜHLE

Nach einiger Zeit war mein Vater der Meinung, dass ich ein Internat besuchen solle. Das sei für den weiteren Lebensweg eine wichtige Erfahrung, zumal auch die Ausbildung vermutlich ein höheres Niveau habe als die an der Weißenfelser Grundschule. Nach einigem Suchen stieß er auf die Hermann-Lietz-Schulen, insbesondere auf die in Grovesmühle im Harz. Offenbar war die Schule bereit, mich aufzunehmen, und das Schulgeld war ebenfalls erschwinglich. So fuhren mein Vater und ich an einem ziemlich kalten Wintertag zu meiner Aufnahme in die Grovesmühle. Das Internat war wenige hundert Meter von Veckenstedt, einem kleinen Bauerndorf an der Ilse, und rund 4 Kilometer von Ilsenburg entfernt. Vom Bahnhof Ilsenburg kommend, liefen wir mit unseren Koffern an der Ilse entlang, bis wir diese an der Grovesmühle über zwei wackelige Holzbalken überqueren konnten und schließlich dem landwirtschaftlichen Betrieb des Internats gegenüberstanden.

So wurde ich Anfang 1948 in der Mitte des Schuljahrs in die 6. Klasse aufgenommen. Hermann Lietz galt in den 1920er-Jahren zusammen mit V. N. Hahn, dem Gründer des Internates Salem, als Reformpädagoge in den Erziehungswissenschaften. Über der Eingangstür zum Internat in Grovesmühle stand ein Spruch von Hermann Lietz, der sinngemäß lautete: Kinder müssen gewagt sein. Wem man nichts zutraut, der hat es später schwer, etwas Besonderes zu leisten. Er charakterisierte damit die Grundidee des Landschulheims. Das Vorbild dafür war das englische Erziehungssystem. Neben einer guten schulischen Ausbildung war praktische Arbeit ein wesentliches Merkmal der Lietzschen Pädagogik. Ein bekannter Lietz-Schüler war zum Beispiel Wernher von Braun.

Gewöhnlich begann mein Tag zu dieser Zeit mit dem Wecken durch eine Glocke. Danach hatten sich alle Schüler auf dem Vorplatz des Internats zum Frühsport einzufinden, der meistens mit einem Dauerlauf begann, dessen Distanz zumeist von der Witterung abhing, aber nur sehr selten ausfiel. Manchmal sind wir dann noch bei einigen Minusgraden barfuß durch die Umgebung gerannt. Danach begann dann der eigentliche Tagesablauf.

Jeden Nachmittag läutete um 14 Uhr die Glocke, und dann mussten wir zur praktischen Arbeit antreten, die gewöhnlich bis 15:30 Uhr dauerte. Im Sommer handelte es sich dabei im Wesentlichen um Arbeit im großen Garten, der von zahlreichen Beeten und vielen Obstbäumen durchzogen war sowie Arbeit im landwirtschaftlichen Betrieb. Da die Versorgungslage damals sehr kritisch war, hätte das Internat ohne den Garten und den Landwirtschaftsbetrieb wohl kaum überlebt. Im Winter wurde Holz gesägt, die Wege wurden verbessert, Beschäftigung war also immer vorhanden. Wir Schüler waren in verschiedene „Familien" aufgeteilt, und jede Familie saß bei den Mahlzeiten an einem großen Tisch mit dem Familienvater oder der Familienmutter im Zentrum. Ich gehörte zur Familie Borsdorf mit rund 15 Schülern. Herr Borsdorf war damals der Mathematiklehrer im Internat. Die schlechte Versorgungslage während der Zeit in Grovesmühle brachte es mit sich, dass wir eigentlich immer hungrig waren. Um dies zu illustrieren, sei folgende Vorgehensweise bei der Essenszuteilung für eine Mahlzeit erwähnt: Für eine gerechte Verteilung der Nahrung mussten wir Schüler am Tisch um den „Familienvater" oder die „Familienmutter" herum jeden Tag einen Platz im Uhrzeigersinn weiterrücken. Wenn dann etwa der Familienvater Borsdorf sagte: „Und nun nimmt sich jeder noch eine Kartoffel", kreiste die Kartoffelschüssel von ihm ausgehend im Uhrzeigersinn um den Tisch. Der Nachbar zur Linken nahm sich dann die größte Kartoffel, bevor er die Schüssel weiterreichte. Für den Letzten blieb nur die kleinste Kartoffel übrig. Das tägliche Platzrücken glich diese Ungleichheit der Versorgung wieder aus.

Meine Aufnahme in den Kreis der Mitschüler war damals nicht sehr freundlich gewesen. Wie jeder Neue bekam auch ich einen „Bärenführer". Die ungeschriebene Regel lautete, dass ein Neuer sich erst einmal einzufügen und zu kuschen hatte. Das stimmte nicht mit meinen eigenen Vorstellungen überein, und so kam es zwangsläufig gleich zu Anfang zu etlichen Auseinandersetzungen, obwohl ich wahrhaftig keinen Streit suchte. Damals war ich im Verhältnis zu meinen Mitschülern groß, und in jungen Jahren ist physische Stärke meist proportional zur physischen Größe. Insofern waren die Fronten nach einiger Zeit geklärt.

Eine große Rolle spielte im Internat die Schülerselbstverwaltung. Insgesamt gab es vier Klassen, nämlich von der fünften bis zur achten Klasse, und gegen Ende eines Schuljahrs wurden aus der Reihe der Schüler der vorletzten Klassenstufe, der siebenten, der Heimvertreter, dessen Stellvertreter, verschiedene Minister (etwa ein Schuhputzraum-Minister) sowie die Familienvertreter gewählt. Zuvor fand die Übernahme der Macht von der ausscheidenden 8. Klasse durch die 7. Klasse in Form einer Revolution statt. Nach vorherigen Absprachen versuchte die 7. Klasse des Nachts, die 8. Klasse zu überfallen und falls es gelang, die „Gefangenen" im nahen Wald an Bäume zu fesseln. Dort mussten sie, falls sie sich nicht selbst befreien konnten, bis zum Morgen ausharren. Das war kein Spiel für Zartbesaitete. Nun sind Achtklässler in der Regel stärker als Siebtklässler, und deshalb musste ein gut geplanter Überraschungsangriff starten, der im ersten Schlafsaal begann und sich, sofern die Aktion unbemerkt blieb, dann von Schlafsaal zu Schlafsaal fortsetzte. Meistens ging die Sache jedoch schief, weil die Achtklässler zu zeitig aufwachten. In unserem Jahr war diese Aktion jedoch von durchschlagendem Erfolg gekrönt gewesen. Die Fesselung an die Bäume gelang wegen zahlenmäßig starker Überlegenheit der 7. Klasse, und die Überwältigten mussten einige Zeit im Wald verbringen, ehe sie sich selbst befreien konnten. Das klingt heute viel schlimmer, als es war, denn die Aktion ähnelte doch sehr dem „Indianerspielen". Am nächsten

Tag wurde dann Wahlkampf mit Flugblättern für die Kandidaten der neuen Heimvertretung geführt, und schließlich endete das Ganze mit einer ordentlichen Wahl.

Eigenverantwortung und Fairness spielten an der Schule eine große Rolle. Sich herausreden zu wollen, wenn man kritisiert wurde, galt als nicht akzeptabel. „Keine Ausreden, das sind Tatsachen“, hieß es in solchen Fällen. Ein etwas archaischer Brauch war die sogenannte „Heimtaufe“. Einmal im Jahr mussten alle Neuankömmlinge am Internat eine solche Heimtaufe über sich ergehen lassen. Sie begann mit dem Spießrutenlauf. Im Nachthemd drehten die „Neuen“ mehrere Runden um das Heim, wobei die Alteingesessenen sie mit Brennnesseln und Stöcken traktieren durften. Doch wenn jemand zu sehr auf einen Täufling einschlug, drohte ihm später eine Abrechnung. Der Spießrutenlauf endete mit der eigentlichen Taufe. Nach Verlesen eines persönlichen Taufspruchs musste der Täufling in den etwa eineinhalb Meter tiefen Ilsekanal springen, der die Turbinen des Generators für die Stromerzeugung im Internat antrieb. Im Wasser wurde er schon von zwei Täufern erwartet, die ihn dreimal untertauchten. Damit war der „Neue“ ein voll integriertes Heimmitglied. Mein Taufspruch bezog sich damals auf meine körperliche Größe („Lange Latte“) und auf mein Sich-Nicht-Unterordnen-Wollen („Große Klappe“). Klartext war wie immer angesagt. Dafür brauchten dann auch die Täufer Verstärkung, als ich an der Reihe war, denn anfangs hielten nicht sie mich, sondern ich sie unter Wasser.

Sport war an der Schule ebenfalls wichtig. Sehr beliebt war Feldhandball. An den Wettspielen zwischen den einzelnen „Familien“ nahm ich mit großer Begeisterung teil. In der Heimmannschaft hatte ich die Position des Mittelfeldspielers. Für mich waren diese Handballspiele die besonderen Höhepunkte im Internatsleben. Überrascht war ich, als ich beim jährlich ausgetragenen Heimsportfest gleich im ersten Jahr nach meiner Ankunft Heimsieger wurde. Das half meinem Ansehen sehr, denn ich kann nicht behaupten, besonders beliebt gewesen zu sein.

Auf eine gute schulische Ausbildung wurde im Internat großer Wert gelegt. Die angestellten Lehrer waren für uns unhinterfragbare Autoritäten und zudem vielseitig interessiert. Das schloss allerdings nicht aus, dass wir jede Schwäche, die sie zeigten, sofort ausnutzten. In den Jahren 1949 bis 1950 verließen einige von ihnen die Schule, vermutlich in Richtung Westen. Damals tauchte bereits der erste Parteigenosse als einer ihrer Nachfolger auf, wodurch sich indirekt, aber für aufmerksame Beobachter deutlich ankündigte, dass diese Schulform in der DDR wenig Chancen haben würde, langfristig zu überleben. So war es nur eine Frage der Zeit, bis die von Hermann Lietz geprägte Struktur einstürzte. Der Wechsel war bereits 1950, als ich das Internat nach der 8. Klasse verließ, deutlich zu spüren. Der Exodus, welcher bis zum Bau der Mauer im Jahr 1961 anhielt und Lehrer wie auch Schüler betraf, hatte begonnen. Im Nachhinein empfinde ich die Zeit in Grovesmühle als sehr wichtig und formend. Ich lernte, selbstständig zu denken und zu handeln. Allerdings muss ich auch erwähnen, dass nicht alle meine Schulkameraden die Zeit in Grovesmühle so positiv in Erinnerung behalten haben. Als wir uns nach der deutschen Wiedervereinigung als ehemalige Grovesmühler zum ersten Mal nach vielen Jahren in Ilsenburg trafen, fand ich heraus, dass etliche von ihnen die raubeinige Art am Internat als sehr bedrückend empfunden hatten. Das galt insbesondere für diejenigen unter den Mitschülern, die als „Sportpullen" bezeichnet wurden, sowie auch für feinsinnige, musisch orientierte Klassenkameraden.

AN DER OBERSCHULE IN WEISSENFELS

Nach dem erfolgreichen Abschluss der achtjährigen Grundschule in Grovesmühle wurde ich in Weißenfels in die Goethe-Oberschule aufgenommen. Zwischenzeitlich waren wir in Weißenfels von der Merseburger Straße an den Heuweg umgezogen. Dort war vor dem Krieg eine Siedlung mit kleinen Häusern für

Arbeiterfamilien entstanden, die zur Zeit ihrer Erbauung einen großen sozialen Fortschritt bedeuteten. Man denke an ähnliche Siedlungen in Frankfurt am Main (Römersiedlung) oder in Hellerau, nicht weit vom Stadtzentrum Dresden. In dem Häuschen bewohnte unsere Familie das Erdgeschoss, während die Eigentümer im Obergeschoss eine kleine Wohnung hatten. Eigentlich waren die Gebäude als Einfamilienhäuser gedacht gewesen, denn sowohl die Zimmer als auch das Treppenhaus und der Hof waren winzig. Dennoch war es gegenüber der Situation in der Merseburger Straße für uns ein großer Fortschritt, da nunmehr eine Küche vorhanden war und die Zimmer, bis auf ein kleines im Obergeschoss, in dem ich mit meinem Bruder schlief, zusammenhängend waren. Von hier aus betrug die Entfernung bis zur Goethe-Oberschule rund eineinhalb Kilometer, die leicht zu Fuß zu bewältigen waren.

Um Latein zu lernen, trat ich dem sprachlich orientierten Zweig der Schule bei, obwohl mir eigentlich Mathematik und Naturwissenschaften mehr zusagten, als Sprachen. Latein hielt jedoch die Möglichkeit offen, Medizin zu studieren. In der Klasse waren wir Jungen unter den rund 20 bis 25 Schülern deutlich in der Minderheit. Das gefiel uns natürlich sehr, und wir versuchten unentwegt, die Mädchen auf uns aufmerksam zu machen. Dazu gab es genügend Gelegenheit. Organisatorische Mängel nutzten wir mehrfach aus, um Unterrichtsstunden ausfallen zu lassen, frei nach dem Motto: „Uns wurde gesagt, dass die nächste Stunde ausfällt." Neulehrern mit wenig Berufserfahrung setzten wir gnadenlos zu, und natürlich wurde auch geschummelt, wo immer es möglich war. Bei Klassenarbeiten oder im Unterricht *gut* zu schummeln, hatte hohes Ansehen unter uns Schülern. Diese Einstellung ist leicht zu erklären. Die allgegenwärtige politische Indoktrinierung, die sich in unfreiwilligen Unterschriftensammlungen, Treuebekenntnissen zur Partei, Massendemonstrationen als Pflichtveranstaltungen äußerte, brachte es mit sich, dass intellektuelle Unaufrichtigkeit allgegenwärtig war. Warum sollte man sich dann in Unterricht anders verhalten? Zumal die Lehrer, ebenso wie wir

Schüler, politische Bekenntnisse öffentlich abzugeben hatten, hinter denen sie, wie wir wussten, nicht wirklich standen. Bei allem galt die eherne Regel, sich nur nicht erwischen zu lassen. Wem das besonders gut gelang, der wurde als Vorbild betrachtet, und man versuchte, es ihm gleichzutun.

Die Schulzeit an der Goethe-Oberschule war für mich insgesamt eine sehr schöne Zeit. Der Zusammenhalt in der Klasse war hervorragend, und Freundschaften wurden geschlossen, die ein Leben lang hielten. Wir waren eine wirkliche Klassengemeinschaft und das war für uns wichtiger als vieles andere. Außerhalb des Unterrichts trieben wir allerhand Unsinn. Beliebt war das Basteln von Raketen mit Hilfe von Unkraut-Ex, mit dem Zeitungspapier getränkt wurde. Das wurde dann zusammen mit Kaliumpermanganat zusammengerollt und das Ganze an einem Ende geschlossen, und fertig war ein recht harmloser Knallkörper. Da wir alle mehr oder weniger freiwillig der FDJ, der sogenannten Freien Deutschen Jugend, angehörten, mussten wir ab und zu FDJ-Abende besuchen, nach deren Ende wir als Halbstarke durch die Stadt zogen. Bei solchen Gelegenheiten warfen wir dann die gebastelten Raketen in Gaststuben, riefen Unbekannte von Telefonzellen aus an und trieben so allerhand Unsinn. Mehrfach wurden wir dabei von der Polizei zur Rede gestellt. Da wir immer sehr gute Ausreden hatten und weil die Polizisten wohl auch sahen, dass wir harmlose, etwas übermütige Pennäler waren, gab es nie ernsthafte Probleme. Auch half es, dass wir uns hervorragend als reuige Sünder darstellen konnten.

Ab und zu spielten wir, meine beiden Vordermänner Reinhard Hesse und Wolfram Ulrich und ich, während des Lateinunterrichts Karten. Sehr vorsichtig und unauffällig schoben wir uns die Skatkarten zu. Einmal aber hat es unser Lateinlehrer doch bemerkt. Nach der Stunde kam er auf uns zu und sagte, dass er eine Runde mitspielen wolle. Es wäre jedoch falsch, wenn der Eindruck entstehen würde, dass wir nicht auch ernsthafte Interessen verfolgt hätten. Ich selbst war zum Beispiel damals sehr an Chemie interessiert. Ich besuchte an bestimmten Abenden die Volkshochschule, die gewöhnlich einen Kurs über organische oder anorganische Chemie anbot. Solche Kurse hatten gute Gründe, da in der Nähe von Weißenfels die großen Chemiewerke Leuna und Buna lagen, die früher zur IG Farben gehört hatten. So fuhren jeden Morgen zahlreiche Arbeiter mit der Bahn insbesondere nach Leuna. Die frühmorgens in Scharen noch müde zum Bahnhof strömenden Arbeiter sind mir gut in Erinnerung geblieben. So ist es erklärbar, dass es zunächst mein Berufswunsch war, als Chemiker in der chemischen Großindustrie tätig zu sein und dort großartige Erfindungen zu machen.

Nach Abschluss der 9. Klasse planten mein Freund Reinhard Hesse und ich, in den Ferien mit dem Fahrrad an die Ostsee zu fahren. Wir sollten dort einem der Familie Hesse bekannten Bauern bei der Ernte helfen. Um unsere Pläne zu realisieren, brauchte ich zuerst jedoch ein Fahrrad. Nach einigen Mühen konnte ein altes Damenfahrrad erworben werden. Da ich kaum Rad fahren konnte, führte die erste Etappe lediglich von Weißenfels über 30 Kilometer nach Halle, wo wir bei einer Bekannten von Reinhard, einer älteren Dame, übernachten konnten. Kurz vor der Ankunft bei ihr hatte ich aufgrund fehlender Fahrpraxis eine Kollision mit einer Radfahrerin gehabt, wobei sich das Vorderrad meines Rades verbogen hatte. So verbrachten wir mehrere Stunden bis spät in den Abend hinein damit, durch wechselndes Anziehen von Speichen die so genannte Acht in der Felge zu beseitigen. Am nächsten Tag ging es dann auf der zweiten Etappe bis Magdeburg, wo Reinhards Oma wohnte. Während der Fahrt hatte ich mehrere Pannen, die Luft entwich entweder aus dem Vorder- oder Hinterrad. Neue Schläuche gab es nicht zu kaufen, und so musste der Schaden jedes Mal durch Schlauchflicken behoben werden. Solche Pannen passierten noch etliche Male, bevor wir in die Nähe von Boltenhagen auf dem Bauernhof eintrafen. Was uns als Hilfe bei der Ernte beschrieben worden war, entpuppte sich als ziemlich harte, kostenlose Erntearbeit. Dafür hatten wir freie Unterkunft und Essen. Der Bauer war ein sogenannter Neubauer.

Wohnung und Vieh waren im selben strohgedeckten Gebäude untergebracht. Für Reinhard und mich gab es lediglich ein kleines Bett. Wir kamen uns ausgenutzt vor. Der vielen Arbeit wegen war es uns erst nach einer Woche möglich, an den Strand zu fahren. Als ich zum ersten Mal die Ostsee sah, war ich von dem Anblick überwältigt. Es war ein schöner Sommertag ohne andere Menschen am Strand, denn Urlauber gab es damals praktisch nicht. Vor uns lag die See mit nur ganz kleinem Wellengang. Dieses Erlebnis entschädigte für die vielen Arbeitsstunden beim Einbringen der Ernte. Nach rund zwei Wochen traten wir wieder die Heimreise an. Wir fuhren an der Küste entlang bis Rostock und von dort in das Landesinnere. Meist übernachteten wir bei Bauern in der Scheune. Nur in Rostock hatten wir das Glück, auf einem Segelboot nächtigen zu können. Ich muss zugeben, dass es mir nicht leichtfiel, bei Bauern anzufragen, ob wir in deren Scheune übernachten dürften. Reinhard war da weitaus weniger empfindsam und übernahm diese Aufgabe meist. In vielen Orten Mecklenburg-Vorpommerns herrschte damals die Maul- und Klauenseuche, und so mussten wir an den Dorfgrenzen jeweils eine desinfizierende Strohmatte passieren. Auf den Straßen war sehr wenig Autoverkehr, sodass wir oft allein vor uns her radelten. In manchen Dörfern liefen uns die Kinder hinterher, so ungewöhnlich war es, durchreisende Radfahrer zu Gesicht zu bekommen. Als wir wieder zu Hause angekommen waren, machte sich das Gefühl breit, dass wir viel erlebt hatten und selbständiger und unabhängiger geworden waren, als es zuvor der Fall gewesen war.

Mit dem neuen Schuljahr kamen wir in die 10. Klasse. Ein besonderes Ereignis war hier, dass die Mädchen zusammen mit den Jungen der 11. Klasse zum Tanzunterricht gingen. Das war natürlich eine aufregende Zeit mit vielen Gerüchten, etwa wer mit wem liiert sei. In den Pausen oder nach dem Unterricht übten die Mädchen in unserer Klasse ihre Tanzschritte, während wir sechs Jungen die Musik dazu machten, wir sangen populäre Schlager und traktierten mit Linealen die Bänke im Takt. Gegen Mitte des Schuljahrs ging die ereignisreiche Zeit zu Ende.

UMZUG NACH NAUMBURG

Mein Vater hatte sich um die Leitung einer staatlichen Apotheke beworben und erhielt schließlich eine solche Stelle an der Lorbeerbaum-Apotheke in Naumburg an der Saale. Dadurch zog unsere Familie nach Naumburg in die Herrenstraße 2, in der sich die Apotheke befand. Das Haus war wahrlich historisch. Es war um 1649 entstanden, stattlich, mit einem sehr schönen Erker, aber eben auch mit Dielen, die ein beträchtliches Gefälle hatten. Wir bewohnten den zweiten Stock, der aus einer großzügigen Wohnung bestand. Sie hatte eine geräumige Diele, zwei große Zimmer zur Straße hin sowie einen Teil, der früher einmal so etwas wie eine Bedienstetenunterkunft gewesen sein musste. Dieser Part setzte sich aus mehreren kleinen Zimmern und einer Küche zusammen. Am Ende eines langen Ganges führte eine Treppe auf eine Dachterrasse, von der man auf die Dächer der umliegenden Häuser schauen konnte. Das war jedoch kein besonders schöner Ausblick, denn das Umfeld, von oben betrachtet, sah schon damals recht renovierungsbedürftig aus. Dieser Zustand sollte sich später, bis zur Wiedervereinigung, noch dramatisch verschlechtert.

In Naumburg besuchte ich die Thomas-Müntzer-Oberschule, wechselte jedoch vom sprachlichen in den naturwissenschaftlichen Zweig, in dem ebenfalls Latein gelehrt wurde. Russisch war in beiden Zweigen als erste Fremdsprache Pflicht. Wir hatten einen sehr guten Mathematik- und Physiklehrer, Herrn Silbermann, der gleichzeitig auch unser Klassenlehrer war. Er hatte während der Blütezeit der Berliner Physik dort studiert und gab ab und zu Geschichten aus dieser Zeit zum Besten. Sehr beliebt war unsere Musiklehrerin Frau Müller-Taube, die damals Täubchen genannt wurde. In ihrem Unterricht ging es immer fröhlich zu. Ein Philologe alter Schule war unser Deutschlehrer: Herr Sturm, genannt Sturms Martin. Er war stolz, in Mathematik ein schlechter Schüler gewesen zu sein, denn, so sagte er immer erläuternd, Thomas Mann sei auch ein schlechter

Schüler in Mathematik gewesen. Ich konnte es mir nicht verkneifen, dazu einmal zu bemerken, dass er nun nur noch so etwas wie die Buddenbrooks zu schreiben bräuchte. Mein Eindruck war, dass ihm die Ironie dabei entgangen war, denn er schmunzelte lediglich vor sich hin.

Spannungsfrei war die Atmosphäre an der Schule nicht, denn der politische Druck nahm stetig zu. Mehr und mehr wurden öffentliche Bekenntnisse von Lehrern und Schülern zur Partei und zur DDR-Staatsführung verlangt. Zum Teil waren die eingeforderten Solidaritätsbekundungen völlig lächerlich. Als während der Fußballweltmeisterschaft 1954 in der Schweiz im Endspiel der haushohe Favorit Ungarn gegen (West-) Deutschland stand, wurde uns vor dem Spiel erklärt, dass sich auch hier die Überlegenheit des sozialistischen Systems gegenüber dem kapitalistischen zeigen werde. Der Sieg Ungarns sei wissenschaftlich begründbar und somit vollkommen sicher. Aus unseren Reihen kam demzufolge sogleich der Vorschlag, dass man das Endspiel dann doch gar nicht zu machen bräuchte. Man solle dem historischen Marxismus-Leninismus bereits eindeutig feststehenden Sieger doch gleich den Weltmeistertitel geben. Man kann sich vorstellen, was für ein Theater es gab, als das „Wunder von Bern" passierte und Deutschland mit 3:2 Weltmeister wurde. Wir freuten und amüsierten uns, durften das allerdings nicht zeigen, sondern gaben den Anschein, den Grund dafür zu suchen, dass die ursprüngliche wissenschaftliche Argumentation nicht wirklich wissenschaftlich gewesen wäre und nun durch eine tatsächlich wissenschaftliche ersetzt werden müsse.

Ein Problem an der Oberschule war es, dass aufgrund der sozialen Struktur von Naumburg, als ehemaliges Beamtenstädtchen, der Prozentsatz von Arbeiter- und Bauernkindern an der Schule gegenüber den Vorgaben der Partei zu gering war. So versuchte die Schulleitung, die Klassenstruktur zu verbessern, indem sie Schüler aus bürgerlichem Elternhaus von der Schule relegierte, sobald sich eine passende Gelegenheit dazu bot. Da mein Vater als Apotheker zur sogenannten schaffenden Intelligenz gehörte, die Arbeiter und Bauern in etwa gleichgestellt war, sah ich mich nicht als besonders gefährdet an. Eine besondere Gelegenheit für Relegationen bot sich anlässlich Stalins Tod. Aus diesem Anlass versammelten sich Schüler- und Lehrerschaft zu einer Trauerveranstaltung in der Aula der Schule. Als die Anwesenden sich für mehrere Minuten zum Gedenken an den Tod des Vaters aller Werktätigen von ihren Plätzen erheben mussten, wirkten einige Schüler und Schülerinnen nicht ganz so ernsthaft, wie es der Anlass erforderte, sprich, sie grinsten, drehten sich zum Hintermann um und ähnliches. Dies fiel niemandem auf außer Mitarbeitern der Staatssicherheit, die sich auf der Empore befanden und die Aula überblickten. Deshalb kam es einige Tage danach zu einer Schulvollversammlung, auf der diese „Klassenfeinde“ wegen ihres Verhaltens während der Stalin-Gedenkfeier angegriffen und von der Schule verwiesen wurden. Bei dieser Veranstaltung wurden auch einige Lehrer, die dem bürgerlichen Lager angehörten, aufgefordert, sich zum Ausschluss der beschuldigten Schüler zu äußern. Es war sehr entwürdigend, miterleben zu müssen, wie diese Lehrer den Ausschluss stotternd unterstützten. Andernfalls wären sie die nächsten gewesen, welche die Schule hätten verlassen müssen. Als dann auch noch wir Schüler einzeln aufgefordert wurden, den Ausschluss zu begrüßen, war die Schmerzgrenze erreicht. Ich meldete mich zu Wort, erinnerte an die vielgelobten sowjetischen Pädagogen und an den Spruch eines von ihnen, der da lautete „Einer für alle und alle für einen“, und befand, den Einsichten der großen Lehrer der sowjetischen Völker müsse auch in Naumburg Folge geleistet werden. Also sollten die Mitschüler und Mitschülerinnen nicht ausgeschlossen, sondern auf den Pfad der Partei und des Sozialismus zurückgeführt werden. Daraufhin herrschte kurze Zeit Ratlosigkeit, bis ein Mitglied der Parteileitung, das anwesend war, obwohl es gar nicht zur Schule gehörte, recht brutal und bedrohlich auf die Anwesenden einredete. So mussten also die Gescholtenen die Schule verlassen. Die meisten von ihnen gingen anschließend über Westberlin nach

Westdeutschland. Für einen 16- bis 17-jährigen sind der Weggang von zuhause und der Übergang aus der gewohnten Umgebung in eine ihm unbekannte Welt kein leichter Schritt. So hatten diese Mitschüler oft eine schwierige Zeit zu überstehen. Am nächsten Tag erschien in der Naumburger Ausgabe der Bezirkszeitung, die den völlig unpassenden Namen *Freiheit* trug, ein Artikel mit der Überschrift „An der Oberschule Naumburg hat der Klassenkampf begonnen". Es gab eine nicht zutreffende Schilderung der Veranstaltung, in der es unter anderem hieß, „... auch Jugendfreund Fulde scheint unter dem verbrecherischen Einfluss des Gegners zu stehen." Das war eine deutliche Warnung. Um die Situation zu entschärfen, legte ich also gleich das „Abzeichen für gutes Wissen" ab. Dazu mussten recht alberne Fragen schriftlich beantwortet werden, wobei es wichtig war, vorher ein paar politische Traktate zu überfliegen und möglichst alle politischen Schlagworte unterzubringen. Der intellektuelle Anspruch lag dabei nahe Null. Die Angelegenheit „Klassenkampf" war damit beendet. Sogar die Ober-FDJlerin an der Schule, die mich zuvor beschimpft hatte und von uns „die Donnerhenne" genannt wurde, hielt danach ihren Mund.

Ein herausragendes Ereignis für uns Jungen war in der 11. Klasse die Tanzstunde, die zusammen mit den Mädchen der 10. Klasse im Ratskellersaal, organisiert von der Tanzschule Döring, stattfand. Gewöhnlich saßen auf der einen Seite des Saales die Mädchen und auf der anderen die Jungen. An der Stirnseite des Raumes war der sogenannte „Drachenfelsen", denn dort fanden interessierte und geduldete Mütter der Tanzstundenabsolventen Platz. Vor jeder Runde rief Frau Döring: „Jetzt fordern die Herren die Damen auf", und dann kam es darauf an, so schnell wie möglich auf die gegenüberliegende Seite zu rennen, um etwaigen Konkurrenten zuvorzukommen. Das alles war ein großes Vergnügen.

Der Kurs endete mit einem Ball. Dieser wurde Wochen zuvor mit dem „Kränzchen" vorbereitet, um sicherzustellen, dass jede Dame einen Herrn und jeder Herr eine Dame gefunden hatte. Der Drachenfels war zu diesem Anlass besonders gut besetzt. Nachdem wir gelernt hatten zu tanzen, hieß es auch, in Übung zu bleiben. Dazu gab es bei Veranstaltungen im Ratskeller genügend Gelegenheit. Allerdings musste politisch korrekt getanzt werden. Eng angeschmiegt zu tanzen, war politisch korrekt, während offen zu tanzen als politisch inkorrekt, das heißt, westlich dekadent war. Damals habe ich gelernt, politische Korrektheit als eine besondere Form intellektueller Beschränktheit anzusehen. Während der Tanzstunden war ich besonders fasziniert von einem hübschen Mädchen mit langen schwarzen Zöpfen. Viele Jahre später wurde Inge Schuster, so hieß die hübsche Tanzstundenpartnerin, meine Frau.

Nicht nur an der Naumburger Oberschule, sondern überall in der DDR nahm Anfang 1953 die Unzufriedenheit mit dem SED-Staat und dessen Vertretern stark zu. Die Diktatur des Proletariats, so die offizielle Bezeichnung, („Diktatur der Proleten" wäre angemessener gewesen), und der damit verbundene Klassenkampf wurden immer bedrückender. Hinzu kamen Unsicherheiten in der Partei, ausgelöst durch Stalins Tod. Am 17. Juni des Jahres kam es zum offenen Ausbruch der Unzufriedenheit. Naumburg selbst war von den Ereignissen wenig betroffen. Es fehlten die Industrie und somit die Arbeiter, die am meisten unter der schlechten Wirtschaftslage litten. So blieben Massenproteste in Naumburg aus. Im benachbarten Weißenfels mit einer Reihe mittelgroßer Betriebe war die Situation eine ganz andere. Mein Bruder Klaus hatte sich entschlossen, nach Beendigung der Grundschule eine Lehre als Maschinenschlosser beim volkseigenen Betrieb (VEB) Ketten- und Nagelwerke Weißenfels, der TEWA, zu beginnen. Ein sicher nicht unwichtiger Grund war, dass er ein Motorrad kaufen und sich das Geld dazu verdienen wollte. Zusammen mit anderen Arbeitern gingen die TEWA-Arbeiter am 17. Juni auf die Straße, stürmten das Rathaus, warfen Stalinbilder aus den Fenstern und hofften, unrealistischerweise, wie sich im Nachhinein zeigte, dass sich am herrschenden Regime etwas ändern würde. Klaus war an der Rathausbesetzung aktiv beteiligt gewesen, insbesondere beim Bildersturm. Nachdem der Aufstand gescheitert war, machten sich Angst und Sorge breit. Die gedemütigte Partei schlug, mit den sowjetischen Streitkräften im Rücken, zurück, und hohe Gefängnisstrafen bis hin zur Todesstrafe waren die Folge. Nach Tagen der Unsicherheit, während der sich keine unliebsamen Nachwirkungen, sprich Verhaftungen für unsere Familie und Freunde zeigten, trat wieder Entspannung ein.

Die 12. Klasse diente im Wesentlichen der Vorbereitung auf das Abitur. Gleichzeitig musste ich mir darüber klar werden, was ich nach dem Abitur studieren würde, denn dass ich an eine Universität gehen wollte, daran bestand kein Zweifel. Beim Berufswunsch schwankte ich zwischen Physik und Medizin. Schließlich entschloss ich mich, das Fach Physik als ersten Studienwunsch beim Ausfüllen der Fragebögen anzugeben und Medizin, genauer gesagt Chirurgie, als zweiten. Eigentlich hatte ich bis dahin in keines der beiden Fächer tiefergehenden Einblick gehabt. So wurde diese Entscheidung mehr dem Gefühl nach oder aus dem Bauch heraus getroffen, obwohl sie doch einen sehr großen Einfluss auf den weiteren Lebensweg hatte. Vielleicht wäre auch ein Studium in Biochemie in Frage gekommen, wenn ich während der Schulzeit mehr über die Rolle der Chemie in der Biologie erfahren hätte, denn mein Interesse an Chemie war nach wie vor recht groß. Jedoch hatte ich erst wenige Monate vor dem Abitur im Biologieunterricht andeutungsweise erfahren, dass sich in der modernen Biologie große Dinge taten. Schließlich war gerade die DNA-Struktur von Cricks und Watson aufgeklärt worden. Die Informationen, die wir bekamen, waren jedoch viel zu spärlich, um darauf einen Berufswunsch aufzubauen. In den wenigen Diskussionen mit meinen Eltern kamen keine neuen Gesichtspunkte hinzu, die das Studium betrafen. Mein Vater schlug mir damals vor, Lebensmittelchemie zu studieren, denn dann wäre mein leibliches Wohl ein Leben lang gesichert. Dieses Argument erschien mir jedoch nicht wirklich ernst gemeint.

Als Wahluniversität bei der zentralen Studienplatzbewerbung hatte ich die Humboldt-Universität als Favorit angegeben. Die Weltstadt Berlin, mit dem damals noch frei zugängigen Westberlin, war für mich ein faszinierendes Ziel mit der Aussicht, aus der Enge einer Kleinstadt in der DDR herauszukommen. Außerdem bestand die Möglichkeit, die DDR auf einfache Weise zu verlassen, also Republikflucht zu begehen. Um an der Humboldt-Universität angenommen zu werden, musste man jedoch sehr gute Zensuren haben, denn für Berlin war das Auswahlverfahren besonders strikt. Also strengte ich mich entsprechend an. Das Abiturzeugnis erreichte dann auch die notwendige Marke. So stand einer Immatrikulation in Berlin schließlich nichts mehr im Wege. Beim Abitur selbst gab es ausgesprochen komische Momente. So hatte ich für die mündliche Prüfung in Geschichte einen Zettel mit der Aufgabe „Gib Beispiele an, für die geniale militärische Strategie Stalins im Zweiten Weltkrieg" gezogen. Das Thema war natürlich hervorragend, denn unabhängig davon, was oder wie viel man über die Schlachten und Frontverläufe im letzten Weltkrieg wusste, musste man nur hinreichend übertreiben oder hinzudichten, kein Lehrer hätte es gewagt, einzugreifen oder gar zu widersprechen. Je intensiver man die Weitsicht Stalins lobte, desto sicherer war eine gute Benotung des Dargebotenen und Erdichteten. Gleichzeitig wuchs mit jeder dieser Heucheleien die Verachtung für dieses Regime, das solch ein Verhalten nahezu erzwang.

AN DER HUMBOLDT-UNIVERSITÄT

In Berlin kam es zunächst darauf an, ein Zimmer zu finden. Vom Wohnungsamt wurde ich zu einem Bäckermeister und seiner Lebensgefährtin in der Bahnhofstraße in Köpenick verwiesen. Das Paar hatte damals eine kleine Wohnung, von der nun ein Raum abgegeben werden musste. Die beiden Vermieter waren in meinen Augen sehr ungleich. Der Bäckermeister war in jüngeren Jahren offenbar ein bekannter Radsportler gewesen. Die Frau war recht kultiviert und an Kunst interessiert, hatte jedoch ein schweres Schicksal erlitten. Während der Kämpfe um Berlin war ihr Mann vor ihren Augen erschossen worden. Nach kurzer Zeit merkte ich, dass sie Alkoholikerin war und sich zeitweilig völlig betrank. Anfangs hatte ich ein freundschaftliches Verhältnis zu ihr, das sich aber recht bald abkühlte. Schließlich musste ich ja in mein Zimmer gelangen können, wenn ich von der Universität kam. Das wurde allerdings oft schwierig, denn wenn die Frau Wirtin betrunken war, schloss sie die Wohnungstür von innen ab und ließ den Schlüssel stecken. So kam es mitunter zu recht kuriosen Situationen. Dennoch erhielt ich, davon unbeeindruckt, des Öfteren beim Frühstück eine Tüte mit dem Restgebäck des Vortags, welches ich gewöhnlich im Seminar verteilte. Nach nicht allzu langer Zeit gelang es dem Bäcker, das Wohnungsamt davon zu überzeugen, dass er das an mich vermietete Zimmer selbst benötigte. Das hatte zur Folge, dass ich ausziehen musste. Natürlich war es mein Wunsch, nahe dem Stadtzentrum ein Zimmer zu finden, denn die täglichen S-Bahn-Fahrten von Köpenick zur Friedrichstraße waren recht zeitaufwendig. Allerdings ergaben sich dabei auch ungewöhnliche Begegnungen. So nahm ich jeden Wochentag die S-Bahn um 7:05 Uhr zur Friedrichstraße und stieg auch immer in den gleichen Wagen ein. Dort sah ich dann einige Leute jeden Morgen wieder. Einmal traf ich während der Sommerferien in einem Café im Ostseebad Göhren eine Frau, die täglich im selben Berliner S-Bahn-Wagen wie ich fuhr. Obwohl wir nie zuvor ein Wort miteinander gewechselt hatten, begrüßten wir uns wie zwei alte Bekannte und freuten uns über das Wiedersehen.

Auf der Suche nach einem Zimmer im Stadtzentrum ergab sich die Gelegenheit, ein solches in der Köpenicker Straße in der Nähe des Alexanderplatzes zu mieten. Die Hausnummer war 75 oder 77. Als ich das Zimmer besichtigen wollte, stellte ich fest, dass das letzte intakte Haus eine Hausnummer unter

10 hatte. Nach diesem folgten nur ausgebombte Häuser beziehungsweise deren Ruinen, bis ab Nummer 71 die nächsten bewohnten Häuser folgten. Die Wirtin dort war schwerhörig und benutzte ein altes, großes Hörrohr, um mich zu verstehen. Das Zimmer dort führte zum Hinterhof und war so dunkel, dass man auch tagsüber ohne Beleuchtung nicht auskam. Als mir noch erzählt wurde, dass ein malachitgrüner Anstrich oft auf Wanzen deutete, für die ein solcher Anstrich giftig ist, verließ mich der Mut. Ich zog wieder aus und fand bei einem älteren Ehepaar in der Klarastraße in Oberschöneweide eine Bleibe. Die Wirtsleute waren ausgesprochen nett. Der Mann war früher Droschkenkutscher gewesen. In dem sehr kalten Winter von 1955 auf 1956 weckte er mich jeden Morgen mit der Mitteilung der täglich wechselnden Temperatur: „Guten Morgen, heute wieder minus 20 Grad!“ An solchen Tagen erreichte das Zimmer in der Nähe des Kachelofens Temperaturen von maximal 12 bis 14 Grad und in der Nähe des Fensters bis 5 Grad. All das störte mich jedoch wenig, denn alle Aufmerksamkeit galt dem Studieren. Die Vorlesungen über lineare Algebra und Differential- und Integralrechnung wurden von dem jungen Privatdozenten Kaiser gehalten. Auch Professor Kaluschnin hielt eine interessante Vorlesung in Mathematik. Die Lehrveranstaltung von Professor Rietschel über Experimentalphysik war dagegen wenig motivierend, da der Stoff ohne Rücksicht auf die Hörerschaft einfach abgespult wurde. Höhepunkt war eine Vorlesung von Professor Brauer über theoretische Physik. Der Stil der Vorlesung erschien uns neuartig, stellte er doch einen Übergang zur Moderne dar. Ein ganz besonderes Thema bildete die Pflichtvorlesung „Marxismus-Leninismus“. Der Dozent, ein Parteifunktionär, der allen akademischen Ansprüchen Hohn sprach, gab uns als Pflichtlektüre zahlreiche Kapitel aus den verschiedenen Werken Stalins zu lesen auf. Meine Frage, warum sich darin so viele Aussagen wiederholten, beantwortete er nach einigem Nachdenken mit: „Wichtige Dinge müssen öfters gesagt werden.“ Als er in einer anderen Vorlesung über Lenins Spruch „Kommunismus = Sowjetmacht + Elektrifizierung“ referierte, fragte ich, ob ich daraus schlie-

ßen dürfe, dass „Sowjetmacht = Kommunismus – Elektrifizierung“ sei. Zuerst war er perplex, bevor dann ein Redeschwall auf mich niederprasselte.

Die Studienbedingungen von damals sind nicht mit den heutigen vergleichbar. Das hat uns aber nicht gestört, denn wir kannten ja keine anderen. In besagtem kaltem Winter waren die Hörsäle so wenig beheizt, dass wir manchmal in Mänteln und Handschuhen in den Vorlesungen saßen. Die Kartoffeln, die in der Mensa zum Mittagessen angeboten wurden, waren erfroren und schmeckten deshalb sehr süß. Ärgerlich war der Druck auf uns Studenten, der Gesellschaft für Sport und Technik beizutreten, wo man an Kleinkalibergewehren ausgebildet wurde. Inakzeptabel war für mich, dass Kommilitonen mit Propagandamaterial nach Westberlin geschickt wurden, um dieses in Briefkästen zu verteilen. Das war illegal, denn auch eine demokratische Gesellschaft mit Recht auf Meinungsfreiheit kann Einflussnahme von außen nicht akzeptieren. Als einer meiner Freunde das ganze Material in Westberlin in einen Papierkorb geworfen hatte, was von einem Spitzel in Westberlin der Universität gemeldet wurde, musste er erneut ähnliches Material in Westberlin verteilen und wurde dabei prompt verhaftet. Da es sich um einen Freund handelte, musste ich zusammen mit drei FDJ-Funktionären nach Westberlin in das Polizeipräsidium fahren, um eine Protestnote der Ostberliner Studentenschaft zu überreichen. Selten habe ich mich in solch einer unkomfortablen Situation befunden. Als wir im Präsidium eingetroffen waren, waren die Polizisten sehr freundlich, da sie zunächst dachten, wir wären Flüchtlinge aus dem Osten. Das änderte sich, als sie hörten, dass wir eine Protestnote abliefern wollten. Sie wurden sofort amtlich. Hinzu kam das agitatorische Gerede der FDJ-Funktionäre. Am liebsten wäre ich gleich in Westberlin geblieben.

Trotz der großen wirtschaftlichen und politischen Unterschiede zwischen Ost- und West-Berlin war es nicht selbstverständlich, von Ost nach West zu wechseln. Es gab viele Diskussionen unter uns, ob man nicht verpflichtet sei zu bleiben, um zu einer Änderung der Verhältnisse in Ostberlin beizutragen. Das waren alles Argumente, die im Nachhinein naiv und wirklichkeitsfremd erscheinen.

Das Studium an der Humboldt-Universität, wo sich unter Gleichgesinnten ein starkes Zusammengehörigkeitsgefühl entwickelte, hatte eine eigene Faszination. Das Theater am Schiffbauerdamm mit Bert Brecht und Helene Weigel war in der Nähe der Uni, und die Aufführung der „Mutter Courage“ mit der Weigel als Marketenderin wird mir immer in Erinnerung bleiben. Dagegen fuhr man zu „Jazz in der Philharmonie“ in den Sportpalast am Potsdamer Platz oder ging, um Westfilme zu sehen, in eines der Kinos am Kurfürstendamm, wo lange Orphée von Jean Cocteau gezeigt wurde. Der Umtauschkurs von Ost- und Westmark betrug zwar 10:1, und mit dem Höchststipendium von 200 Ostmark pro Monat, welches ich damals bekam, konnte man gewiss keine großen Sprünge machen. Aber wir waren schließlich sehr genügsam, und ich hatte niemals das Gefühl, unter Geldmangel zu leiden. In der „Eierschale“ am Breitenbachplatz, einem beliebten Dixieland-Lokal, kostete eine Flasche Coca-Cola 0,20 DM (West), und damit konnte man einen ganzen Abend verbringen.

Im Sommer 1955 trampte ich mit zwei Kommilitonen zum Campen an die Ostsee nach Göhren. Einer der beiden war mein Freund Heinz Schulz (späterer Direktor der Bayerischen Mineraliensammlung und als solcher mit dem Bayerischen Verdienstorden geehrt). Damals war die Küste sogenanntes Sperrgebiet, in das man außer als Urlauber des Freien Deutschen Gewerkschaftsbundes (FDGB) nicht ohne weiteres kam. Deshalb schrieben wir an die Göhrener Bürgermeisterin und baten um die Erlaubnis, dort zelten zu dürfen, mit der Begründung, dass wir als Physiker die Wasserwellen studieren wollten. Zelte gab es nicht zu kaufen, und deshalb führten wir eine aus Textilien selbstgenähte, zeltähnliche Behausung mit uns. Dennoch wurde es ein sehr schöner Urlaub, zumal mein Bruder Klaus und eine Schulfreundin später noch hinzukamen. Das einzige Problem war die mangelnde Versorgung mit Lebensmitteln von der die FDGB-Hotels nicht betroffen waren. Heinz war sehr talentiert im Umgang und Flirten mit dem Küchenpersonal. Wenn Not am Mann war, dann war er in der Lage, von den Hotelküchen etwas Essbares zu organisieren, wie zum Beispiel einen Topf geschälter Kartoffeln.

Die positiven Aspekte des Studentenlebens wurden jedoch durch zunehmende politische Einflussnahme verdrängt. Die permanente Heuchelei und Spießigkeit gingen mir mehr und mehr auf die Nerven. So kam ich zu der Überzeugung, meinen ursprünglichen Plan, mit dem ich mich ja an der Humboldt-Universität beworben hatte, zu realisieren, das heißt, die DDR zu verlassen.

REPUBLIKFLUCHT UND STUDIUM IN GÖTTINGEN

An meinem 20. Geburtstag meldete ich mich im Flüchtlingslager Berlin-Marienfelde, wo zum damaligen Zeitpunkt täglich rund 1000 DDR-Flüchtlinge eintrafen. Zuvor hatte ich mit meinem Freund Reinhard, der ebenfalls nach dem Westen „rübermachte“, wie es auf Sächsisch hieß, ein paar Habseligkeiten mit der S-Bahn nach Westberlin zu Bekannten gebracht. Dabei mussten wir aufpassen, nicht in eine Kontrolle am Grenzbahnhof Friedrichstraße zu geraten.

Das Flüchtlingslager Marienfelde funktionierte wie ein Betrieb. Man gab seinen DDR-Pass ab, bekam dafür Westpapiere, eine Unterkunft in Vielbettzimmern und wartete auf die Dinge, die da kommen würden. Zuerst gab es eine kurze medizinische Untersuchung, der die Befragung durch die Geheimdienste folgte. Die Hierarchie war dabei nicht zu übersehen. Zuerst schöpfte der amerikanische Geheimdienst die Kenntnisse der Flüchtlinge ab, dann folgten der britische, französische und zuletzt der deutsche Geheimdienst. Bei den Befragungen wurden Informationen abverlangt, die den Fragestellern zum Teil bekannt und zum Teil unbekannt waren. So wurde die Verlässlichkeit der Antworten der Befragten getestet. Geflüchtete Angehörige der Volkspolizei waren von den Detailkenntnissen der Geheimdienste besonders überrascht. Nach ein paar Tagen wurde ich in ein anderes Sammellager in Berlin-Kladow verlegt. Dort hatte sich bereits ein „Bodensatz" an Flüchtlingen angesammelt, die, aus welchen Gründen auch immer, nicht gleich nach Westdeutschland ausgeflogen worden waren. Dazu zählten auch solche, die bereits mehrfach von Ost nach West und wieder zurück gewechselt waren. Diese Wanderer zwischen den beiden Welten fühlten sich nirgendwo für längere Zeit heimisch und konnten sich nicht entscheiden, wo sie leben wollten, manche waren wohl auch von Geheimdiensten angeheuert worden.

In Kladow wurde praktisch alles gestohlen, was nicht niet- und nagelfest war. Für die Mahlzeiten gab es aus Sicherheitsgründen lediglich Löffel, keine Messer und Gabeln. So blieb es mir nicht erspart, einen Bückling mit dem Löffel zu essen. Die Sprechweise im Lager war sehr vulgär. Gefiel etwa jemanden der Mantel, den man anhatte, dann fragte er sofort: „Was kostet die Kutte?" Gott sei Dank dauerte der Aufenthalt in Kladow nur wenige Tage. Dann kam endlich der Flug nach Hannover, und von dort ging es in das Notaufnahmelager Sandbostel, ein ehemaliges KZ- und Kriegsgefangenenlager. Diesem und ähnlichen Lagern, unter anderem dem KZ Börgermoor bei Papenburg im Emsland, setzten politische NS-Häftlinge und mit ihnen solidarische Künstler wie zum Beispiel Ernst Busch ein bis heute bekanntes Denkmal. Es war das Lied „Wir sind die Moorsoldaten". Inzwischen war das Lager Sandbostel in einen akzeptablen Zustand versetzt worden. Dort arbeitete ich für 1 DM pro Tag in der Kleiderkammer. Die gestifteten Kleidungsstücke, die zur Verteilung kamen, waren zum großen Teil Lumpen, Socken mit teilweise großen Löchern, verschlissene Hemden und ähnliches.

Notaufnahmelager Sandbostel (archiv@stiftung-lager-sandbostel.de)

Da ich mein Studium in Göttingen fortsetzen wollte, wurde ich mit einem Fahrschein in der Tasche in die dortige Jugendherberge in Weende geschickt. Zuvor wurde ich zu meiner Verwunderung noch einmal vom Geheimdienst verhört. Der Grund dafür stellte sich am Ende des Gesprächs heraus. Aufgrund meiner etwas ungewöhnlichen Abiturzensuren war der Verdacht entstanden, dass ich von der DDR mit präparierten Zeugnissen in den Westen geschleust worden war. In der Göttinger Jugendherberge war dann auch der wirtschaftliche Tiefpunkt meines Lebens erreicht. Ich hatte genau 5 DM in der Tasche und sonst gar nichts. Als ich mich bei der Studentenbetreuung der Universität meldete, bekam ich, ohne darum gebeten zu haben, 50 DM von einem amerikanischen Spender, wie mir gesagt wurde. Ich freute mich sehr über die noble Geste eines mir unbekannten Amerikaners. Es folgte sehr bald die Gewährung eines Stipendiums. Von da an ging es, wie man so sagt, aufwärts! Die Zimmersuche stellte sich als schwierig heraus. Da ich höchstens 25 DM pro Monat ausgeben konnte, musste ich intensiv suchen. Schließlich fand ich ein Zimmer in der Reinholdstraße 10, wo eine ältere Dame zwei Zimmer an Studenten vermietete. Wie ich zu dem Zimmer kam, war allerdings filmreif.

Wie erwähnt, war das Angebot an preiswerten Zimmern äußerst knapp. Ich saß also eines Vormittags bei der studentischen Zimmervermittlung, hatte die Nummer fünf oder sechs gezogen und wartete auf hereinkommende Vermieter. Schließlich kam eine ältere Dame an und Nummer eins betrat hoffnungsvoll das Zimmer des Leiters der Vermittlung. Der Bewerber kam jedoch kurz darauf wieder heraus und sagte: „Die will einen Juristen.“ Dann kam ein Jurastudent an die Reihe, und als er wieder herauskam, sagte er: „Die will einen Agrarstudenten.“ Solch einer war jedoch nicht im Angebot, und so ging es der Reihe nach weiter, jeweils ohne Erfolg. Als ich an die Reihe kam, war der Leiter der Vermittlung bereits so genervt, dass die ältere Dame sich nicht mehr getraute, mich abzulehnen. Dennoch gab sie mir das Zimmer nicht, obwohl ich es sofort genommen hätte, sondern sagte, dass ich es mir am Nachmittag erst einmal ansehen sollte. Da ich vermutete, dass sie mich dann auch ablehnen würde, kaufte ich zuvor ein kleines Blumensträußchen, das ich zum Besichtigungstermin mitnahm. Es kam, wie erwartet. Bald wurde klar, dass die alte Dame auch mich als Mieter nicht wollte. Aber nachdem das Gespräch eine Weile gelaufen war, wurde sie zugänglicher und fragte, was ich für eine Religion hätte. Jetzt wähnte ich mich sicher, denn so kann nur eine Katholikin fragen, dachte ich. Als ich jedoch antwortete: „Katholisch“, merkte ich, dass das nicht die gewünschte Antwort gewesen war. Nun wollte sie mich aber wohl nicht wegen der Religion ablehnen und sie fragte: „Na, dann werden Sie wohl sicherlich viele Heiligenbilder aufhängen?“ Das war nun wirklich das Letzte, das ich im Sinn hatte. So bekam ich schließlich das Zimmer. Später stellte sich der Grund für ihr merkwürdiges Verhalten heraus. Sie hatte am Vormittag, bevor sie zur Zimmervermittlung kam, gerade meinen Vorgänger, einen Jurastudenten namens Oscar, zum Bahnhof gebracht und unter Tränen verabschiedet. Nun sollte der Nachfolger genauso sein wie Oscar, was natürlich unmöglich war. Nach meinem Einzug entpuppte sie sich als nette Studentenmutter, die zwar alle Briefe las, die ich offen liegen ließ, sich aber sonst sehr gut um alles kümmerte. Einmal die Woche traf sich ihr Damenkränzchen zum Kaffeeklatsch, um Neuigkeiten über ihre Studenten auszutauschen.

Auch mein Freund Reinhard war in der Zwischenzeit in Göttingen angekommen, um dort Geologie zu studieren. Die Umstellung von der Humboldt-Universität an die Georg-August-

Universität Göttingen fiel mir sehr schwer. Zu unterschiedlich waren die beiden Universitätskulturen. Worüber sich die Kommilitonen in Göttingen unterhielten, war sehr verschieden von dem Gesprächsstoff der Berliner Studienkameraden. Vereinfacht ausgedrückt, war das Bestreben vieler Göttinger Studenten, bald zu einem Motorroller oder gar einem VW Käfer zu kommen oder die Nachbarländer im westlichen und südlichen Europa kennenzulernen. Dagegen hatten sich die Gespräche an der Humboldt-Universität hauptsächlich um Politik, um den Unterschied von Ost- und West-Berlin und darum, was man, (etwas naiv gedacht), zum Wohl der Menschheit beitragen könnte, gedreht.

Nach kurzer Zeit legte ich das Vordiplom ab, wobei es in der Prüfung in Experimentalphysik mit dem Prüfer Professor Hilsch zu einer hauptsächlich auf Missverständnissen beruhenden Interpretation von Zwangskräften kam. Auf seine Frage: „Aber haben Sie denn nicht den Pohl gelesen?“, die Bibel der Göttinger Experimentalphysiker, antwortete ich: „Den gab es bei uns nicht zu kaufen.“ Daraufhin ließ er mich, aus Nachsicht, wie es mir schien, die Prüfung bestehen. Die Experimentalphysik in Göttingen wurde von Robert Wichard Pohl und seiner Schule dominiert. Pohl selbst gilt als einer der Väter der Festkörperphysik. Der Entdeckung von Halbleiter-Transistoren kam er durch seine Entdeckung der Farbzentren sehr nahe. Hätte der Krieg diese Arbeiten, an denen auch Hilsch mitwirkte, nicht zunehmend behindert, wäre Göttingen ein Zentrum der Halbleiterentwicklung geworden. Während Pohl und sein Nachfolger Hilsch den Wiederaufbau der Experimentalphysik erfolgreich betrieben, betrat mit Werner Buckel die nächste Generation die Bühne. Ich erinnere mich gut an seine Antrittsvorlesung als Privatdozent, die noch ganz auf Farbzentren konzentriert war. Von ihm initiiert, fand in der Folgezeit eine wachsende Kooperation zwischen der Experimentalphysik und der theoretischen Festkörperphysik statt. Unter Hilsch war es den jungen Mitgliedern des Instituts noch untersagt gewesen, an Seminaren der Theoretiker teilzunehmen. Sie sollten messen und sich neue Messmethoden ausdenken und ihre Zeit nicht mit theoretischen Spekulationen verschwenden. Von dieser weit verbreiteten Denkart löste sich die Generation Buckel zunehmend. Später sollte Werner Buckel mir bedauernd erzählen, welch interessante Messdaten damals in ihren Schubkästen gelegen hätten. Ihre Bedeutung war ihnen entgangen, da sie nicht über das theoretische Rüstzeug verfügten, um zu erkennen, welche neuartigen Dinge sie beobachtet hatten. Das war insbesondere auf dem Gebiet der Supraleitung der Fall. Buckel hat diesen Wechsel im Verhältnis von Experimentalphysik zu Theorie nicht nur in Göttingen, sondern später in ganz Deutschland mit vorangetrieben.

Die Laborkurse zur Experimentalphysik gefielen mir nicht, und ich kann mich auch nicht an begeisterte Kommilitonen erinnern. Die Theorievorlesungen wurden damals von Privatdozent Leibfried gehalten, der später Direktor in Jülich wurde und eine eindrucksvolle Persönlichkeit war. Seine Darstellung der Theorie war stärker an Phänomenologie ausgerichtet als üblich und daher besonders interessant. Insgesamt entsprach Göttingen nicht den Hoffnungen, die ich bei dem Universitätswechsel gehegt hatte. Die Atmosphäre, die ich aufgrund der gelesenen Bücher über die Physik in den 1920er-Jahren erwartet hatte, war nicht vorhanden. All das mag dazu beigetragen haben, dass es mir gesundheitlich nicht besonders gut ging. Ich bekam ernsthafte Magenprobleme, wie übrigens mein Freund Reinhard auch, der sogar am Magen operiert werden musste. Wir beabsichtigten beide, uns politisch zu betätigen, und waren dicht daran, in den Sozialistischen Deutschen Studentenbund (SDS) einzutreten. Als wir jedoch einmal zu einem internen Treffen der Gruppe zugelassen wurden, wurden wir Zeuge, wie rabiat sich konkurrierende Fraktionen im SDS stritten. Das wirkte auf uns so abstoßend, dass wir unsere Pläne, diesem Verein beizutreten, aufgaben. Viele Jahre später stellte sich heraus, dass aus dem damaligen Göttinger SDS mehrere führende Sozialdemokraten hervorgegangen waren. Unter ihnen waren der spätere Bundesminister Ehmke und der Landespolitiker von Oertzen. In Göttingen hörte ich, dass es in Hamburg auf dem Gebiet der Physik den Feldtheoretiker Harry Lehmann gab, der Pionierarbeit in theoretischer Physik leistete. Diese wollte ich unbedingt kennenlernen, und deshalb entschloss ich mich 1957, das Studium in Hamburg fortzusetzen.

AN DER UNI HAMBURG

Bei der Einschreibung an der Universität verteilte ein Professor vor dem Hauptgebäude Flugblätter. Das war der spätere Wirtschaftsminister Karl Schiller, der zusammen mit dem Finanzminister Franz Josef Strauß erheblichen Einfluss auf die wirtschaftliche Entwicklung in Deutschland haben sollte. Plisch und Plum wurden die beiden genannt. Die Zimmersuche gestaltete sich in Hamburg ähnlich schwierig wie in Göttingen. Schließlich landete ich bei der Schwester einer entfernten Verwandten von uns in Eppendorf in der Löwenstraße. Die sanitären Verhältnisse waren äußerst bescheiden. Es gab ein Plumpsklo, fließend Wasser kam nur aus einem Wasserhahn in der Küche. Das Zimmer war winzig, mit einem alten Ofen ausgestattet und statt eines Bettes gab es lediglich eine viel zu kurze Couch, die mit Hilfe eines daneben gestellten Stuhles so verlängert wurde, dass ich darauf schlafen konnte. Das Institut für Theoretische Physik befand sich in der Nähe des Dammtor-Bahnhofs; in seiner kleinen Bibliothek habe ich später viele Tage verbracht. Das Studium war sehr intensiv und verlangte, dass man sich voll engagierte. Insofern blieb für Freizeit und sonstige Abwechslungen wenig Zeit übrig.

Um etwas Geld zu verdienen, nahm ich eine Stelle beim Hamburger Renn-Club an und verkaufte mittwochs und sonntags bei Trabrennen in Farmsen und Bahrenfeld Pferdewetten. Das war eine willkommene Abwechslung, denn so kam ich unter Leute und konnte die Psyche von Wettern, beziehungsweise

Spielern kennenlernen. Die Elektronik hatte noch nicht Eingang in die Wetthallen gefunden und die Minuten, sogar Sekunden vor und nach Beginn eines Rennens waren jedes Mal voller Spannung. Es war nämlich für den Ausgang eines Trabrennens nicht unerheblich, wie schnell ein Pferd beim Start in den typischen Trabschritt überging, denn nicht selten kam es bereits hier zu Disqualifikationen wegen unreiner Gangart. So verzögerten Wettende ihre Entscheidung für eine Wette oft bis Sekunden nach dem Start, was uns zu Höchstleistungen antrieb, bevor der Ruf ertönte: „Aufhören, aufhören …!“ und wir die Wettannahmen abzubrechen hatten.

Eine schöne Einrichtung an der Hamburger Universität war das sogenannte „Studium generale“. So belegte ich mehrmals die Veranstaltung „Besuch der Hamburger Kunsthalle“, die während des Semesters jeden Samstag stattfand und wo von einem Kunstexperten jeweils zwei bis drei Bilder im Detail vorgestellt und besprochen wurden. Das war eine der schönsten Veranstaltungsreihen, die ich an einer Universität besucht habe.

Auf einer Wahlveranstaltung der SPD erlebte ich den jungen Abgeordneten Helmut Schmidt, damals „Schmidt-Schnauze“ genannt. Er gab sich kämpferisch, beschimpfte Adenauer, der doch zu seinen Rosen zurückkehren solle, und rief: „Die Butterpreise müssen runter!“, worauf die anwesenden Hausfrauen freudig aufsprangen und applaudierten. Mir waren Veranstaltungen dieser Art unsympathisch. Das hat sich seither auch nicht geändert. In dem speziellen Fall sollte ich hinzufügen, dass Helmut Schmidt später als Bundeskanzler mehrfach hervorragende Reden hielt. So gehe ich davon aus, dass er damals noch seine Rolle als Politiker geübt und ausprobiert hat.

Da die Unterbringung in der Löwenstraße wenig komfortabel war, zog ich nach längerem Suchen in das Bugenhagen-Konvikt in Othmarschen um. Das Konvikt gehörte zur Evangelischen Theologischen Fakultät der Universität. Es sprach für die Liberalität und Aufgeschlossenheit dieser Fakultät, dass ich als Katholik nach eingehender Diskussion im entsprechenden Gremium in das Konvikt aufgenommen wurde. Einer meiner Freunde, der in Hamburg Theologie studierte, hatte mir den Tipp gegeben, mich dort zu bewerben. So haben Hamburgs liberale Theologen einen bleibenden Eindruck bei mir hinterlassen.

Harry Lehmann
(1924–1998)

In der Zwischenzeit hatte ich bei Harry Lehmann mit einer Diplomarbeit über Rückstoßeffekte beim Lee-Modell begonnen. Letzteres war ein Spielmodell aus dem Bereich der Elementarteilchentheorie. Es eignete sich gut für Anfänger zum Üben, da es zu negativen Wahrscheinlichkeiten führte, die es nicht geben kann. Nach Ende des Diploms hatte ich ursprünglich die Absicht, in Feldtheorie zu promovieren. Harry Lehmann, der in der axiomatischen Feldtheorie führend war, riet mir davon jedoch ab. Sein Argument war, dass das Gebiet aufgrund der großen mathematischen Schwierigkeiten festgefahren sei. Dagegen fänden in der Festkörpertheorie feldtheoretische Verfahren Anwendung. Wie sich herausstellte, war das ein enorm kluger Rat, dem ich auch gefolgt bin. Ich habe später wiederholt die Erfahrung gemacht, dass es sehr wichtig ist, in entscheidenden Phasen des Lebens auf Ratgeber mit großer Erfahrung zu hören und deren Rat dann auch wirklich zu vertrauen und zu folgen. Die Feldtheorie hat zwar viele Jahre später eine neue Blütezeit erlebt, die damalige Zeit war dafür jedoch noch nicht reif. Aller Voraussicht nach hätte ich mich für Jahre abgeplagt, ohne wirkliche Fortschritte zu machen. Harry Lehmann half mir auch, meinen anderen großen Wunsch zu realisieren, nämlich für einige Zeit in die USA zu gehen, um dort mein Studium fortzusetzen. Er hatte als Assistent von Werner Heisenberg den damaligen Post-Doktoranden Richard A. Ferrell am Göttinger Institut kennengelernt. Dieser war inzwischen Professor an der Universität von Maryland in College Park nahe Washington D. C. geworden, und so schrieb Lehmann ihm einen Brief mit der Frage, ob er ein Stipendium für mich hätte. Das war dann auch der Fall.

Der Grund, weshalb ich für einige Zeit im Ausland studieren wollte, ist leicht gesagt. Ich war noch nie im Ausland gewesen und hatte von der Welt noch nichts gesehen. Hinzu kam, dass ich das Klima an der Universität Hamburg, wie schon zuvor in Göttingen, als einengend, ja erstickend empfand. Es ist schwer zu beschreiben, was genau dieses Gefühl ausgelöst hatte. Es muss jedoch schon damals an den Universitäten um sich gegriffen haben, bevor es in der zweiten Hälfte der 1960er-Jahre zu den Studentenunruhen führte. Dabei hatte ich eigentlich keinen Grund, mich zu beklagen, denn Harry Lehmann war international sehr bekannt und verkörperte geradezu eine neue Generation von Hochschullehrern. Ich bekam ein Stipendium, kombiniert mit einem Darlehen, und litt somit keine Not. Vielleicht war es einfach der notwendige noch fehlende Schritt, um der entflohenen Enge der DDR endgültig zu entkommen. Richard Ferrell erklärte sich bereit, mich aufzunehmen und mir ein Research Assistentship zu offerieren, das, soweit ich mich erinnere, von der US Air-Force finanziert wurde. Er selbst war sowohl in der Kernphysik als auch in der Festkörperphysik ein sehr angesehener Physiker. Vielseitig interessiert, sprach er aufgrund seines Göttinger Aufenthalts gut Deutsch. Das war durchaus ein Vorteil, denn meine Englischkenntnisse waren recht kümmerlich und beschränkten sich fast ausschließlich auf das Lesen physikalischer Texte. Also kaufte ich mir ein Schiffsticket für rund 250 $, das viel preisgünstiger war als ein Flugticket, und fuhr Ende August 1960 mit der „Ryndam“ der HAPAG in die USA.

DER AUFENTHALT IN DEN USA

Die „Ryndam" war mit ihren ungefähr 15.000 Bruttoregistertonnen ein vergleichsweise kleines Schiff, und sie konnte rund 800 Passagiere aufnehmen. Die Fahrt begann in Rotterdam und führte über Le Havre und Southampton nach Quebec und Montreal. Auf dem Schiff teilte ich eine Kabine mit drei amerikanischen Studenten. Sie hatten einen Studienaufenthalt in Heidelberg absolviert und kehrten nun in die Heimat zurück. Ein großer Teil der Passagiere waren Auswanderer nach Kanada. Sie diskutierten und redeten viel über ihre Erwartungen an die neue Heimat und über das viele Geld, welches sie zu verdienen hofften. Alle waren voller Tatendrang. Der Rest der Passagiere waren amerikanische Touristen, zum großen Teil Lehrer, die nach einer Europatour in die USA zurückkehrten, denn dort begann Anfang September nach Labor Day wieder der Lehrbetrieb. Die Zeit vertrieb man sich an Bord mit Shuffleboard, Bingo und Meisterschaften aller Art wie Tischtennis, Bridge und Schach. Das Wetter war während der Überfahrt windig, regnerisch und ziemlich kalt. Als recht kleines Schiff schaukelte die „Ryndam" stark, was bei etlichen Passagieren zur Seekrankheit führte.

Faszinierend war die Fahrt auf dem Sankt-Lorenz-Strom, der uns zuerst nach Quebec und danach nach Montreal führte. Die abendlichen Nordlichter und die Laurentiustränen, Schauer von Sternschnuppen, die wir flussaufwärts fahrend beobachteten, hinterließen einen bleibenden Eindruck. Sie ähnelten einem Feuerwerk, waren jedoch im Unterschied zu einem solchen völlig lautlos. Das verstärkte noch den außerirdischen Eindruck, den sie hinterließen. Am 2. September 1960 dockten wir in Quebec an. Zuvor gab es noch eine große Abschiedsparty, auf der die verschiedenen Erwartungshaltungen der Reisenden noch einmal sehr deutlich wurden. Einen Tag später erreichten wir Montreal. Von dort fuhren wir nach einer kurzen Besichtigung der Stadt mit dem Zug nach New York City. Einer der drei Studenten hatte mich für das Wochenende zu seinen Eltern eingeladen, die in den Suburbs von New York wohnten. Es war für mich die erste Begegnung mit einer für Amerika charakteristischen Art von Gastfreundschaft, die mir bis dahin unbekannt war. Als ich in New York City aus der Grand Central Station zum ersten Mal auf die Straße trat, umgeben von Wolkenkratzern, die man bei der unterirdischen Einfahrt mit dem Zug in die Stadt noch nicht sehen konnte, war ich von der Atmosphäre der Stadt vollkommen überwältigt. Diese „langen Gehäuse des Eilands Manhattan“, wie Bert Brecht sie nannte, strahlten eine ungeheure Vitalität aus. Gleichzeitig hatte der Betrieb auf der Straße nichts Hektisches an sich, aber auch nichts Anheimelndes. Vielmehr erschien er mir als in sich ruhende Vitalität. Ich war voller Erwartungen gegenüber dem neuen Lebensabschnitt, der gerade begonnen hatte.

Hochseedampfer Ryndam der Reederei HAPAG um 1960
(Foto: Pinterest)

DIE UNIVERSITÄT VON MARYLAND

Nach einem abwechslungsreichen Wochenende, das eine Besichtigung von Manhattan in einem der damals typischen großen Straßenkreuzer einschloss, fuhr ich mit einem der Studenten mit dem Zug nach Washington, übernachtete dort im YMCA und machte mich am nächsten Tag auf nach College Park, um dort in der Nähe der Universität nach einem Zimmer zu suchen. Im Bus dorthin sprach mich ein Student an und fragte, ob ich aus Deutschland käme. Übrigens wurde ich auch später mehrfach spontan als Deutscher identifiziert. So kamen wir ins Gespräch, im Laufe dessen er mich gleich zum Lunch bei seinen Eltern einlud, die in Hyattsville, nicht weit von der University of Maryland, wohnten. Danach half er mir, ein Zimmer in der Kennedy Street in Hyattsville zu finden. Und so war der Einstieg geschafft. Bei der Familie Hoegen, so hießen die Gastgeber, sollte ich später noch viele Sonntage verbringen. Peter Hoegen Senior und seine Frau waren reizende, sehr gastfreundliche Leute, die sonntags nach der Kirche oft den Kaplan zum Mittagessen einluden. Eine Atmosphäre aus Gastfreundschaft, Hilfsbereitschaft und Offenheit, wie ich sie damals bei den Hoegens kennenlernte, war für mich lange das bestimmende Bild von Amerika, welches es in dieser Form vermutlich nur noch eingeschränkt so gibt.

An der Universität von Maryland wurde ich sehr freundlich aufgenommen. Richard Ferrell war allerdings noch nicht von seinen Sommeraktivitäten zurückgekommen. Er traf erst eine Woche später ein. Als ich ihn mit seiner Familie zum ersten Mal traf, war das persönliche Verhältnis von Anfang an ausgezeichnet. Er war so jugendlich, dass ich ihn anfangs für einen Assistenten gehalten hatte. Bereits am ersten Wochenende wurde ich von den Ferrells zusammen mit einem indischen Studenten zuerst zu einem Kammermusik-Konzert nach Washington und anschließend zum Abendessen nach Hause eingeladen. Die Familie wohnte ganz in der Nähe der Universität in College Park am Wells Parkway. Dort hatten mehrere Professoren komfortable Häuser, die gehobenen Ansprüchen genügten, ohne protzig zu sein. Die Grundstücke waren nicht durch Zäune getrennt, und der wenig befahrene Wells Parkway war begrünt. Es ließ sich gut dort leben.

Richard A. Ferrell
(1926–2005)

Bereits kurz nach meiner Einschreibung an der University trat ich dem International Club und dem Trail Club bei. Letzterer organisierte Wanderungen in der weiteren Umgebung von Washington DC, insbesondere im Shenandoah National Park. Eine Tour in eine Höhle in West Virginia ist mir besonders in Erinnerung geblieben. Wir waren mit sechs bis acht Personen am Freitagabend gestartet und übernachteten in der Höhle nahe dem Eingang. Nachts wachte ich auf, weil Tiere auf meinem Schlafsack herumliefen. Wie es sich am nächsten Tag herausstellte, waren das große „pack rats" gewesen. Mit einer Karbidlampe am Helm erkundeten wir dann sieben Stunden lang die Höhle. Darin wechselte es ständig zwischen großen Räumen, in denen wir klettern mussten, zu langen, engen Strecken, auf denen wir im Lehmschlamm nur kriechend vorankamen. Schließlich erreichten wir einen unterirdischen Wasserfall, der das eigentliche Ziel dieser Höhlentour war. Dort seilten wir uns ab, bevor es auf einer anderen Route wieder zurück zum Ausgangspunkt ging. So ein Abenteuer vergisst man nicht.

Die Kirchen haben in den Staaten neben der religiösen auch eine starke soziale Funktion. So wurden wir als neue ausländische Studenten von einer Gemeinde der Baptist Church in College Park zu einem Abendessen mit anschließendem und gemütlichem Beisammensein eingeladen. Die Atmosphäre war sehr herzlich. Die Gemeindemitglieder waren sehr interessiert, mehr über unser Heimatland zu erfahren. Die Globalisierung war damals noch nicht weit fortgeschritten, und so war ein Gast aus Europa eine neue, fast schon „exotische" Bereicherung im amerikanischen Alltag. Nicht viel später geschah das Gleiche durch eine Gemeinde in Baltimore. Dort übernachtete ich bei einer Familie italienischer Abstammung. Mein Besuch hatte den Gastgebern offenbar so gut gefallen, dass sie mich, wie mir die Tochter sagte, am liebsten dortbehalten hätten.

Was meine wirtschaftliche Lage betraf, so war ich mit dem Stipendium, welches ich als Research Assistant erhielt, sehr zufrieden. Pro Monat wurden mir 178 US-Dollar ausgezahlt. Da das Zimmer 40 US-Dollar kostete, blieb noch genug zum Leben übrig, denn Nahrungsmittel waren sehr preiswert. Ein Essen im Drugstore oder einem kleinen Restaurant kostete nicht mehr als einen US-Dollar. Ein Hamburger kostete zwischen 0,20 und 0,30 US-Dollar. Auch Kleidung war sehr preiswert. Als ich ein Paar neue Schuhe kaufen musste, bezahlte ich 9 US-Dollar.

Dick Ferrell sprach sehr gut Deutsch und versuchte natürlich auch, seine Kenntnisse zu reaktivieren und zu vertiefen. Das half mir sehr mit meinen schlechten Englischkenntnissen über die etwas schwierige Anfangsphase zu kommen. Da der Fremdsprachenunterricht an der Oberschule auf Russisch und Latein beschränkt war, konnte ich zwar Physikbücher in Englisch lesen, aber es fehlte jegliche Praxis in der Umgangssprache. Jeden Mittag um 12 Uhr kam die Heimat in Erinnerung, denn dann spielte die Chapel auf dem Campus die Weihnachtsmelodie „O Tannenbaum“, welche zugleich die der Hymne des Staates Maryland ist.

Im Herbst 1960 fand in den Staaten die Präsidentenwahl statt. Bei den Hoegens verfolgte ich im Fernsehen den Wahlkampf von John F. Kennedy und Richard Nixon und die öffentlichen Debatten, welche Kennedy für sich entschied. Nach der Wahl Kennedys kam es zur Inauguration, die traditionell am 20. Januar 1961 in Washington stattfand. Bei strahlend blauem Himmel war es sehr kalt. Natürlich war ich dazu in die Stadt gefahren und verfolgte an der Pennsylvania Avenue die große Parade mit dem Autokonvoi von John F. Kennedy mit seinem Kabinett, gefolgt von Eleanor Roosevelt, Harry S. Truman und vielen anderen Politikern. Die Namen waren jeweils groß an den Autotüren zu lesen, und die Zuschauer winkten und riefen: „Hi John“ zum Präsidenten der Vereinigten Staaten, „Hi Eleanor“ und so weiter. Auch dieses Verhältnis zwischen Bevölkerung und Politikern war für mich absolut neu. Damals hätte in Deutschland wohl niemand Bundeskanzler Adenauer zugerufen: „Hallo Konrad!“ Es waren für mich Zeichen einer neuen Zeit.

Nach einiger Zeit hatte ich etliche Bekannte unter den Studenten und war Mitglied eines kleinen Freundeskreises. Erst später merkte ich, dass meine Freunde praktisch alle katholisch waren. Ähnliches galt für andere Freundeskreise. Es gab hier offenbar Mikrostrukturen in der Studentenschaft oder, wie der Physiker sagen würde, ein weiteres Beispiel für Strukturbildungen. Das bedeutete jedoch nicht, dass religiöse Fragen ein Diskussionsthema waren. Nur freitags aßen alle im Freundeskreis, außer mir, kein Fleisch. Ich erklärte meinen Freunden, dass der Papst den Deutschen nach dem Krieg wegen der schlechten Ernährungslage eine Ausnahmegenehmigung erteilt hätte. Das war natürlich als Scherz gemeint und wurde auch nicht weiter hinterfragt.

Mit der eigentlichen Forschungsarbeit ging es anfangs nicht gut voran. Es fehlte noch eine breitere Wissensbasis für selbständige, wissenschaftliche Arbeit, die erst geschaffen werden musste. Dennoch schickte mich Dick Ferrell auf eine Tagung der American Physical Society, die Anfang Februar 1961 in New York City stattfand. Tagungsort war das Hotel „New Yorker" in Manhattan. Es war die erste von vielen Tagungen, an der ich teilnahm. Am letzten Tag des Treffens wurde New York von einem Blizzard getroffen. Riesige Schneeberge türmten sich rechts und links an den Straßen auf, und der Autoverkehr kam zum Erliegen. Der viele Schnee dämpfte alle Geräusche und erzeugte eine ganz eigene Atmosphäre in der Stadt. Zum Glück gingen noch Züge nach Washington DC, sodass ich kein Problem hatte, wieder zurück nach College Park zu kommen. Wenige Wochen später zog ich von Hyattsville nach College Park in die Clagett Road, damit ich von nun an die Universität zu Fuß erreichen konnte.

Das Studium in Maryland unterschied sich wesentlich von dem mir gewohnten in Hamburg. Hatte man einen Kurs belegt, so wurde es als selbstverständlich angenommen, dass man bei jeder Vorlesung anwesend war und nicht nur gelegentlich auftauchte. Das wurde mir schnell klar, als ich zu einer Vorlesung von Ferrell mit zehnminütiger Verspätung einmal vorbeischauen wollte. Ferrell unterbrach seine Vorlesung und begrüßte mich mit Handschlag. Das ist mir kein zweites Mal passiert.

Im Laufe des Jahres wurde mir ein weiterer wesentlicher Unterschied zwischen dem Studium in Maryland und Hamburg bzw. Deutschland klar. Bisher war ich es gewohnt gewesen, dass es reichte, physikalische Phänomene im „Prinzip" verstanden zu haben. In Maryland zeigte sich nun, dass dies für das Studium bei Weitem nicht ausreichte. Bei den schriftlichen Examen, die es zu jeder Vorlesung gab, musste man in der Lage sein, eine vorgegebene Aufgabe in einer vorgegebenen Zeit zu lösen. Dazu musste man die dazu notwendigen Gleichungen en détail parat haben und auch anwenden können. Es reichte nicht aus, ein Problem nur im Prinzip lösen zu können. Vielmehr musste man mit gutem Handwerkzeug, sprich soliden Grundkenntnissen ausgerüstet sein, um in der Forschung zu reüssieren. Mir war die sonst übliche schriftliche Aufnahmeprüfung in die Graduate School erlassen worden, weil ich ursprünglich nur ein Jahr in den USA bleiben wollte und außerdem bereits ein Diplom hatte. Vermutlich hätte ich die Prüfung auch gar nicht bestanden, denn wie bereits erwähnt, waren meine Englischkenntnisse nicht ausreichend gewesen. Die Situation änderte sich jedoch bald.

Nach circa einem halben Jahr erhielt ich ein Angebot, als Doktorand nach München zu gehen, um bei Professor Wild zu promovieren. Als ich daraufhin Harry Lehmann um Rat ersuchte, schrieb er mir, da ich doch nun schon einmal in den USA sei, wäre es doch angeraten, auch dort zu promovieren. Dazu musste ich jedoch vorher das PhD Qualifying Exam bestehen. Das war jedoch nicht trivial. Unter dem Department Head John Toll wollte die University of Maryland das Department für Physik zu einem der besten des Landes machen. Dazu war man bereit, zahlreiche Stipendien zu vergeben, ließ aber bei den Qualifying Exams jeweils nur 50 Prozent der Prüflinge das Examen bestehen, unabhängig davon, wie gut oder schlecht das Examen ausfiel. So intensiv wie vor dem Qualifying Exam habe ich kaum je wieder gearbeitet. Von Dick Ferrell hieß es, er habe früher alle Übungsaufgaben, die es in irgendeinem der Lehrbücher über Elektrodynamik gab, durchgerechnet. So weit hatte ich es nicht gebracht. Aber was die spezielle Relativitätstheorie betrifft, so habe ich, wie ich glaube, alle Aufgabentypen, die es für Examen gibt, durchgearbeitet. So hat es dann auch schließlich geklappt. Zuvor war ich noch für zweieinhalb Monate auf einer Sommerschule in Boulder (Colorado) gewesen, wo ich Vielteilchenphysik und die von Bardeen, Cooper und Schrieffer (BCS) entwickelte Theorie der Supraleitung gelernt hatte. Die BCS-Theorie sollte mich noch für viele Jahre beschäftigen. Sie gilt als einer der Höhepunkte der Theoretischen Physik in der zweiten Hälfte des letzten Jahrhunderts und hat viele neue Türen in Forschung und Anwendung geöffnet. Die entscheidende Arbeit erschien 1956. Dafür wurden 1972 die Autoren John Bardeen, Leon Cooper und Robert Schrieffer mit dem Nobelpreis geehrt.

Die Fahrt nach Colorado unternahm ich damals mit dem Greyhound-Bus. Das war die billigste Art zu reisen. Man sah viel von der Landschaft und bekam Respekt vor der Weite des Landes. Übernachtet habe ich gewöhnlich in YMCAs, der amerikanischen Version von Jugendherbergen. Diese waren sehr preiswert und sauber. In Chicago konnte ich mir einen Tag lang die Stadt angesehen, deren Vitalität mich sehr beeindruckte. Der Blick auf die Stadt vom Lake Michigan aus war wunderschön. Manche Gegenden hingegen waren verwahrlost und ließen nichts Gutes für die Zukunft erwarten. Westlich von Chicago begann der weite Mittlere Westen. Der Bus fuhr durch Landschaften, die kaum besiedelt waren. In Des Moines, der Hauptstadt von Iowa, war das YMCA ganz neu, erst kürzlich eröffnet worden und dementsprechend komfortabel. Für wenig Geld konnte man in der Stadt ein großes Steak mit „corn on the cop“ bekommen. Der Nachbarstaat Nebraska erschien mir als fast unbewohnt. Ich übernachtete dort in North Platte, der größten Stadt im westlichen Teil dieses Staates. Sie war kaum größer als ein großes Dorf. Als Heimatstadt von Buffalo Bill wurde dieser größte Sohn der Stadt so gut es ging vermarktet. In Wyoming sahen wir vom Bus aus praktisch nur Grassteppe, weder Baum noch Strauch. Das änderte sich kaum bis Cheyenne, wo die Stadt auch wieder den Eindruck vermitteln wollte, man sei in einer kultivierten Version des „Wilden Westens“ angekommen. Schließlich erreichte ich Denver, das auf einer Höhe von einer Meile, also von rund 1.500 Metern, liegt. Die Stadt machte den Eindruck einer aktiven Handels- und Geschäftsmetropole, sie erschien mir jedoch sehr teuer. Meinen Eltern schrieb ich, dass ich für eine Übernachtung fast 5 US-Dollar bezahlen musste. Das war zu einer Zeit, als ein beliebter Reiseführer mit dem Titel „America – 5 Dollars a day!“ erschienen war. Von Denver nach Boulder war es dann nur noch ein Katzensprung.

An Wochenenden nahm ich an Wanderungen des Mountaineering Club teil. Eine der Wanderungen führte zum Navajo Peak, der etwas über 4.087 Meter hoch war. Wir kamen am späten Nachmittag auf dem Campingplatz an. Zum Schlafen hatte ich einen dünnen Schlafsack mitgebracht, denn mir war nicht bewusst gewesen, wie kalt die Nächte im Hochgebirge sein können. So fror ich entsetzlich und konnte kaum schlafen. Am nächsten Morgen begann die Wanderung, während der es fast ununterbrochen regnete. Bald waren wir vollkommen durchnässt, aber das störte nicht weiter, denn zum einen wurde es tagsüber recht warm und zum anderen wateten wir mehrfach durch Bäche und überquerten kleine Flüsschen, sodass die Feuchtigkeit bald gleichmäßig verteilt war. Vom Gipfel aus hatten wir einen herrlichen Rundblick auf die Gebirgslandschaft. Insgesamt ging die Tour über mehr als 22 Kilometer. Am Abend nach der Rückkehr zum Campingplatz setzte ein Hagelsturm ein. Da verzagten dann doch etliche der Teilnehmer und reisten vorzeitig ab. Eigentlich wollte ich mich ihnen anschließen, aber der „team leader“, ein erfahrener „mountaineer“, sagte mir, dass dies völlig unprofessionell wäre. Man müsse bis zum Ende bleiben. Also blieb ich, und das war gut so. Bald hörte der Hagel auf, ein großes Lagerfeuer wurde angezündet, und nach kurzer Zeit waren wir wieder trocken. Es wurde viel gesungen und Coor's beer getrunken, anschließend schlief ich so fest wie selten zuvor. Am nächsten Morgen war der Himmel, oh Wunder, strahlend blau, und wir hatten das herrlichste Wetter. Nachdem wir den Vormittag ganz entspannt in dieser herrlichen Umgebung verbracht hatten und um einen kleinen See gewandert waren, ging es am zeitigen Nachmittag zurück nach Boulder. Und die Quintessenz dieses Wochenendes? Gib nie zu zeitig auf!

Einige Wochen später hatte ich auch den Mount Elbert, mit 4.401 Metern der höchste Berg in den Rocky Mountains, erwandert. Da es sich hier um ein sehr altes Gebirge handelt, im Gegensatz zu den Alpen, bestehen die hohen Berge oft mehr aus Geröll als aus steilen, unbegehbaren Hängen, die natürlich ebenfalls vorkommen. Das Erlebnis der unberührten Natur mit Übernachtung unter freiem Himmel war überwältigend. Es war die Zeit vor dem großen Massentourismus, denn bei den langen „hiking tours" traf man nur sehr vereinzelt auf gleichgesinnte Naturliebhaber. Colorado gehörte zu den sogenannten „dry states", das bedeutete, dass Alkohol vom State of Colorado als Übel betrachtet wurde. Dementsprechend gab es innerhalb der Gemeindegrenzen von Boulder nur das berühmte „Coors beer" mit einem Alkoholgehalt von 3,2 Prozent. Ich war von diesem leichten Bier sehr angetan, denn es schmeckte wie Bier, aber man wurde davon nicht gleich betrunken. Sobald man jedoch das Ortsschild einer Gemeinde hinter sich gelassen hatte, reihte sich eine Bar an die nächste, und es galten andere Regeln, was hieß, es gab hochprozentigen Alkohol.

Während des Sommers wurde auf dem Campus der Universität ein Shakespeare-Festival veranstaltet. Die Aufführungen des „King Lear" fanden auf einer kleinen Freilichtbühne statt, und als Darsteller traten Studenten auf, die sicher einmal Schauspieler werden wollten und die von anderen Universitäten zu speziellen Sommerkursen angereist waren. Es war eine sehr muntere Truppe, die viel Freizeit miteinander verbrachte. Als ich eines Abends wie üblich in die Student Union ging, wo ein großer Fernseher stand, erfuhr ich aus den Nachrichten vom Bau der Berliner Mauer. Von der Dramatik dieses Ereignisses war in meiner Umgebung nichts zu spüren. Zu weit weg waren Deutschland und Berlin. Die Probleme in Europa berührten das Interesse und das Leben im Mittleren Westen der USA nur sehr am Rand.

Der Sommer endete viel zu früh. Mit dem Greyhound-Bus ging es wieder zurück nach Maryland. Die 5-tägige Rückfahrt führte durch Kansas, Missouri, Indiana und Virginia. In St. Louis machte ich bei einer Außentemperatur nahe 40 Grad einen Tag Pause. Wenige Wochen nach meiner Rückkehr legte ich das PhD Qualifying Exam ab, und somit war der Weg frei für eine Promotion in den USA. Nun war es wichtig, ein gutes Thema für die Dissertation zu finden. Zuerst ging es darum, Quasiteilchen in Festkörpern besser zu verstehen. Daraus wurde jedoch nichts, denn nach zwei Monaten Arbeit an diesem Thema erhielt ich den Vorabdruck einer Arbeit, in der genau das Problem, an dem ich arbeitete, gelöst worden war. Danach wandte ich mich der Supraleitung zu, und Dick Ferrell machte den Vorschlag, in die BCS-Theorie eine verbesserte Wechselwirkung der Elektronen einzubauen. Kurz darauf hörte ich, dass Bob Schrieffer an der University of Pennsylvania mit Doktoranden am gleichen Thema arbeiten würde. Folglich schrieb ich ihm einen Brief, in dem ich ihn um Informationen über seine diesbezüglichen Pläne bat. Daraufhin erhielt ich eine mehrseitige Antwort, in der er mir sehr ausführlich seine Vorgehensweise beschrieb. Dieser Brief hat mich sehr beeindruckt. Leider ist er im Laufe der Jahre verloren gegangen. Er zeigte, wie ein sehr angesehener Wissenschaftler, der Schrieffer damals bereits war, einem jungen Kollegen, den er nicht einmal kannte, bereitwillig Auskunft über sein wissenschaftliches Programm gab. In bester akademischer Tradition, wie ich hinzufügen möchte. Nach Erhalt dieses Briefes war es für mich klar, dass es keinen Sinn hatte, sich weiter mit diesem Problem zu befassen. Bob Schrieffer und seinen Mitarbeiter waren mir weit überlegen. Erst beim dritten Versuch klappte es mit dem Dissertationsthema, dafür dann allerdings sehr gut.

Eine besondere Attraktion für ausländische Studenten an den Universitäten in Washington DC und Umgebung, war der jährliche Foreign Student Day. An dem Tag konnte man Menschen treffen und mit ihnen diskutieren, mit denen man sonst kaum in Kontakt kam. Seltsamerweise wurde diese Möglichkeit nur von wenigen Studenten wahrgenommen. So hatten wir in einem Jahr eine Diskussion mit dem Chefredakteur der „Washington Post“, der mich mit seinen überraschenden, aber einsichtigen Thesen sehr erstaunte. Sie betrafen das Verhältnis zwischen der Eigentümerin der Zeitung und der Redaktion sowie die strikte Trennung von möglichst genauer Berichterstattung und subjektiven Kommentaren in seiner Zeitung. In einem anderen Jahr war der Höhepunkt die Einladung von Präsident John F. Kennedy und Mrs. Kennedy zu einer Party auf dem South Lawn des Weißen Hauses. Dort kam ich mit einer Dame ins Gespräch, die mir sagte, dass ihre Eltern beide Physiker gewesen waren. Es stellte sich heraus, dass sie Eve Curie, die Tochter von Marie und Pierre Curie war. Sie lebte damals als Journalistin und Schriftstellerin in Washington und ist 2007 im Alter von 102 Jahren in New York gestorben. Ihr Buch „Madame Curie" hatte ich gelesen, und so war ich über dieses Zusammentreffen sehr erfreut. Im selben Jahr lud der Attorney General Robert Kennedy zusammen mit seiner Frau Ethel ausländische Studenten in sein Büro im Department of Justice ein. Über der Tür des Büros hing eine Aufnahme vom Platz vor dem Schöneberger Rathaus, die gemacht wurde, als Präsident Kennedy seine berühmte Rede vor den Berlinern gehalten hatte, mit dem Ausspruch „... and therefore, as a free man, I take pride in the words: Ich bin ein Berliner". Robert Kennedy stand damals auf der Bühne hinter seinem Bruder und erzählte uns, wie erschrocken, ja verängstigt er gewesen war, als er feststellte, wie stark und sensibel die riesige versammelte Menschenmenge auf jedes Wort seines Bruders reagierte. Ihm war bewusst geworden, wie gefährlich eine Fehlleitung dieser Menschenmassen in Gefahren- oder Notfallsituationen sein konnte. Wie üblich gab es bei solchen Einladungen den obligatorischen „fruit punch" und „cookies", also Fruchtsaft und Kekse.

Die großzügige und offene Atmosphäre der damaligen Zeit wird auch gut durch folgendes Erlebnis charakterisiert. Anlässlich des „Foreign Student Day" hatte der Supreme Court, also der Oberste Gerichtshof der USA, ausländische Studenten eingeladen. Als ich mich nun bei dem Empfang mit einem Becher Fruchtsaft in der Hand mit anderen Kommilitonen unterhielt,

THE Diamondback

VOL LIII NO. 36 UNIVERSITY OF MARYLAND—COLLEGE PARK TUESDAY, DECEMBER 5, 1961

Government Fetes Foreign Students

By Pam Leef

The Foreign Student Service Council has extended invitations to the foreign student attending colleges in the Washington area to participate in Foreign Student Day today.

Highlighting the day's activities is the reception of a delegation consisting of one student from each Washington area college by President Kennedy at 10 a.m. in the White House. Colin Bonwick a graduate student in history from London, England is attending from the University.

Stellmacher Chosen

The University selected Irene Stellmacher, of Germany, Peter Volkert of Netherlands and Peter Fuide of Germany to be received by Commissioner Tobriner in the District Building at 9 a.m. Following this Peter Fulde and Dwijendra Bhattacharya of India will visit the Department of Denfense. They will have lunch at the Pentagon and meet Dr. Carlisle Runge, Assistant Secretary and Secretary McNamara if he is free.

Later in the morning Shunsuke Kamei of Japan, Ihsan Ali Saih of Iraq and Arthur Morris of England will visit with Desk Officers of their countries, have lunch, and meet with Mr. George McGhee, Under Secretary of State for Economic Affairs at the Department of State.

Secretary and Mrs. Udall will receive Mr. and Mrs. Lalit Gadhia of India, Dietlinde Lehnert of Germany, Estela Marchesi of Argentina, Yousuf Alaama of Saudi Arabia, Abdol Bonakdarpour of Iran, Daulat Damanik of Indonesia, Subramani Moryadas of Ceylon and Rameskwar Misra of India at the Department of the Interior around noon.

Silvia Ferrari of Uruguay and Vinod Goel of India will have lunch at DACOR house as guests of Mrs. William Breese and Mrs. William Warner who will then accompany the group to visit Sargent Shriver, Director of the Peace Corps.

A reception at the Supreme Court for all students who are attending the activities of Foreign Student Day will be held from 5 to 7 p.m.

Others attending from the University as American representatives include Barbara Patzner, Lynn Weirich, Carole Phillips, Jackie Carrick and Sue Gibbons.

kam eine Dame auf mich zu und fragte, ob ich aus Deutschland käme. Sie wollte von mir wissen, wo sie sich hier eigentlich befände. Da ich mich über ihre Frage sehr wunderte, erzählte sie mir, dass sie mit ihrer Tochter außen am Gebäude des Supreme Court entlanggegangen und stehen geblieben war, um es ihrer Tochter zu erklären. Daraufhin hätte ein Bediensteter ihr gesagt, sie sollte die Treppe nach oben gehen. Dort hätte ihr ein anderer Herr gesagt, dass sie beide den Aufzug nehmen sollten. Oben angekommen, wurden sie weiter dirigiert, bis sie zu einem Herrn kamen, der sie nach ihrem Namen fragte. Anschließend hätten sie fünf Hände geschüttelt, einen Becher „fruit punch" und einen Keks erhalten, und nun stünden sie hier. Daraufhin erklärte ich ihr, dass die fünf Hände, die sie geschüttelt hatte, die der obersten amerikanischen Bundesrichter gewesen waren. Vergleicht man die damalige Atmosphäre mit der heutigen, so wird einem die enorme Veränderung bewusst, die es seither in den USA gegeben hat. Die Frage stellt sich, was letztlich der Grund für diesen Wandel von einem extrem liberalen und großzügigen Staat zu einem, dessen Kapitol von Militäreinheiten wie eine Burg geschützt und verteidigt werden muss, sein könnte. Eine Antwort darauf ist sicher vielschichtig und wird in späteren Jahren vielleicht einmal besser sichtbar sein.

Senator Fulbright hat uns bei einer Diskussion im Haus der Familie Williams, (genannt Soapy Williams, da die Familie Teileigentümer der Firma war, welche unter anderem die Zahncreme Colgate und verschiedene Waschmittel produzierte), am Foreign Student Day gewarnt, wir sollten New York oder Washington nicht mit Amerika verwechseln. Das wahre Amerika sei der Mittlere Westen. Dort wäre der Pioniergeist, welcher das „wirkliche" Amerika ausmache, zu Hause. Vielleicht sind dort die Veränderungen gegenüber den 1960er-Jahren viel geringer als in den großen Städten, die in den Medien den Ton angeben.

Dick Ferrell hatte sowohl in der Festkörper- als auch in der Kernphysik wissenschaftliche Interessen. Dementsprechend arbeiteten wir, als seine Doktoranden, auch auf diesen beiden

Wissensfeldern. In der Festkörperphysik waren außer mir noch mein Freund Jim Cullen und zwei weitere Studenten am Promovieren, und in der Kernphysik gab es ebenfalls zwei Doktoranden. Jim Cullen kam aus einer Familie mit irländischen Wurzeln und hatte viele Geschwister. Während der Weihnachtsferien verbrachte ich gewöhnlich einige Tage bei seiner Familie, die im Stadtteil Brooklyn von New York City in einer irischen Nachbarschaft nahe der Flatbush Avenue wohnte. Es war eine reizende, etwas chaotische, aber sehr gastfreundliche Familie. Natürlich waren alle Familienangehörigen als überzeugte Iren auch gläubige Katholiken. Dementsprechend verlief der Heilige Abend wie folgt. Bis 23:00 Uhr passierte sehr wenig. Doch dann bereitete man sich auf die Mitternachtsmesse vor. Die Kirche war für gewöhnlich schon eine halbe Stunde vor Beginn der Messe voll besetzt. Nachdem man in der Gemeinde genügend gesungen und gebetet hatte, zog man anschließend, so gegen ein Uhr morgens, mit Freunden und Bekannten in die Nachbarschaftskneipe „Clifford's Bar" ein, und damit begann dann der eigentliche Abend, der sich bis frühmorgens hinzog. Am Weihnachtsmorgen wurden die Geschenke besichtigt, von denen ein paar ein oder zwei Tage später im bekannten Department Store Macy's umgetauscht wurden. Der Besuch von „Clifford's Bar" wiederholte sich jeden Abend, und es ging jedes Mal sehr fröhlich und gesellig zu. Man lebte fast wie in einer irischen Kleinstadt. Etwas nördlich schloss sich eine italienische Nachbarschaft an, wo es ähnlich familiär zuging. Dann gab es natürlich auch große jüdische Viertel, sodass Brooklyn mir wie eine Ansammlung kleiner Städte mit verschiedenem ethnischem Hintergrund vorkam.

In New York war der Zusammenhalt von Menschen gleicher ethnischer Zugehörigkeit unterschwellig stark ausgeprägt. Wenn sich im Hafen frühmorgens die Gelegenheitsarbeiter zusammenfanden, darunter auch Studenten, um für einen Tag als Hafenarbeiter angeheuert zu werden, dann lief der irische „longshoreman" an der Reihe entlang und fischte mit großer Sicherheit all diejenigen Bewerber heraus, die einen irischen Hintergrund hatten. Der Hafen war zur damaligen Zeit irisch dominiert, die Polizei italienisch, und andere Gewerke, wie etwa die Textilverarbeitung, waren jüdisch. Wir haben hier ein weiteres Beispiel für Strukturbildungen. Solche sind aus der Botanik, man denke an Blattstrukturen oder aus der Zoologie, ein Beispiel sind hier die individuellen Streifen des Zebrafells, bekannt. Sie sind aber auch bei interagierenden Menschenmengen weit verbreitet.

EIN SOMMER IN KALIFORNIEN

Im Sommer 1962 reiste Dick Ferrell mit seiner Familie nach Kalifornien, um in Berkeley an der angesehenen University of California während der Sommerferien mit den dortigen Kollegen, insbesondere Charles Kittel, Mike Tinkham und J. J. Hopfield, zusammenzuarbeiten. Er schlug vor, dass Moshe Fiebich, der ebenfalls bei Ferrell promovierte, und ich ihn dorthin begleiten sollten. Natürlich waren wir begeistert. Doch zuvor musste ich jedoch noch einen amerikanischen Führerschein erwerben. Ich hatte in Hamburg bereits einen deutschen Führerschein in einem Sonderangebot für insgesamt 100 DM inklusive acht dreißigminütigen Fahrstunden erworben. Um einen Führerschein in Maryland zu erhalten, hätte ich trotz vorhandenem deutschem Scheins sowohl eine theoretische als auch praktische Prüfung absolvieren müssen. Da ich überhaupt keine Fahrpraxis hatte, also nicht Auto fahren konnte, benutzte ich einen Trick, um ohne Fahrprüfung die Fahrlizenz in Maryland zu erhalten. In Washington DC bekam man nämlich mit einem deutschen Führerschein eine nur für Washington gültige Fahrlizenz, wenn man lediglich eine schriftliche Prüfung bestand. Mit der Washington DC-Lizenz konnte ich jedoch die Maryland-Lizenz wiederum nach bestandener schriftlicher Prüfung, aber ohne praktische Fahrprüfung, erhalten. Auf diese Weise erwarb ich also einen US-Führerschein, konnte jedoch immer noch nicht Auto fahren. Da half es sehr, dass an der

University of Maryland unter anderem auch Fahrlehrer ausgebildet wurden, die gewöhnlich nach Probanden suchten. In den USA durfte nämlich jeder Erwachsene mit einem Führerschein einem anderen das Autofahren beibringen. Deshalb bestand kaum Interesse, sich als Fahrschüler für einen zukünftigen Fahrlehrer zur Verfügung zu stellen. Für mich war das jedoch genau der Weg, um nun auch fahren zu lernen. So hatte ich dann etwas Fahrpraxis, um nach Semesterende mit Moshes Auto, einem alten Chevy, von Maryland nach Berkeley zu fahren. Wir nahmen eine nördliche Route, die uns über Chicago, Iowa, Nebraska, Wyoming über die Rocky Mountains und Nevada nach Kalifornien brachte. Die Highways westlich von Chicago waren damals praktisch leer, und man bekam einen starken Eindruck von der ungeheuren Weite dieses Kontinents.

Die Atmosphäre am Physic Department von Berkeley war beeindruckend. Viele bekannte Wissenschaftler lehrten und forschten dort, die ich zuvor nur aus Lehrbüchern kannte. Im Bereich der kondensierten Materie waren es neben M. Tinkham Walter D. Knight, A. Kipp, F. Reif und P. Richards. In der Festkörpertheorie war C. Kittel der Senior mit J. Hopfield als Juniorpartner. M. Cohen fing gerade mit der Berechnung von Halbleiterbändern als Assistant Professor an.[1] Die Hochenergiephysik-Fakultät mit E. Segré, O. Chamberlain, D. A. Glaser sowie S. Weinberg und N. Cabbibo als „assistant professors", um nur einige zu nennen, die heute fast jeder Physikstudent kennt, war eine der besten weltweit. Das Lawrence Radiation Laboratory stand in hoher Blüte. Kurz nach unserer Ankunft wurden wir mit neuen Messdaten von Reif und Wolf bekannt gemacht, welche zeigten, dass Supraleitung auch ohne eine Energielücke im Anregungsspektrum existieren kann. Das war völlig unerwartet und führte zu lebhaften Diskussionen, denn bis dahin war die herrschende Meinung gewesen, dass eine Energielü-

1 A. Fetter und R. White waren Post-docs, und B. Halperin, D. Mills u. a. waren Doktoranden. Alle sind heute bekannte Physiker.

cke eine „conditio sine qua non" für das Auftreten von Supraleitung sei. Dick Ferrell schlug deshalb vor, dass wir uns dieses Problems annehmen sollten. Gesagt – getan, wir studierten also die BCS-Theorie unter Hinzunahme eines äußeren Magnetfeldes, welches nur auf die Elektronenspins wirkt. Das entsprach zwar nicht der aktuellen experimentellen Situation, denn dort handelte es sich um Supraleiter mit magnetischen Störstellen. Dennoch hofften wir, zu einem Verständnis der Experimente kommen zu können. In der Tat konnten wir auch bald eine Lösung finden, welche für einen bestimmten Parameterbereich des äußeren Feldes einem Supraleiter ohne Energielücke entsprach. Wir waren darüber erfreut, und Dick Ferrell, der kurz darauf nach Aspen in Colorado abreiste, sagte zu mir: „Peter, why don't you give a seminar for the people in the department?"

Das war ein äußerst kühnes Ansinnen, denn als „graduate student" im zweiten Jahr fehlte mir der breite Hintergrund an Kenntnissen, den man in Diskussionen mit Experten besser parat hat, wenn man nicht Schiffbruch erleiden will. So kam es also zu dem Vortrag, zu dem viele Mitglieder des Departments kamen, sowohl Theoretiker als auch Experimentatoren, um zu hören, wie Supraleitung ohne Energielücke möglich sein sollte. Als ich zu Beginn des Vortrags das Ausgangsmodell an die Tafel schrieb, unterbrach mich Kittel sofort mit dem Hinweis, dass dieses nicht der experimentellen Situation entsprechen würde. Er wollte mich nicht weiterreden lassen und wurde ganz rot im Gesicht. Hinzu kam, dass er, wenn er aufgeregt war, furchtbar zu stottern anfing. Offenbar wollte er die Ruderman-Kittel-Wechselwirkung im Modell enthalten sehen, die ich damals jedoch noch nicht kannte, schließlich war ich erst im zweiten Jahr. Man kann sich vorstellen, was das für ein Theater gab. Hier stellte sich also jemand vor all die anwesenden Experten hin, der die Ruderman-Kittel-Wechselwirkung nicht kannte! Kittel war fassungslos. Schlussendlich stand Fred Reif auf, beruhigte Charles Kittel und sagte: „Charlie, why don't you let him talk?" Schließlich konnte ich den Vortrag zu Ende bringen. Obwohl ich zeigte, dass man für Supraleitung allgemein keine Energielücke braucht, hatte mir wohl niemand ein Wort geglaubt.

Es ist interessant, dass sich später herausstellte, dass es zum damaligen Zeitpunkt bereits eine Theorie gab, die perfekt auf das Experiment passte und dieses auch erklärte. Sie stammte von Abrikosov und Gorkov aus der Landau-Schule in Moskau. Die Arbeit war brillant, technisch sehr anspruchsvoll und im Westen unbekannt. Das lag daran, dass während des Höhepunkts des Kalten Krieges alle wissenschaftlichen Kontakte zwischen Ost und West auf ein Minimum reduziert worden waren. Der freie Austausch wissenschaftlicher Ergebnisse war weitgehend blockiert. Hinzu kam, dass die von den beiden Autoren verwendeten Techniken im Westen wenig bekannt waren. Jedenfalls hatte ich nun endlich ein gutes Promotionsthema, denn der von uns untersuchte Fall unterschied sich deutlich von dem, welchen Abrikosov und Gorkov behandelt hatten (äußeres Feld, statt magnetische Störstellen) und war so per se interessant, um weiter verfolgt zu werden.

Die Rückreise nach Maryland führte uns, also Moshe Fibich und mich, durch einige der schönsten Gegenden in den Staaten. Zuerst fuhren wir entlang der Küste nach Los Angeles und von dort nach Las Vegas. Kurz vorher bogen wir nach Boulder City ab, um uns den Hoover-Damm anzusehen. Er lag am damals größten künstlichen Stausee der Welt. Wir übernachteten dort, indem wir unsere Schlafsäcke auf den blanken, rotfarbigen Boden legten. Die Hitze war enorm, und die ganze Nacht blies ein Strom warmer Luft als leichter Wind über uns in Richtung Stausee. Anschließend führte uns der Weg über Las Vegas zum Zion National Park und Bryce Canyon. Letzterer entstand aus einem weichen Sandstein, aus dem das Wasser ganz bizarre Felsformationen geschaffen hat. Die vorherrschenden Farben der Landschaft waren Orange, Rotbraun und Weiß. Da ich so etwas auch andeutungsweise bisher nicht gesehen hatte, war ich sehr fasziniert von diesem Naturereignis. Von dort ging es zum Grand Canyon und weiter zu dessen „south rim“. Es waren nur wenige Touristen dort, und so hatten wir genügend Zeit, die vom Colorado River erzeugte, riesige Schlucht zu bestaunen. In der Painted Desert wurde die Straße rechts und links durch knallrote Gebirge begrenzt, und über allem stand ein strahlend blauer Himmel. Ab und zu sahen wir Siedlungen der Navajo-Indianer. In Tuba City waren wir in der „Trading Post" die einzigen Weißen. Dort kaufte ich einen schönen handgewebten Teppich mit Symbolen und Farben der Navajos. Über den Four States Corner, an dem Colorado, New Mexico, Utah und Arizona zusammenstoßen, kamen wir nach Cortez (Colorado) und nach Mesa Verde. Dort gab es ehemalige Indianerdörfer, die zum Schutz der Bewohner in herunterhängende Felsen gebaut worden sind, was sehr sehenswert ist. Von dort war es dann nicht mehr weit bis Aspen, wo wir noch ein paar Tage mit den Ferrells verbrachten. Von Aspen aus konnte man schöne Wanderungen machen. Einmal wanderten wir zur Devil's Punch Bowl, einem wunderschönen Ort. Kleine Wasserfälle hatten dort im Granitstein ein tiefes Becken geschaffen, in welches man von den angrenzenden Klippen springen konnte. Das Wasser war allerdings sehr kalt. Der Name musste aus einer Zeit stammen, als die neu ankommenden Einwanderer die Natur noch als eine Bedrohung empfanden. Vor ihrer Abreise luden wir die Ferrells zum Dank in den „Copper Kettle" ein, das beste Restaurant in Aspen. Damals war Aspen noch ein kleiner und wenig bekannter Skiort. Heute hingegen ist es ein exklusives und sündhaft teures Skiparadies.

In Maryland machte ich mich auch gleich nach der Rückkehr an die Arbeit. Nach einigen Monaten stellte ich fest, dass die ursprüngliche Lösung, über welche ich in Berkeley berichtet und die unabhängig auch von Sarma in Paris gefunden worden war, instabil war. Das bedeutete, dass es eine neue, andere Lösung mit einer tieferen Energie geben musste. Es deutete sich auch an, in welcher Richtung ich nach einer besseren, stabilen Lösung zu suchen hatte. Im Spätherbst des Jahres 1962 kam Inge, damals noch Fräulein Inge Schuster, nach Washington. Sie hatte nach dem Abitur in Naumburg mit dem Architekturstudium in Weimar begonnen. Die Hochschule war aus dem berühmten Bauhaus (von Gropius gegründet und später nach Dessau verlagert) hervorgegangen, ohne dass die dortigen Studenten sich dieser Historie bewusst gewesen waren. Jedenfalls musste sie nach rund sechs Semestern die Hochschule wieder verlassen, den Grund dafür hat sie nie erfahren. Sie erhielt lediglich die Mitteilung, dass sie nicht auf dem Boden des Sozialismus stehen würde. So blieb ihr nichts anderes übrig, als nach Westberlin zu gehen und dort ihr Studium an der Technischen Universität Berlin fortzusetzen und zu beenden. Nun wollte sie in den USA berufliche Erfahrungen sammeln. Um eine Arbeitserlaubnis zu erhalten, brauchte sie einen amerikanischen Staatsangehörigen als Bürgen. Dazu erklärte sich Susan, die Schwester meines Freundes Jim Cullen, bereit, und so konnte Inge bald im Büro Berla + Abel in Washington Arbeit aufnehmen. Sie fand eine nette Wohngemeinschaft in der Connecticut Avenue in einem Haus, das einem Chinesen gehörte, der das Haus mit drei Damen teilte. Oliver, wie er hieß, hatte einen Freund, der manchmal zu Besuch kam und mehrere Jobs gleichzeitig hatte. Sobald er jeweils das Geld zusammenhatte, kaufte er Immobilien in der Umgebung dazu, natürlich mit Krediten, eine nach der anderen. Den fast fanatischen Willen, wirtschaftlich zum Erfolg zu kommen, habe ich bei diesem einfachen Mann zum ersten Mal bewusst wahrgenommen. Er war einer der zahlreichen sozialen Aufsteiger, dem das Land seine wirtschaftliche Stärke verdankt.

Nahe der Connecticut Avenue befanden sich viele Botschaften. Die Häuser waren gediegen und schön, und mit Dumbarton Oaks hatte die Gegend einen gepflegten Park, in dem man sich gern aufhielt. Um mobiler zu sein, versuchte ich, ein gebrauchtes Auto zu kaufen. Ein Freund, der ebenfalls aus Deutschland stammte, aber bereits seit mehreren Jahren in den USA weilte, half mir dabei. Unsere Strategie war es, möglichst einen Wagen von einem Botschaftsangehörigen zu kaufen. Da an den Botschaften ein ständiges Kommen und Gehen angesagt war, konnte man oftmals günstig an ein Auto kommen. Nachdem wir von den Verkaufsangeboten aus der Zeitung einige telefonisch hinterfragt hatten, stießen wir auf einen Verkäufer mit starkem osteuropäischem Akzent, der zu einer Botschaft gehörte. Es war die russische, wie sich herausstellte. Das schien uns interessant zu sein, und so fuhren wir gleich zur Botschaft. Dort wurde uns zuerst ein russisches Modell zum Kauf angeboten, ein Wolga. Im Hinblick auf mögliche Reparaturen war das natürlich völlig uninteressant. Dann stellte sich jedoch im Laufe der Verhandlungen heraus, dass insgesamt zehn Wägen zum Verkauf standen. Zum Schluss kaufte ich einen Ford, einen Achtzylinder mit etwa 30.000 Meilen für 300 US-Dollar. Während des Verkaufsgesprächs beratschlagten wir auf Deutsch, wie wir den Preis noch etwas drücken könnten. Nachdem der Handel beendet war, wünschte uns der russische Partner in perfektem Deutsch alles Gute. Kurze Zeit später wurde es klar, warum die russische Botschaft so viele Autos zum Verkauf angeboten hatte. Die Botschaftsangehörigen hatten bereits Anweisung erhalten, sich für eine Abreise aus Washington vorzubereiten, denn die Kuba-Krise erreichte plötzlich ihren dramatischen Höhepunkt. Obwohl, wie es später hieß, die Welt kurz vor einem Atomkrieg stand, so hatte man, zumindest in meinem Umfeld, nicht das Gefühl einer unmittelbar drohenden Gefahr. Mit dem Auto wurde es möglich, die Umgebung von Washington besser kennen zu lernen. Die historische, im Kolonialstil gehaltene Stadt Williamsburg in Virginia oder die Blue Ridge Mountains waren beliebte Ziele.

DIE PROMOTION

Fulde

Ferrell

Larkin

Ovchinnikov

kurz: FFLO

Im Frühjahr 1963 hatte ich alle meine Arbeiten abgeschlossen. Das Resultat war ein neuer, inhomogener supraleitender Grundzustand, der unter bestimmten Bedingungen auftreten kann. Das war die Vorhersage, und dazu eine kurze Erläuterung: Supraleitung tritt auf, wenn sich Elektronen in einem Metall paarweise zusammenschließen (Cooper-Paare). Nun haben Elektronen einen inneren Freiheitsgrad, genannt „spin", der zwei Werte annehmen kann. Nennen wir diese „oben" und „unten". In einem Cooper-Paar werden Partner mit unterschiedlichen „spins" gepaart. Die offene Frage war: Wie paart man die Elektronen, wenn mehr mit einer Spinrichtung als mit der anderen Spinrichtung vorhanden sind (unbalanced populations)?

Die für heutige Begriffe einfachen numerischen Rechnungen, die notwendig waren, erledigte ich mit Hilfe einer elektrisch betriebenen, mechanischen Rechenmaschine, die ziemlichen Lärm machte, wenn man sie benutzte. Das war nun wirklich etwas Neues, und damit war die Promotion gesichert. Wie sich herausstellte, kamen kurze Zeit später Anatol Larkin und Yuri Ovchinnikov unabhängig und auf ganz andere Weise zu einem ähnlichen Ergebnis. Inzwischen ist dieser inhomogene supraleitende Zustand ein fester Teil der Theorie der Supraleitung.

Zunächst sah es so aus, als ob es sehr schwierig sein würde, diesen Zustand auch experimentell zu finden, denn es gab stringente Bedingungen für seine Realisierung. Inzwischen ist er jedoch experimentell beobachtet worden, sowohl an Festkörpern als auch an ultrakalten Atomen in linearen optischen Gittern. Es gibt sogar Schaltelemente in der supraleitenden Elektronik, so genannte π-junctions, die auf diesem inhomogenen Zustand basieren. Ein Grundzustand wie der von uns gefundene, hat sich als ein ganz allgemeines Phänomen herausgestellt, welches auch in anderen Bereichen der Physik auftritt. Es ist interessant, dass diese Entwicklung erst mehr als 30 Jahre nach der Ausarbeitung der Theorie einsetzte, ein weiterer Beweis für die Nichtplanbarkeit von „nützlicher" Grundlagenforschung. Im April 1963 war die Dissertation nicht nur fertig geschrieben, sondern auch rechtzeitig getippt worden, um im Juni am Commencement Day der Universität den Doktorgrad bzw. PhD verliehen zu bekommen. Dazu musste jedoch vorher die Dissertation auch von Dick Ferrell gelesen und eine Doktorprüfung abgelegt werden. Als ich ihn fragte, ob er die Arbeit noch rechtzeitig lesen würde, sagte er mir, dass er dafür praktisch keine Zeit hätte. Natürlich fragte ich sofort, warum er keine Zeit hätte und die Antwort lautete: „Weil ich noch Bäume pflanzen muss." Hierzu muss man Folgendes wissen: Dick Ferrell stammte aus einer Familie, die eine Orangenplantage in Kalifornien besaß, und er hatte seit früher Jugend eine besondere Liebe zum Pflanzen von Bäumen. So fand er, dass in der Gemeinde College Park im öffentlichen Bereich zu wenig

Bäume stünden. Nachdem er vom Bürgermeister die Erlaubnis bekommen hatte, kaufte er auf eigene Rechnung Bäume zur Verschönerung der öffentlichen Flächen, die er nun einpflanzen wollte. Als ich ihm anbot, dabei zu helfen, und fragte, ob er dann Zeit hätte, meine Dissertation zu lesen, antwortete er: „Dann natürlich!“ Das war typisch Dick Ferrell, und deshalb verstanden wir uns auch so gut. Nachdem also die Bäume gepflanzt und die Dissertation gelesen war, ich vermute nur bis zur siebenten Seite, denn dort endeten die kleinen Randbemerkungen mit Bleistift, der Inhalt der Arbeit war ihm ohnehin bekannt gewesen, folgte schließlich noch die kurze Doktorprüfung, und der Promotion stand nichts mehr im Weg.

Vor dem sogenannten „commencement“ erhielt man für die Feierlichkeiten einen Doktorhut und einen Umhang, dessen Farbe die Fakultät angab, an der man promovierte. In Maryland war die Farbe der Naturwissenschaften Blau. Außerdem gab es eine Reihe von Einladungskarten für Familienangehörige. Eine dieser Karten schickte ich ohne weiteren Kommentar an meine Eltern nach Deutschland, eigentlich nur zur Information. Meine Mutter interpretierte die Einladung jedoch als unausgesprochenen Wunsch und Bitte, dass sie doch kommen möge, und setzte sich kurz entschlossen in ein Flugzeug. Natürlich freute ich mich riesig über den unverhofften Besuch. Die sommerliche Hitze in Washington, gekoppelt mit einer hohen Luftfeuchtigkeit, machten ihr jedoch außerordentlich zu schaffen. So war ich mehrfach in Sorge, dass sie während des Besuchs erkranken würde.

„Commencement day“ ist ein besonderes, jährliches Ereignis auf dem Campus, denn die Studenten feiern an diesem Tag mit ihren Familienangehörigen den Abschluss ihres Studiums. So war es auch diesmal, und die Feierlichkeiten fanden im Colosseum statt, in dem sonst die großen Basketballspiele der Universität ablaufen. Dort waren die zahlreichen frisch gebackenen Bachelor-Absolventen von der viel kleineren Zahl der Master-Absolventen und der nochmals viel kleineren Zahl der

PhDs getrennt platziert, mit den Angehörigen im Hintergrund. Da zur gleichen Zeit Inges Mutter ebenfalls in Washington zu Besuch weilte, hatte auch ich so etwas wie eine (Mini-)Familie anwesend. Die Festrede hielt der damalige Vizepräsident Lyndon Johnson über die Zukunft der amerikanischen Städte. Diese Rede hatte mich begeistert, denn sie war ganz im Geist der amerikanischen Pioniere gehalten, voller Optimismus, auf eine glorreiche Zukunft der großen Metropolen ausgerichtet, in welcher der amerikanische Traum Wirklichkeit werden sollte. Fünfzig Jahre später musste man leider feststellen, dass die Entwicklung ganz anders verlaufen war. Heute spiegeln die großen Städte das gespaltene Land mit all seinen sozialen Widersprüchen stärker als je zuvor wider. Dennoch haben Reden wie die von Johnson ihre Berechtigung, denn sie stimulieren das Denken und bilden einen Kontrapunkt zu einem immer latent vorhandenen Pessimismus, dem sie die Waage halten müssen.

Der Endspurt beim Abschluss der Doktorarbeit hatte offenbar so starke Spuren hinterlassen, dass meine Mutter meinte, ich müsse unbedingt in Deutschland Urlaub machen. Da ich inzwischen rund drei Jahre nicht mehr in Deutschland gewesen war, ließ sich wenig dagegen einwenden. So flog ich also kurz darauf mit der damals modernsten Maschine der Lufthansa, der „Super Constellation“, einer viermotorigen Propellermaschine, nach Deutschland. Nach so langer Abwesenheit erschien mir Deutschland so klein, fast könnte man sagen beschaulich, wie ich es früher nie empfunden hatte. Was man in Deutschland als Hektik und Stress wahrzunehmen glaubte, sah, aus einer ganz anderen Umgebung kommend, viel weniger aufregend und somit viel harmloser aus. Als ich auf einem kurzen Abstecher nach Hamburg meine ehemaligen Kommilitonen traf, die noch an den gleichen Problemen arbeiteten wie vor meiner Abreise, schien es mir, als sei die Zeit stehen geblieben. Dabei hatte sich doch in der Zwischenzeit so viel ereignet. Es war also die richtige Entscheidung gewesen, zur Promotion in Maryland geblieben zu sein, Lehmann sei Dank! Nach ein paar Wochen, die ich zusammen mit meinem Vater in Oberstdorf im Allgäu verbrachte, war ich so gut erholt, dass es mit frischem Elan wieder zurück in die USA ging. Nach Erhalt des Doktorgrades wurde ich zunächst an der University of Maryland als ein Research Associate eingestellt. Das gab mir die Gelegenheit, zusammen mit Dick Ferrell eine Publikation der Dissertation vorzubereiten.

Inge jedoch war mit der Arbeit bei Berla + Abel nicht zufrieden, da es sich überwiegend um Routinearbeit als „*draftsman*" handelte. Um mehr über anspruchsvolle zeitgenössische Architektur zu lernen, ging sie nach New York. Dort fand sie nach einigem Suchen bei Marcel Breuer eine Stelle, nachdem sie zwischenzeitlich bei Edward Barnes einen Teilzeitjob angenommen hatte. Das war natürlich eine ganz andere Umgebung als bei Berla + Abel. Marcel Breuer hatte in Deutschland am Bauhaus gearbeitet, bevor er in die USA emigriert war. Er war international bekannt, einmal durch Möbeldesign, der Breuer-Stuhl war und ist immer noch ein Welterfolg, zum anderen als Architekt bedeutender Bauten, wie das Whitney Museum, der Campus der New York University sowie zahlreicher Einfamilienhäuser, die in Zeitschriften diskutiert wurden. Inge arbeitete an einem Großauftrag mit, der Erschließung des Skiressorts Flaine in den französischen Alpen. Bei einem meiner New-York-Besuche lernte ich auf einer Party in Breuers Apartment den Meister persönlich kennen. Sein Ausspruch „You can't rush things" ist mir gut in Erinnerung geblieben, und wenn wissenschaftliche Ergebnisse länger dauerten als geplant, habe ich stets an Breuer gedacht.

Am Jahresende war es so weit, dass Ferrell und ich unsere Arbeit zur Publikation einreichen konnten. Sie erschien dann ein dreiviertel Jahr später im „Physical Review". Im Herbst und während der Wintermonate gab es in Washington gewöhnlich ein anspruchsvolles musikalisches Programm, wobei die Räumlichkeiten oft recht einfach waren. Die kostenlosen Veranstaltungen in der National Gallery of Art waren besonders beliebt. Sie wurden von einer Philanthropin privat finanziert. Die alte Dame war sehr schwerhörig, und so vernahm man manchmal während des Konzerts Bemerkungen wie „Great Bela“ (das bezog sich auf den Komponisten Bela Bartok) oder ähnliche Kommentare von ihr, die Aufführung betreffend. Auch Paul Hindemith dirigierte einmal ein Konzert in recht bescheidenem Rahmen, in einer Turnhalle. Es war sein Stück „Die Zeit“ und begeisterte mich regelrecht.

Es war damals üblich, dass vor dem Commencement die großen Firmen auf dem Campus erschienen, um nach guten Studenten Ausschau zu halten. Obwohl ich nicht beabsichtigte, in den Staaten in die Industrie zu gehen, wurde ich dennoch von General Electric eingeladen, das Labor in Schenectady und eine Halbleiterfabrik in Auburn zu besichtigen. Das Labor hatte einen ausgezeichneten Ruf. Unter anderem arbeiteten dort Ivar Giaever, er erhielt später einen Nobelpreis, und Walter Harrison, der eine ein ausgezeichneter Experimentalphysiker und der andere ein hervorragender Theoretiker. Auch die Halbleiterphysik in Auburn beeindruckte mich. Es war die goldene Zeit des Beginns der Halbleiterbauelemente, der integrierten Chips und der Informationstechnologie. Es wäre eine hervorragende Gelegenheit gewesen, als Industriephysiker erfolgreich zu arbeiten. Meine Pläne waren jedoch andere. Ich wollte in Deutschland als Hochschullehrer oder in einem Forschungslabor arbeiten. Den Besuch in Auburn nutzte ich, um in das nahegelegene Buffalo und von dort aus an die Niagara-Fälle zu fahren, die ein wahres Naturspektakel sind. Von Buffalo aus fuhr ich nach Hamilton, NY, wo an der Colgate University eine Konferenz über Supraleitung stattfand, die großen Einfluss auf die weitere Entwicklung dieses Gebiets hatte. Obwohl am Eröffnungstag der Konferenz im Plenarvortrag der Redner Sir Brian Pippard die Vermutung äußerte, dass das Gebiet der Supraleitung nunmehr als abgeschlossen betrachtet werden könne, zeigten die folgenden Tage, dass es sich ganz im Gegenteil gerade erst richtig zu entwickeln begann. Es war wie eine Explosion von neuen Ergebnissen, Theorien und Spekulationen. Mir zeigte es, dass ich auf einem Gebiet mit großem Potenzial arbeitete.

Im November 1963 erlebte Amerika einen großen Schock mit der Ermordung des Präsidenten J. F. Kennedy. Etliche Leute weinten auf dem Campus, als die Nachricht bekannt wurde. Am 25. November fand die Beisetzung in Washington statt. Anlässlich der Feierlichkeiten fuhr ich in die Stadt und stand dort gegenüber der Kirche, in der die Trauerfeier stattfand. Der schlichte Sarg auf dem ganz einfachen Wagen, der von Schimmeln gezogen wurde, war von schwer zu überbietender Wirkung. Alle Anwesenden waren zutiefst ergriffen. Als die Trauernden die Kirche verließen, sah ich, dass auch Ludwig Erhard und Heinrich Lübke aus Deutschland angereist waren. Auch Charles de Gaulle war dabei, ebenso wie Kaiser Haile Selassie. Ich hatte Kennedy während seiner Inauguration gesehen und war unter den Gästen, die er am Foreign Student Day 1961 zur Party auf dem South Lawn des Weißen Hauses eingeladen hatte. Nun musste ich seine Beerdigung erleben.

RÜCKKEHR NACH BERKELEY

Es war klar, dass es jetzt nach der Promotion darauf ankam, weitere Erfahrungen zu sammeln und dass dafür die Stelle an der University of Maryland nur für eine Übergangsphase geeignet war. Dick Ferrell plante, im Frühjahr 1964 ein Semester mit seiner Familie in Berkeley zu verbringen, und bot mir an, mit ihm dort zu arbeiten. Für die anschließende Zeit hatte er für mich eine Stelle als Research Associate bei Mike Tinkham organisiert, der dort einen Lehrstuhl für Experimentalphysik innehatte. Natürlich sagte ich zu und trat Anfang Februar meine Reise an die Westküste an. Dieses Mal fuhr ich zusammen mit Jim Cullen in meinem Ford nach Kalifornien. Jim kam mit, um mit Dick Ferrell in Berkeley zu arbeiteten, denn er wollte mit seiner Doktorarbeit zum Abschluss kommen.

Um nach Kalifornien zu kommen, wählten wir die Südroute, wir fuhren also über Virginia, Georgia, Alabama, Mississippi, New Mexico, Arizona und Texas. Die Fahrt war ein Erlebnis. Oft war der Highway völlig leer. Wenn dann auch noch das Wetter schön war, hatte man während der Reise das Gefühl großer Freiheit und Unabhängigkeit. In Mississippi wurden wir einmal von der Polizei angehalten. Die Polizisten glaubten, aufgrund meines alten Autos, dass wir Aktivisten aus dem Norden seien, die die schwarze Bevölkerung wegen der Rassengesetze aufwiegeln wollten. Es war die Zeit der Bürgerbewegung für die Gleichberechtigung der schwarzen Bevölkerung.

In New Mexico besichtigten wir die riesigen Tropfsteinhöhlen in Carlsbad. Viele tausend Fledermäuse hausten darin, und alles wirkte gigantisch. Sehr eindrucksvoll waren auch die Riesenkakteen in der Nähe von Tucson in Arizona. Während diese in der Wüstengegend nahe dem Highway im Vordergrund standen, sah man im Hintergrund eine imposante Bergkette in roter Farbe. Hinzu kam ein strahlend blauer Himmel. Kein Wunder, dass mich all das sehr beeindruckte. Sehr wirkungsvoll war auch der Besuch des mexikanischen Grenzortes Mexicali. Es war, als kämen wir in eine andere Welt. Ich war fasziniert von dem bunten Leben und der völlig anderen Mentalität der mexikanischen Bevölkerung, verglichen mit der amerikanischen. Wir schauten uns den Ort an, der völlig sicher war, und aßen mexikanische Spezialitäten. Bevor wir uns im Motel schlafen legten, kauften wir uns eine Flasche Tequila, eine grüne Limone und Salz. Es war üblich, zuerst den Rand des Glases mit der Limone anzufeuchten und ihn dann in Salz einzutauchen, bevor der Tequila eingegossen wird. Es war sehr heiß, aber die traditionelle lokale Bauweise sorgte für gute Durchlüftung. So schliefen wir leicht beduselt bald tief und fest.

Nach unserer Ankunft in Berkeley begaben wir uns auf Wohnungssuche. In Oakland nahe Berkeley fanden wir in der Clara Avenue ein Apartment, das uns zusagte und zudem noch preisgünstig war. Am Department schloss ich mich der Gruppe von Tinkham an. Dort herrschte eine freundliche, offene Arbeitsatmosphäre. Ich teilte mir ein Arbeitszimmer zuerst mit Ike Silvera, der später an die Harvard University ging, und dann mit Peter Wyder, der später am Max-Planck-Institut für Festkörperforschung in Stuttgart mein Kollege wurde und in dieser Funktion das in Grenoble angesiedelte Hochfeldmagnetlabor für viele Jahre leitete. Wir ergänzten uns gut. Von Peter lernte ich viel Phänomenologie und wie experimentelle Resultate zu interpretieren waren, während er von mir die Anwendung Greenscher Funktionen lernte. Unser Büro war in Le Conte Hall, gleich neben dem Übergang zur Birge Hall.

Mike Tinkham
(1928–2010)

Obwohl Mike Tinkham Experimentalphysiker war, hatte er ein großes Interesse an Theorie und war deshalb auch auf diesem Gebiet sehr kompetent. Er stammte aus dem Mittleren Westen der USA und verkörperte die positiven Seiten dieses Menschenschlags. Seine eiserne Arbeitsmoral mit hohen Ansprüchen an sich selbst war gepaart mit Aufgeschlossenheit und Großzügigkeit. Ein Sabbatical, welches er in Paris verbrachte, hatte ihn zu einem Gourmet und großen Weinkenner werden lassen. Das hatte seinen Lebensstil nachhaltig geformt, denn es wurde ihm nachgesagt, dass er Wein zum ersten Mal bei seiner

Doktorfeier getrunken hätte. In Paris hatte er mit P. de Gennes zusammengearbeitet, der neben J. Friedel der bekannteste theoretische Physiker in Frankreich war. Zusammen mit seiner nüchternen Art und großen Intelligenz war Tinkham eine eindrucksvolle Persönlichkeit. Charakteristisch für ihn ist folgende kleine Episode, die sich später ereignete, als ich bei ihm als Research Associate arbeitete: Eines Tages fragte ich ihn, ob ich nicht einen Tag Urlaub nehmen dürfe, um Death Valley zu besuchen. Als ehemaliger Karl-May-Leser wollte ich das Tal des Todes unbedingt einmal besuchen. Darauf antwortete er nur: „Vacations, what are you talking about?" Das war das Ende der kurzen Unterredung. Natürlich habe ich Death Valley dennoch besucht, allerdings erst später. Die Tinkhams waren sehr gastlich. Mary Tinkham war nicht nur eine gute Köchin, sondern vielseitig interessiert und in der lokalen Politik engagiert.

Inge war aus New York ebenfalls nach San Francisco gezogen. Schließlich wollte sie auch einmal die viel gepriesene Westküste kennen lernen. Nach kurzer Zeit fand sie eine interessante Stelle bei Skidmore, Owings & Merrill, einem der besten Architekturbüros in den USA. Dort arbeitete sie in einem Team am Projekt des Oakland Stadions. Im Büro waren junge Architekten aus aller Welt beschäftigt, von denen etliche nach ihrer Rückkehr in ihre Heimat angesehene Architekten wurden. An den Wochenenden wurde öfters gemeinsam etwas unternommen. Für mich war es immer sehr reizvoll, mit Architekten zusammenzukommen, für die ganz andere Prioritäten im Vordergrund standen als bei jungen Wissenschaftlern. So war für mich Architektur über die Jahre ein Hobby geworden, das sich als sehr nützlich erwies, als ich viele Jahre später ein neues Max-Planck-Institut in Dresden aufbaute. Inge wohnte am Nob Hill in der Taylor Street zusammen mit zwei jungen Amerikanerinnen, die sich eine Doppelhaushälfte teilten. Das etwas ältere Haus war vom selben Architekten, der auch das Opernhaus in San Francisco gebaut hatte, entworfen worden und strahlte großen Charme aus. Von dort bis zum Mark Hopkins Hotel waren es nicht mehr als 200 Meter. Die Taylor Street hatte eine beträchtliche Steigung, und die Lombard Street, „the most crooked street in die world“, war auch in unmittelbarer Nähe.

Im August fand die Internationale Konferenz über Tieftemperaturphysik in Cleveland, Ohio, statt. Dick Ferrell legte Wert darauf, dass ich diese besuchte. Das tat ich auch, und es gab viele Neuigkeiten und neue Entwicklungen, die dort zur Sprache kamen. Unter anderem lernte ich auf der Konferenz Kazumi Maki kennen, der genauso alt war wie ich und auf den ich noch zurückkommen werde. Mit ihm arbeitete ich später viele Jahre zusammen. Nach der Konferenz reiste ich in die Schweiz, um bei IBM in Rüschlikon einen zweimonatigen Gastaufenthalt im Forschungslabor anzutreten. Dort lernte ich Kollegen kennen, denen ich später für Jahrzehnte freundschaftlich verbunden war. Besonders erwähnen möchte ich Bruno Lüthi und Harry Thomas. Beide gingen später an die Universität nach Frankfurt. Auch mit Klaus Schüler, dem stellvertretenden Laborleiter, und seiner Frau hielt ich später über Jahrzehnte Kontakt. Damals arbeitete Heini Rohrer am IBM-Labor, ebenso wie Alex Müller. Beide erhielten später unabhängig voneinander einen Nobelpreis für Physik. Das zeigt die ungewöhnliche Qualität der damaligen kleinen Mannschaft in Rüschlikon. Die Einladung an das Labor hatte ich von Robert Brout erhalten. Er war damals ein Berater von IBM. Eine seiner Aufgaben war es, die Firma auf besonders qualifizierte Post-docs in Physik aufmerksam zu machen, die als zukünftige Mitarbeiter in Frage kamen. 1964 verfasste er gemeinsam mit François Englert eine Arbeit, die im Jahr 2013 ebenfalls mit dem Nobelpreis ausgezeichnet wurde. Leider war Robert Brout schon zwei Jahre vorher verstorben, sodass Englert allein dafür geehrt wurde.

Die Monate in Rüschlikon waren in mehrerlei Hinsicht ein großer Gewinn und verbreiterten meine physikalischen Interessen enorm. Übrigens wohnte ich damals in Kilchberg in unmittelbarer Nähe des berühmten Friedhofs mit den Gräbern von Thomas Mann und Conrad Ferdinand Meyer. Die Anbindung durch öffentliche Verkehrsmittel an Zürich ließ allerdings zu wünschen übrig. So musste ich mehrere Male nachts von Zürich nach Kilchberg zu Fuß laufen, weil ich den letzten Bus verpasst hatte und ein Taxi mir natürlich zu teuer war. Nach dem Aufenthalt in Rüschlikon kehrte ich wieder nach Berkeley zurück. Jetzt arbeitete ich dort als Research Associate von Mike Tinkham. Das Department für Physik eröffnete viele Möglichkeiten der Zusammenarbeit. Als ich Mike Tinkham einmal vorschlug, doch Kazumi Maki einzuladen, der Pionierarbeiten auf dem Gebiet der Supraleitung geleistet hatte, tat er das auch. Mit Maki entwickelte sich eine fruchtbare Zusammenarbeit. Er hatte eine ungewöhnliche mathematische Begabung. Als ich ihn am Flughafen abholte, hatte er ein kleines Köfferchen bei sich, dazu eine Papiertüte mit seinen Arbeiten und eine Violine als Gepäck. Das zeigte seine außergewöhnliche Genügsamkeit. Sein allgemeines Interesse war so breit gefächert, dass er ganze Passagen aus Goethes „Faust" in Deutsch, allerdings mit schwer verständlicher Aussprache, rezitieren konnte. Mozart-Arien waren ein anderes Steckenpferd von ihm. Es war die reine Freude, mit ihm zusammenzuarbeiten, ich fühlte mich beschwingt und inspiriert.

Kazumi Maki
(1936–2008)

Der Sommeraufenthalt am IBM-Forschungslabor in Rüschlikon brachte es mit sich, dass ich von dort ein Angebot als Mitarbeiter erhielt. Es war attraktiv und gut dotiert. Als ich es so vor mir auf dem Tisch liegen hatte, kam es mir in den Sinn, vor der Unterzeichnung doch noch einmal die Meinung von Klaus Dransfeld einzuholen, der als Gastprofessor in LeConte Hall nur wenige Zimmer weiter sein Büro hatte. Klaus schaute sich alles an und fragte mich, warum ich denn nicht zurück nach Deutschland ginge, um mich zu habilitieren. Ich antwortete ihm, dass ich das schon gern tun würde, denn mein Ziel sei es, einmal Hochschullehrer zu werden, nur würde ich in Deutschland niemanden kennen, der mich dabei unterstützen würde. Daraufhin versprach er mir, Heinz Bilz von der Universität Frankfurt/Main zu schreiben, den er gut kannte. Denn vielleicht wäre dieser in der Lage, sich für meine Habilitation einzusetzen. So geschah es auch, und in relativ kurzer Zeit kam die Antwort aus Frankfurt mit der Zusage, dass ich mich innerhalb von anderthalb Jahren dort habilitieren könne. Das war ein so großzügiges Angebot, dass ich kurzerhand zusagte. Damit war eine wichtige Weiche für die Zukunft gestellt, und wie so oft hatte einmal mehr der Zufall eine große Rolle gespielt. Klaus Dransfeld bin ich für seinen Rat und die gewährte Hilfe und Unterstützung für immer dankbar.

Die Zeit bis zur Rückkehr nach Deutschland im Spätsommer 1965 verlief sehr kurzweilig und ereignisreich. Kazumi Maki und ich arbeiteten intensiv an der Theorie der Brechung von Cooper-Paaren und publizierten eine Reihe von Arbeiten zu dem Thema. An den Wochenenden waren Ausflüge in die etwas weitere Umgebung von San Francisco, wie nach Monterey oder in die nähere wie nach Tiburon, beliebt. Der kleine Ort auf der gegenüberliegenden Seite der Golden Gate Bridge war an Wochenenden die Anlaufstelle vieler Studenten und hatte das Flair einer Partymeile. War man wieder zurück in der Stadt, so konnte man an der „Fisherman's Wharf" oder im „Rose and Thistle" gut und preiswert essen, und am Abend ging es im „Top of the Mark", im Obergeschoss des Hotels Mark Hopkins auf dem Nob Hill, immer hoch her. Ein Drink wie Whiskey Sour, Gin Tonic oder Bloody Mary kostete damals rund einen Dollar.

Die Atmosphäre in San Francisco war geprägt von jungen Leuten mit Optimismus und Vitalität. Viele Jugendliche zogen in der ersten Hälfte der 1960er-Jahre dorthin, weil die Stadt für diese besondere Atmosphäre bekannt war, und die Zugezogenen sorgten für eine Verstärkung dieses Eindrucks. Es war ein selbstverstärkender Mechanismus, der hier wirkte. Sinngemäß hieß es in einem weit verbreiteten Lied, dass man nach San Francisco mit Blumen im Haar ginge. Zur damaligen Zeit waren jedoch noch die Beatles als Avantgarde und Vorläufer der Blumenkinder tonangebend. Ein Gefühl von Freiheit und Unabhängigkeit brach sich Bahn, und Tabus verloren an Bedeutung. Dagegen gewannen europäische Bräuche an Ansehen. Zum Beispiel nahm die Wertschätzung guter Weine zu. Diese wurden in Kalifornien traditionell in Gallonen (= 3,8 Liter) verkauft und waren von minderer Qualität. Nun wurde ehrgeizig das Ziel verfolgt, im Napa Valley Spitzenweine zu produzieren. Dazu passend wurden importierte Käsesorten aus Europa von Intellektuellen zunehmend geschätzt. Gleichwohl gab es Anzeichen für einen drohenden Verfall. Die Drogenprobleme wurden immer sichtbarer, und in Berkeley nahm mit dem „Free Speech Movement“, angeführt von Mario Savio, eine politische Entwicklung auf dem Campus ihren Anfang, die Jahre später in Gewalt umschlagen sollte. In der friedlichen Anfangsphase dieser Bewegung kam es vor, dass man auf dem Campus Joan Baez musizierend auf einer Bank sitzen sah.

So häufig bin ich über die Bay Bridge nach San Francisco gefahren, dass ich später augenzwinkernd behauptete, ich hätte mit meiner Tollgebühr mindestens für eine Stahltrosse gezahlt. Einmal passierte es, dass mein Auto auf der Bay Bridge einen platten Reifen hatte. Kazumi Maki saß mit im Auto. Als ich begann, mitten auf der Brücke den Reifen zu wechseln, wobei Kazumi wegen der einbrechenden Dunkelheit eine Taschenlampe halten musste, hielt neben uns ein Pickup-Truck.

Der Fahrer fragte mich etwas entsetzt, ob ich denn lebensmüde sei. Jedenfalls stellte er seine rotierende Sicherheitslampe ein und half uns beim Reifenwechsel. Wie sich herausstellte, war der Reifen einfach vollkommen abgefahren. So etwas war nur in Sunny California möglich, denn in Deutschland hätte der TÜV das nie so weit kommen lassen.

Bevor wir unsere Rückreise nach Deutschland antraten, verlobten Inge und ich uns. Wir beschlossen, auf dem Weg in die Heimat zuerst noch etwas von der Welt zu sehen. So sollte uns unsere Rückkehrroute über Mexiko und die Westindischen Inseln nach Europa bringen. In Mexiko besuchten wir die Halbinsel Yucatán mit den früheren Maya-Städten Uxmal und Chichen Itza. Bei tropischen Temperaturen und einer rund 90-prozentigen Luftfeuchtigkeit bewunderte ich, dass es die Maya unter diesen Bedingungen über lange Zeiträume hinweg zu einer hohen kulturellen Blüte gebracht hatten. Als wir eines Abends in Merida aus einem Restaurant kamen, wurden wir Zeugen einer Schießerei, und wir versuchten, schnell in einem Hauseingang in Deckung zu gehen. Von Mexiko aus fuhren wir über San Juan, wo wir uns abends in einem Hotel mächtig stritten, nach Jamaika und von dort nach Guadeloupe. Von dort ging es zurück nach Europa. Übrigens erlebten wir in Guadeloupe eines jener Tropengewitter, deren Regengüsse nach kurzer Zeit die Straßen unter Wasser setzen.

DIE ZEIT IN FRANKFURT UND GARCHING

Nach unserer Rückkehr nach Deutschland heirateten Inge und ich. Die Hochzeit fand in Hemer statt. Die Hochzeitsreise fiel allerdings aus. Während der ersten Oktobertage fand nämlich in Steibis im Allgäu die von Werner Buckel organisierte erste innerdeutsche Konferenz über Supraleitung statt, zu der ich eine Einladung erhalten hatte. Das war eine hervorragende Gelegenheit, um mit den Kollegen in Deutschland in Kontakt zu kommen, die auf diesem Gebiet arbeiteten. So wurden, wie später oft, die privaten Interessen einmal mehr den fachlichen Interessen geopfert. Ich muss aber auch hinzufügen, dass diese Veranstaltung außerordentlich erfolgreich war. Es gab zum ersten Mal intensive Diskussionen zwischen den verschiedenen Arbeitsgruppen. Ich erinnere mich noch gut an die von Buckel mehrfach gestellte Frage: „Nun sagen Sie doch einmal, Herr Fulde, was ist denn nun eigentlich ein Cooper-Paar?“ Dazu muss man wissen, dass Mitte der 1960er-Jahre in Deutschland Kommunikation und Zusammenarbeit auf vielen Gebieten der Wissenschaft eher die Ausnahme waren. Oft bildeten die Lehrstühle mit ihren Mitarbeitern kleine, separate Einheiten, die unabhängig voneinander ihre wissenschaftlichen Programme verfolgten. Erst die Einführung von Sonderforschungsbereichen durch die Deutsche Forschungsgemeinschaft (DFG) hat das geändert. Mit dem Programm wurden Anträge großzügig gefördert, die auf der Zusammenarbeit mehrerer Lehrstühle und Gruppen basierten. Heute ist in den meisten Fächern erfolgreiche Spitzenforschung ohne Zusammenarbeit kaum denkbar.

In Frankfurt war es 1965 nicht leicht, eine geeignete Wohnung zu finden, denn die Nachfrage überstieg das Angebot bei weitem. Das Land Hessen hatte jedoch eine Reihe von Mietwohnungen für Beamte zur Verfügung und durch glückliche Umstände wurde eine schöne 3-Zimmer-Wohnung in Gravenbruch bei Frankfurt frei, die wir übernehmen konnten. Inge hatte bald einen Job im Architekturbüro Apel, Beckert und Becker gefunden. Das Büro war damals sehr erfolgreich. Es wurde gerade am Wettbewerb für den Flughafen Tegel gearbeitet, der den zweiten Preis einbrachte. Kurze Zeit später wurde der erste Preis und Auftrag für das Max-Planck-Institut für Biochemie in Martinsried bei München gewonnen. Als Nebenprodukt resultierten für mich daraus die ersten Kenntnisse über die Max-Planck-Gesellschaft. Inges überwiegend nette Kollegen bewirkten dann auch, dass wir bei unserer Wohnungseinrichtung natürlich nur solche Möbel anschafften, die ein Architekt einfach haben musste und die heute, nach nunmehr 50 Jahren, noch genauso zeitlos sind, wie sie damals waren. Meine Mutter meinte dazu allerdings: „Eure Wohnung ist ja fast leer.“

Heinz Bilz
(1926–1986)

An der Universität gefiel es mir gut. Als Assistent von Heinz Bilz hatte ich alle erdenklichen Freiheiten, was durchaus nicht selbstverständlich war. Er selbst war ein universell gebildeter Gelehrter mit großen Interessen, neben der Physik war er an Philosophie und Geschichte interessiert. Sein Arbeitsgebiet waren Schwingungen in Festkörpern, das heißt, Phononen sowie deren Wechselwirkungen mit Elektronen. In diesem Wissenschaftsbereich war er weltweit ein angesehener Fachmann. Sein Arbeitskreis hatte zu ihm ein sehr herzliches Verhältnis, und von seinen Schülern erhielten etliche später Rufe auf Lehrstühle. Heinz Bilz war von Natur aus fröhlich und immer zu Scherzen aufgelegt. Als großer Weinliebhaber und Kenner hatte er zusammen mit seiner Frau des Öfteren Gäste in seiner Wohnung, die nur wenige Häuser von unserem Domizil entfernt war. Zur Spargelzeit reiste er mit seiner Gruppe jedes Jahr zum Kaiserstuhl, dessen Umgebung er aus seiner Freiburger Zeit bestens kannte. Frischer Spargel und dazu ein guter Kaiserstühler Wein waren genau nach seinem Geschmack.

Mein Ziel war es in Frankfurt, die in Berkeley begonnenen Arbeiten auszubauen. Nach einem Jahr erhielt ich, wie versprochen, die Habilitation. Da ich außer dem Umstand, dass man dieselbe für eine Hochschullaufbahn brauchte, keinen besonderen Sinn in dieser zusätzlichen Qualifikation sah, hatte ich die Habilitationsarbeit ziemlich „zusammengehauen", wie man so sagt. Als ich bei meinem Habilitationsvortrag die 45 Minuten zu überschreiten drohte, rief der Dekan mir sofort zu: „Die Zeit ist abgelaufen!", und bewirkte so, dass ich schnellstens zum Ende kam. Das tat der Erteilung der Lehrbefugnis jedoch keinen Abbruch. Die hier gezeigte Flexibilität und Großzügigkeit der Frankfurter Kollegen war eine Einstellung, die ich sehr schätzte. Leider wurde sie wenige Jahre später von den Kaffeehausrevolutionären beseitigt. Zu dieser Zeit hatte ich bereits die ersten zwei Doktoranden, Joachim Keller und Rainer Benda, die sich für mein Arbeitsgebiet interessierten. Mit Joachim Keller verbindet mich seither eine enge Freundschaft, während ich zu Rainer Benda, der später in die Industrie ging, leider den Kontakt verloren habe. Nur einmal tauchte mehrere Jahre später eine Tochter von ihm, eine hübsche junge Dame, in einem Vortrag von mir auf. Anschließend sagte sie mir, dass sie nur einmal sehen wollte, bei wem ihr Vater promoviert hatte.

DAS INSTITUT MAX VON LAUE – PAUL LANGEVIN

In meine Frankfurter Zeit fiel im Januar 1967 die Gründung des Instituts Laue-Langevin in Grenoble als ein gemeinsames deutsch-französisches Gemeinschaftsprojekt. Ziel war der Bau eines Neutronenreaktors mit hohem Neutronenfluss für die Grundlagenforschung. Auf diese Weise sollte die Neutronenstreuung als wichtiges technisches Hilfsmittel der Grundlagenforschung in Deutschland mehr Verbreitung finden. Initiator des Instituts und dessen erster Direktor war Heinz Maier-Leibnitz, eine herausragende Person in der deutschen Wissenschaftslandschaft. Er war unter anderem der Doktorvater von Rudolf Mössbauer, der für Resultate seiner Doktorarbeit den Nobelpreis verliehen bekam. Obwohl das Thema der Arbeit von Maier-Leibnitz stammte und er Ratschläge zum Verständnis der ersten ungewöhnlichen Messresultate gab, hatte er es abgelehnt, als Koautor auf der bahnbrechenden Arbeit von Mössbauer zu erscheinen, denn das sei Mössbauers Entdeckung.

Institut Laue-Langevin in Grenoble und sein erster Direktor Heinz Maier-Leibnitz (1911–2000)

Er stammte aus einer Familie mit akademischer Tradition. Sein Vater war einer der Institutsleiter an der Technischen Universität Stuttgart gewesen. Maier-Leibnitz war nicht nur ein einfallsreicher Wissenschaftler, sondern auch ein erfolgreicher akademischer Lehrer. Obwohl sein Vortragsstil alles andere als glatt und geschliffen war, zogen seine Vorlesungen viele Studenten an. Ihnen gefiel, wie er Fachliches mit allgemeinen Fragen der Wissenschaft und mit seinen Lebenserfahrungen mischte. Der Auslöser zu seiner wichtigen Rolle in der Wissenschafts-Selbstverwaltung unseres Landes war ein Besuch in der Staatskanzlei der Bayerischen Regierung, zu dem er vom damaligen Ministerpräsidenten Franz Josef Strauß eingeladen worden war. Als er dort erschien, fragte ihn Strauß geradeheraus: „Herr Professor, wollen Sie einen Atomreaktor haben?" Worauf Herr Maier-Leibnitz ihm antwortete: „Wenn ich auch ein Institut dazu bekomme, dann ja."

Anschließend fuhr er in die USA, um sich zu informieren, wie man einen Reaktor baut. Diese Geschichte habe ich von ihm mehrmals gehört, sodass sie kein bloßes Gerücht ist. Die Vorgeschichte war, dass Bundeskanzler Adenauer einen Atomreaktor in Deutschland errichten wollte, um auf dem wichtigen Gebiet der Kernphysik den internationalen Anschluss nicht zu verlieren. Um diesen Reaktor hatten sich die Bundesländer Baden-Württemberg und Bayern beworben. Den Zuschlag erhielt Baden-Württemberg mit Karlsruhe als Standort. Daraufhin beschloss Bayern, einen eigenen Reaktor in Garching bei München zu finanzieren und zu bauen. Maier-Leibnitz baute also den Reaktor, der seiner äußeren Form wegen als Garchinger Ei in die Geschichte einging und von hervorragender Qualität mit mehreren Neuerungen, den Umgang und Messungen mit Neutronen betreffend, war. In seiner Hochphase hatte das Maier-Leibnitzsche Institut über 100 Doktoranden und Diplomanden, die von rund zehn Assistenten betreut wurden. Etliche dieser Assistenten, wie Paul Kienle, Tasso Springer, Peter Armbruster oder Georg Alefeld, wurden später selbst bekannte Hochschullehrer.

Heinz Maier-Leibnitz war nicht nur ein universell gebildeter Gelehrter, sondern auch ein hervorragender Hobby-Koch. Sein „Kochbuch für Füchse“ war unter Physikern, beziehungsweise deren Ehefrauen sehr bekannt, zumal es mit allerlei Geschichten über die bewirteten Zelebritäten aufgelockert war. Diese Geschichten waren nicht ganz frei von Eitelkeit, wurden aber als unterhaltsame Informationen allgemein geschätzt. Wir hatten mehrfach Gelegenheit, seine Kochkünste kennenzulernen. Sie waren durchaus raffiniert. Dass nicht immer alles gelang, ist wie bei einem physikalischen Experiment ganz normal. Ich schildere das alles so detailliert, weil ich Maier-Leibnitz zahlreiche Einsichten verdanke und ihn stets als ein großes Vorbild angesehen habe. So erinnere ich mich zum Beispiel an Diskussionen mit ihm, wie ein Hochschul- oder Forschungsinstitut organisiert sein sollte. Das Wichtigste war für ihn, eine Atmosphäre zu schaffen, in der neue, originelle Ideen entstehen können. Dazu bräuchte es eine möglichst spannungsfreie Umgebung, in der rege Diskussionen gedeihen können. Der wissenschaftliche Diskurs müsse immer auf gleicher Augenhöhe der Partner geführt werden, Seniorität dürfe keine Rolle spielen. Vielmehr sollte eine Einstellung herrschen wie unter Kommilitonen, die gemeinsam nach neuen Wegen suchen, um die Wissenschaft zu erweitern und voranzubringen. Zur damaligen Zeit waren diese, letztlich Humboldt'schen Ideen durchaus kein Allgemeingut. Maier-Leibnitz vertrat die Meinung, dass man sich jeden Abend fragen sollte, was man heute neu gelernt habe. Es brauche nicht viel zu sein, aber es müsse von Null verschieden sein. Das sei die Pflicht eines Hochschullehrers oder Wissenschaftlers. Ein guter Rat, wie ich meine.

Da der Forschungsreaktor des Instituts Laue-Langevin in Frankreich gebaut wurde und die Länder Frankreich und Deutschland je 50 Prozent der Kosten trugen, erhielt Deutschland als (kleine) Kompensation eine Theoriegruppe des Instituts, die in Garching bei München auf dem Campusgelände angesiedelt war. Wilhelm Brenig, der von Maier-Leibnitz mit der Suche nach einem Leiter beauftragt worden war, schlug mich für diese Aufgabe vor. So wurde ich 1967 nach Heinz Maier-Leibnitz und dem Neutronenfachmann Bernhard Jacrot als dritter Wissenschaftler vom Institut angestellt. Zur damaligen Zeit war die Festkörperphysik, das wohl größte Teilgebiet der Physik, in Deutschland nur sehr schwach vertreten. Die Halbleiterphysik wurde zunehmend zum Technologie- und Wirtschaftstreiber. Es entstanden integrierte Schaltkreise und das Mooresche Gesetz, welches besagt, dass sich die Zahl der Transistoren, die auf einem Chip untergebracht werden können, alle zwei Jahre verdoppele. Die neue Technologie führte zu einer industriellen Revolution. Obwohl Deutschland bei Kriegsende beste Voraussetzungen für die Entwicklung der Grundlagen der Halbleiterphysik hatte, wurde das Gebiet gegenüber der Kern- und Teilchenphysik vernachlässigt. Auf Drängen der Wirtschaft hin, versuchte man nun nachzurüsten. So deutete es sich an, dass ich einen Ruf auf einen Lehrstuhl erhalten würde und dass somit die Leitung der Theoriegruppe des Instituts Laue-Langevin nur eine vorübergehende Aufgabe war.

Die Technische Universität in München war Mitte der 1960er-Jahre ein treibender Motor für eine Reform des deutschen Universitätssystems. Rudolf Mössbauer war nach München berufen worden. Mit jugendlichem Elan und seinem Renommee, welches er durch die Verleihung des Nobelpreises hatte, brachte er zusammen mit Maier-Leibnitz die Gründung des Physik-Departments auf den Weg. Es wurde das erste seiner Art in Deutschland und war dem amerikanischen Vorbild nachempfunden. Die vorher unabhängigen Lehrstühle wurden im Department zusammengefasst und mussten Mehrheitsentscheidungen akzeptieren. In gewisser Weise waren sie den Fakultäten ähnlich, nur mit dem Unterschied, dass sie sich jetzt auf ein einzelnes Fach, nämlich die Physik, bezogen und nicht auf alle naturwissenschaftlichen Disziplinen, wie die Fakultäten es taten. Somit war das Physik-Department der TU München ein Vorläufer der später überall eingeführten Fachbereiche.

Die Theoriegruppe am Physik-Department unter Leitung von Wilhelm Brenig war vorzüglich. Er verstand es, ähnlich wie Sommerfeld in den 1920er-Jahren, ungewöhnlich gute Postdocs und Doktoranden anzuziehen. Etliche von ihnen erhielten später Lehrstühle und haben die Theoretische Physik im Nachkriegsdeutschland stark geprägt.[2] Einige von ihnen arbeiteten später eine Übergangszeit lang in der Theoriegruppe des Instituts Laue-Langevin.

Als Leiter der Theoriegruppe wurde ich auch Mitglied des Wissenschaftlichen Rats des Instituts Laue-Langevin. Hier konnte ich viel über die Selbstverwaltung der Wissenschaft lernen. Das Gremium tagte bereits vor der offiziellen Eröffnung des Instituts, als das Konzept für den besucherorientierten Forschungsreaktor geplant wurde. Die Sitzungen fanden in Grenoble im Maison d' Hostes der dortigen Forschungseinrichtungen statt. Zwischen den deutschen und französischen Mitgliedern herrschten recht unterschiedliche Ansichten über die Vorgehensweise beim Bau der Messinstrumente. Die deutsche Seite unter Maier-Leibnitz wollte für jede Messmethode das bestmögliche Instrument bauen mit dem Argument, dass dann die Nutzer schon von selbst kommen würden. Die französische Seite unter Führung von Jacques Friedel vertrat dagegen die Ansicht, dass zuerst besonders vielversprechende Experimente ausgewählt werden sollten, für die anschließend die Messinstrumente gebaut würden. Vor der Mittagspause gab es gewöhnlich intensive Diskussionen, bei denen die verschiedenen Ansichten der beiden Vorgehensweisen als nicht überbrückbar schienen. Dann folgte ein ausgiebiges Essen mit viel Rotwein. Danach war die Atmosphäre wie verwandelt. Es herrschte gegenseitiges Verständnis füreinander, und wenn dann schließ-

2 Zu den späteren Lehrstuhlinhabern gehörten u. a. Franz Wegner, Herbert Wagner, Wolfgang Götze, Peter Wölfle, Hartwig Schmidt, Heinz Horner, Kurt Schönhammer, Eberhard Riedel, Günther Meißner, Alfred Hüller und Hans-Jürgen Mikeska.

lich abgestimmt wurde, setzte sich gewöhnlich Maier-Leibnitz durch. Jahre später hat sich herausgestellt, dass die gebauten erstklassigen Instrumente, wie vorhergesagt, die besten Experimentatoren anzogen und zum internationalen Erfolg des Grenobler Reaktors entscheidend beitrugen.

AUF EINEM LEHRSTUHL AN DER UNI FRANKFURT

Bei der damaligen Lage war es nicht verwunderlich, dass ich bald zwei Angebote auf Lehrstühle erhielt, nämlich eines von der Universität Frankfurt und ein anderes von der damaligen Technischen Hochschule Stuttgart. Als ich Maier-Leibnitz fragte, was ich wohl machen sollte, sagte er: „Na, Sie werden sich doch wohl nicht in ein gemachtes Nest setzen!“, womit er die TH Stuttgart meinte. Er fand, dass Frankfurt die größere Herausforderung sei, womit er, wie sich später erwies, durchaus Recht hatte, allerdings auf andere Weise als gedacht. Nach einer kurzen Bedenkzeit nahm ich den Ruf nach Frankfurt an. Am 11. Januar 1968 wurde ich an der Johann Wolfgang Goethe-Universität in mein neues Amt eingeführt.

Kurze Zeit später, im Mai, wurde Eva in einer Frankfurter Privatklinik geboren. Zur damaligen Zeit war es unüblich, dass der Vater bei der Geburt anwesend war. So erreichte mich am 3. Mai in der Frühe Inges Anruf: „Es ist ein Mädchen.“ Als ich wenig später den Winzling sah, war die Freude riesengroß.

Bei meiner Berufung war vereinbart worden, dass ich weiterhin eine Woche im Monat am Institut Laue-Langevin tätig sein durfte, denn es hatte sich inzwischen herausgestellt, dass die Garchinger Gruppe sehr zur Belebung der Theoretischen Festkörperphysik in Deutschland beitrug. Davon profitierte auch die Physik in Frankfurt. So fuhr ich mit Inge Monat für Monat für je eine Woche nach Garching. Dort wohnten wir bei einem ungarischen Architekten, der sich ein Haus gebaut hatte und uns eine kleine Wohnung vermietete. Inge hatte eine Stelle im Architekturbüro Kronenbitter in der Fürstenstraße in München gefunden. Als freie Mitarbeiterin konnte sie sich die Arbeit mit nach Frankfurt nehmen und beim nächsten Garching-Aufenthalt im Büro wieder abliefern. Dieses Arbeitsverhältnis hielt für viele Jahre an.

Außer der Nebentätigkeit in Garching verbrachte ich zusätzlich einen Tag im Monat am Kernforschungszentrum Karlsruhe als Berater der Institute für Festkörperphysik und für Heiße Chemie. Wolfgang Klose, der im Vorstand des Zentrums für den Bereich Forschung tätig war, hatte auf diese Weise die Zusammenarbeit zwischen dem Kernforschungszentrum und der Theoretischen Physik in Frankfurt sehr gefördert. Er selbst war zuvor als Theoretischer Physiker auf dem Gebiet der Supraleitung sehr aktiv gewesen und hatte reiche Erfahrungen in der Industrie bei Siemens und an Hochschulen gesammelt. Unter seiner Leitung gewann die Grundlagenforschung am Karlsruher Institut sehr an Ansehen. In Frankfurt selbst bahnte sich eine gute Zusammenarbeit mit dem Battelle Institut an. Hier war es insbesondere Dieter Langbein, der die Kontakte zur Universität pflegte. Als Schüler von Friedrich Hund hatte er eine breite, fundierte Ausbildung und war deshalb ein guter Diskussionspartner.

Die Theoretische Physik in Frankfurt wurde damals durch die beiden Lehrstühle von Walter Greiner und mir vertreten. Walter Greiner war ein sehr bekannter Kernphysiker und Wissenschaftsorganisator, der sich mit superschweren Atomkernen befasste und auf diesem Gebiet international einen sehr guten Namen hatte. Er trug maßgeblich dazu bei, dass in Darmstadt die Gesellschaft für Schwerionenphysik (GSI) gegründet wurde, welche einen großen Schwerionenbeschleuniger betrieb. Seine Lehrbücher zur Theoretischen Physik waren verständlich geschrieben und bei Studenten sehr beliebt. Ansonsten war er wegen seiner direkten und oft bewusst vereinfachenden Sprechweise für viele an der Universität eine Person, an der man sich rieb. Als wir einmal in der Nähe von Tuscon (Arizona) die wild wachsenden Riesenkakteen besichtigten, sagte er zu seiner Frau: „Frauchen, das haben wir doch im Schwarzwald auch." Weil wir so grundverschieden waren, kamen wir gut miteinander aus. Wenn Not am Mann war, konnte man sich auf ihn jederzeit verlassen.

Heinz Bilz hatte 1968 zwei Freisemester genommen, die er in New York verbrachte. Er ging anschließend nach München. Sein Lehrstuhl blieb für längere Zeit unbesetzt. Hinzu kam Bernhard Mrowka, der aufgrund einer schweren Krankheit an einen Rollstuhl gefesselt war. Die Experimentalphysik wurde von Werner Martienssen und Hans-Joachim Queisser vertreten. Martienssen pflegte in seinen Vorlesungen die Tradition der Göttinger Schule von Robert Wichard Pohl, zu deren Schülern er sich zählte. Die dazugehörigen Versuche waren nahezu perfekt ausgebaut und sehr beliebt. Wie bereits zuvor erwähnt, gehörte Pohl mit seiner Experimentierkunst und seinen Messtechniken zu den Gründern der Festkörperphysik, nicht nur in Deutschland. Als es nach dem Krieg zum Aufschwung der Halbleiterphysik kam, konnte er sich, trotz wichtiger Vorarbeiten, wegen der schlechten Situation an den deutschen Universitäten nicht mehr angemessen am internationalen Wettbewerb der Wissenschaft beteiligen. So ging der anfangs durchaus vorhandene Vorsprung auf dem Gebiet verloren. Die hochentwickelte Messkunst setzte sich über seine Lehrbücher und seine Schüler jedoch fort. Wie erwähnt, Martienssen war einer von ihnen. Unter den Studenten, die an seinem Institut promovierten oder diplomierten, waren zwei, die später einen Nobelpreis gewannen. Gerd Binnig erhielt den Preis 1986 für die Entwicklung der Rastertunnelspektroskopie und Horst Störmer, der bei Martienssen diplomiert und später bei Queisser (einem anderen Pohl-Schüler) in Stuttgart promoviert hatte, folgte 1998 mit dem Preis für den gebrochenzahligen Quanten-Hall-Effekt. In der Angewandten Physik hatte zudem Hermann Dänzer einen großen Lehrstuhl. Die experimentelle Kernphysik wurde von Erwin Schopper vertreten, an dessen Institut ein kleiner Reaktor betrieben wurde.

DIE STUDENTENUNRUHEN UND DIE ACHTUNDSECHZIGER

Die allgemeine Atmosphäre an der Universität war zunehmend angespannt. Das deutsche Universitätssystem stand kurz vor einem Umbruch, es war dringend reformbedürftig. Ein großes Problem war der zahlenmäßig stark angewachsene Mittelbau. Er trug die Hauptlast der akademischen Arbeit, hatte aber nur geringe Mitspracherechte bei den Entscheidungen, welche die Universitäten betrafen. Diese wurden fast ausschließlich von den Lehrstuhlinhabern, den Ordinarien, bestimmt, die in Fakultäten zusammengeschlossen waren. Auch bezüglich der wissenschaftlichen Arbeiten war der Mittelbau weisungsgebunden. Bei gut funktionierenden Instituten, wie denen der Physik, spielte das alles kaum eine Rolle. So ist auch damals insbesondere die Forschung in der Physik auf innovative Gedanken junger Mitarbeiter, Assistenten und Doktoranden, angewiesen gewesen. Deshalb war in dem Fach der Lehrstuhlinhaber oft so etwas wie ein primus inter pares. In anderen Fächern, insbesondere in den Geisteswissenschaften, war die Situation jedoch eine völlig andere und führte zu Unzufriedenheit und Konflikten. Auch war die Kriegsgeneration der Ordinarien, welche die Hochschulen nach dem Krieg wiederaufgebaut hatten, am Abtreten. Im Schnitt waren die Fakultäten überaltet und zum Teil auch erstarrt. Die Unzufriedenheit der Universitätsangestellten fiel zusammen mit einer allgemeinen Unzufriedenheit der Studentenschaft. Diese hatte tieferliegende Ursachen. In gewisser Hinsicht war es eine Umorientierung und Abwendung von der Kriegsgeneration der Eltern. Diese hatte nach dem verlorenen Krieg mit Energie und Zähigkeit Deutschland wiederaufgebaut. Das geschah in den ersten Nachkriegsjahren praktisch pausenlos, sodass der Werbespruch: „Mach mal Pause, trink Coca-Cola!“, der in den 1950er-Jahren erschien, ein Riesenerfolg wurde. Den Studenten Ende der 1960er-Jahre stand der Sinn jedoch nach anderem. Sie waren oft kritisch ihren Eltern gegenüber, die sie für den Zweiten Weltkrieg mitverantwortlich hielten. Auch fühlten sie sich eingeengt durch das, was sie als überholte Regeln und Traditionen ansahen. Es kam zu der weit verbreiteten Protestbewegung der 68er-Generation. Die Unzufriedenheit der jungen Generation in Deutschland ging einher mit der in anderen Ländern wie Frankreich und den USA. Dort hatte sie überwiegend andere Ursachen, wie etwa den Vietnam-Krieg in den USA oder das „Ancien Regime“ von de Gaulle in Frankreich.

Das alles muss man als Hintergrund sehen, vor dem sich meine Tätigkeit an der Frankfurter Universität abspielte. Sowohl für mich als auch für den Kollegen Walter Greiner bestand eine Besonderheit darin, dass wir kaum älter als die Doktoranden und Assistenten waren. Bei den Protesten gegen die alte Ordinarienuniversität passten wir also nicht so recht in das herkömmliche Bild. So versuchten wir von Anbeginn, das Physikstudium zu modernisieren und zu kürzen. Die durchschnittliche Studiendauer bis zum Physik-Diplom reduzierten wir auf zehn Semester von zuvor mehr als zwölf Semestern. Vorlesungen in Theoretischer Physik begannen bereits im ersten Semester und wurden durch ein Tutorenprogramm unterstützt. Mit Hilfsassistenten richteten wir Übungsgruppen ein, in denen die Studenten den Vorlesungsstoff diskutieren und vertiefen konnten. Auch führte ich ein, dass Studenten meine Vorlesungen anonym kritisieren konnten. Das waren alles Maßnahmen, die es vorher nicht gab und die als Studienreform angesehen werden können. Dennoch hatte das keinen Einfluss darauf, dass meine Anfängervorlesung häufig gestört wurde. Da die Zuhörerschaft sowohl Physik- als auch Mathematik- und Chemie-Studenten umfasste, war der Hörsaal mit 200 bis 250 Studenten immer gut gefüllt. Wenn ich zum Hörsaal kam und bereits eine Traube von Studenten vor den Türen sah, wusste ich, dass einmal mehr Krawall angesagt war. Die Aktivisten wollten statt über Physik über die so genannte Drittelparität diskutieren. Diese vom damaligen hessischen Kultusminister von Friedeburg geförderte und geforderte Form der Entscheidungsfindung an Universitäten ging davon aus, dass alle akademischen Gremien drittelparitätisch zusammengesetzt sein sollten, bestehend aus Hochschullehrern, Angestellten und Studenten, eine aus heutiger Sicht etwas naive Vorstellung. Der Minister Ludwig von Friedeburg gehörte der so genannten Frankfurter Schule von Soziologen an, zu denen Jürgen Habermas, Theodor W. Adorno und Max Horkheimer gehörten, und vertrat somit auch deren Sichtweisen. In der Praxis wollten viele ihrer Anhänger in akademischen Veranstaltungen zunehmend weniger über Wissenschaft hören, sondern das Interesse verlagerte sich auf politische Diskussionen, bei denen jeder mitreden konnte. Mit meinen an der Schule in der DDR gesammelten Erfahrungen zu „dialektischen Diskussionen" gelang es mir in meiner Vorlesung einige Male, die anwesenden Studenten dazu zu bringen, die Aktivisten aus der Vorlesung hinauszukomplimentieren. Das war jedoch jedes Mal mit einer großen psychischen Anstrengung verbunden und auf die Dauer sehr unbefriedigend. Ein anderes hochschulpolitisches Thema war die geforderte Verpflichtung, bei allen Forschungsarbeiten mögliche Gefahren für die Menschheit mitzudenken. Waffenforschung an Universitäten verbot sich von selbst. Ethische Gesichtspunkte in der medizinischen Forschung waren ebenfalls ein Thema für sich. Aber welche möglichen Gefahren sollte ich mitbedenken, wenn ich zum Beispiel in der Theoretischen Physik über elektronische Korrelationen nachdachte? Ich betrachtete diese unsäglichen Debatten, die besonders im Hinblick auf physikalische Grundlagenforschung geführt wurden, als Erzeugung von gelehrt klingenden Sprechblasen.

Während meiner Frankfurter Zeit hatte ich noch ein anderes Problem, ein personelles, welches mich viel Kraft und Zeit kostete. Ich hatte aufgrund von Empfehlungen einen Assistenten befristet eingestellt, der von einer Ivy League Universität gekommen war. Bald stellte ich aber fest, dass die von Experimentatoren geschriebenen Empfehlungen wohl darauf beruhten, dass sie die theoretischen Arbeiten des Betroffenen nicht richtig eingeschätzt hatten. So etwas kommt ab und zu vor, denn experimentell orientierte Kollegen lassen sich zuweilen von Theoretikern zu leicht beeindrucken und merken nicht, wenn der Kaiser keine Kleider trägt. Das stellte sich in diesem Fall in Frankfurt klar heraus. Als Ergebnis versuchte der so Eingestellte nun, eine hochschulpolitische statt einer wissenschaftlichen Karriere zu machen. Er erschien nicht mehr in Seminaren und beteiligte sich praktisch nicht am Forschungsprogramm. Aus dem Grund verlängerte ich die Stelle nicht, als die zeitliche Befristung ausgelaufen war. Das erzeugte ein Riesenspektakel. Inzwischen war der Betroffene nämlich Vertreter der gesamten Frankfurter Assistentenschaft geworden. Nun wurde ich beschuldigt, die Stelle aus politischen Gründen nicht verlängert zu haben. Als Assistentenvertreter hatte er dem Kultusminister die Unterstützung der Frankfurter Assistenten für das von seinem Haus vorbereitete neue Hessische Hochschulgesetz zugesagt. Bei dem heftigen Widerstand, den der Gesetzesentwurf hervorrief, war das für den Minister eine sehr willkommene Unterstützung. Er wollte also mittels eines Oktroits verhindern, dass der oberste Assistentenvertreter nicht weiter beschäftigt wurde. Die Wochenzeitschrift „Die Zeit" hatte in einem ganzseitigen Artikel mit der Überschrift „Assistenten auf den Weg nach oben" beschrieben, wie an der FU Berlin und an der Universität Hamburg bereits Assistenten zu Hochschulpräsidenten ernannt worden waren, und nun sollte unser Mann der Dritte im Bunde werden. Die Porträts zeigten ihn schon inmitten der bereits ernannten Präsidenten. Auf dem Höhepunkt der Auseinandersetzung plante die Studentenschaft auf einer Vollversammlung, einen Generalstreik zu beschließen mit der Forderung, dass besagter Kandidat auch weiterhin eingestellt bleiben müsse. Diese Vollversammlung fand im größten Hörsaal der Universität statt, der mit Studenten, Assistenten vollgepackt war. Meine Kollegen hatten mich aufgefordert, dort hinzugehen, da sonst die Gefahr bestünde, dass unser Physikalisches Institut demoliert werden würde. Nur wenige von ihnen, wie Werner Martienssen und Walter Greiner, unterstützten mich dabei. Vielmehr war es so, dass etliche der lieben Kollegen die Straßenseite wechselten, wenn sie mich kommen sahen.

Also ging ich zu dieser Vollversammlung, die bereits emotional aufgeheizt war, bevor ich dort eingetroffen war. Ich hatte zuvor Flugblätter mit meiner Stellungnahme vorbereitet. Als ich den Hörsaal durch die Fronttür betrat und meine Flugblätter verteilte, schlug mir eine Welle von Hass entgegen, die ich physisch spürte. Die Leute hätten mich am liebsten in der Luft zerrissen. Mein „Mann auf dem Weg nach oben" sprach gerade. Ich stellte mich gleich neben das Pult mit dem Effekt, dass seine Rede an Überzeugungskraft verlor. Dann ergriff ich das Wort, ging gar nicht erst auf Einzelheiten ein und erklärte stattdessen, was wir getan hatten, um in Frankfurt eine moderne Universität entstehen zu lassen. Zusätzlich unterstrich ich, dass wir dafür allerdings Mitarbeiter bräuchten, die sich für die Wissenschaft engagieren würden und nicht allen wissenschaftlichen Veranstaltungen fernblieben. Dann malte ich ein Bild davon, wie ich mir eine erstklassige Universität vorstellte. Als nun die gesamte Hörerschaft vom Kontrahenten eine entsprechende Gegenrede erwartete, kam zu meinem Erstaunen nichts mehr. Vielmehr fiel, bildlich gesprochen, die gesamte Argumentationskette zusammen, woraufhin die Stimmung in der Versammlung kippte. Nachdem einige aggressive Fragen aus der Zuhörerschaft mit Leichtigkeit entkräftet werden konnten, wuchs die Frustration der Anwesenden. Von Generalstreik war keine Rede mehr. Zum Schluss verkündeten einige Aktivisten: „... und jetzt gehen wir zur Messe und blockieren dort den Verkehr." Damit fand der geplante Streik sein vorzeitiges Ende.

Zwei andere, mehr belustigende Episoden charakterisierten die damalige Zeit an der Frankfurter Universität. Als Studenten das Rektorat besetzten, war ihre erste Handlung dort, dem Rektor auf den Teppich zu pinkeln. Daraufhin kam Rainer Kümmel, der eine Assistentenstelle bei uns hatte, zu mir ins Büro und sagte: „Herr Fulde, wir sollten vor dem Rektorat eine Kette bilden“, als Symbol des Widerstands und zur Unterstützung des Rektors Ruegg, eines sehr honorigen Gelehrten. Später hatte dieser mir einmal gesagt, dass sein größter Fehler gewesen sei, zu wenig Briefe geschrieben zu haben. Er hätte zu oft auf das gesprochene Wort vertraut. Gesagt, getan, wir gingen in das Rektorat und bildeten eine Kette, zumal die Aktivisten zu dem Zeitpunkt einmal mehr auf einer Demonstration waren. Man ließ uns auch gewähren mit dem Hinweis: „Wartet nur, bis die Demonstranten zurück sind.“ So war es dann auch. Als die Aktivisten zurückkamen, sprengten sie sofort unsere Kette.

Die zweite Episode war nur bedingt spaßig. Die Tutoren für unsere Übungsgruppen hatten einen kleinen Zettelkasten angelegt, in dem sie Bemerkungen über die teilnehmenden Studenten sammelten wie: „X ist sehr gut“, oder „Y ist nur selten da.“ Dieser Zettelkasten stand im Sekretariat und wurde eines Tages nach einem Plan von Studenten gestohlen. Anschließend wurde angekündigt, dass er öffentlich verbrannt werden solle. Nun muss man wissen, dass ein amtliches Dokument, und als solches galt der Zettelkasten, nicht öffentlich vernichtet werden darf. Deshalb musste ich Anzeige erstatten, denn andernfalls wäre ich selbst wegen Verletzung der Dienstpflicht angezeigt worden. Das war von den Aktivisten genauso geplant gewesen, denn im Fall der Androhung der Vernichtung eines amtlichen Dokuments musste dieses vom Staat geschützt werden, also musste die Polizei kommen. Das war damals so. Heute würde man es gelassener betrachten. Jedenfalls rückte die Polizei, des erwarteten Klamauks wegen, mit einer Hundertschaft an, um die Verbrennung zu verhindern, welch ein Riesenaufwand wegen dieses lächerlichen Zettelkastens! Daniel Cohn-Bendit, bekannt von den Pariser Studentenunruhen und nun in Frankfurt, war der Organisator der geplanten öffentlichen Verbrennung gewesen. Jetzt begann ein Katz-und-Maus-Spiel. Cohn-Bendit und seine Leute wechselten kurzerhand den angekündigten Ort der Verbrennung, um die Polizei ins Leere laufen zu lassen. Daraufhin kamen Studenten zu mir und verrieten mir den neuen Ort, an dem die Unterlagen verbrannt werden sollten, den ich natürlich der Polizei mitteilte. So wunderten sich die Aktivisten sehr, dass die Polizei gleichzeitig am Ort des Geschehens eintraf. Es war unübersehbar, dass es an der Universität sehr schwierig war, die notwendige Zeit aufzubringen, um eine intellektuelle Atmosphäre zu generieren, die es erlaubte, mit neuen Erkenntnisgewinnen das eigene Fach auch wirklich voranzubringen. Nur unter enormen Anstrengungen konnte so etwas halbwegs gelingen.

Ludwig Genzel
(1922–2003)

Inzwischen hatte sich in Deutschland die Meinung durchgesetzt, dass die Festkörperforschung als Basis für die immer wichtiger werdende Hochtechnologie jahrzehntelang vernachlässigt worden war. Deshalb wollte man einen großen Sprung nach vorn tun, und es wurde die Gründung zweier großer Institute für Festkörperphysik und -chemie beschlossen. Eines der beiden sollte von der Max-Planck-Gesellschaft aufgebaut werden, während das andere im Kernforschungszentrum in Jülich errichtet werden sollte. Die eingesetzten finanziellen Mittel waren gewaltig, und so war auch der Einfluss der beiden Institutsgründungen auf die Entwicklung der Physik in Deutschland. Der Erfolg konnte sich später sehen lassen. Um es vorwegzunehmen, aus jedem der beiden Institute ging schlussendlich ein Nobelpreis hervor. In Stuttgart ging er an Klaus von Klitzing für die Entdeckung des Quanten-Hall-Effekts und in Jülich an Peter Grünberg für die Entdeckung des Riesenmagnetwiderstands, der große Auswirkungen auf die elektronische Datenspeicherung hatte. Das alles war damals natürlich noch nicht absehbar, aber in der Festkörperforschung herrschte Aufbruchstimmung. Jedenfalls beschloss der Senat der Max-Planck-Gesellschaft im März 1970, mich auf eine der Direktorenstellen am neu gegründeten Max-Planck-Institut für Festkörperforschung in Stuttgart zu berufen. Anfang des Jahres hatte Ludwig Genzel aus Freiburg als Gründungsdirektor dort seine Tätigkeit aufgenommen, und weitere Berufungen waren ausgesprochen worden. Genzel ist ein herausragender Vertreter der Experimentalphysik in Deutschland gewesen. Sein Arbeitsgebiet war die Infrarotspektroskopie, zu deren Begründern er gehörte. Daneben war er aufgrund seiner Persönlichkeit ein vielgeschätzter Wissenschaftsorganisator, dessen Meinung zählte. In späteren Jahren erhielt sein Sohn Reinhard, der wissenschaftlich in die Fußstapfen seines Vaters getreten war, den Nobelpreis für Physik für die Entdeckung eines schweren Schwarzen Loches im Zentrum unserer Milchstraße.

Wie üblich hatte ich nach Erhalt des Rufes nach Stuttgart ein Berufungsgespräch mit dem damaligen Präsidenten der Max-Planck-Gesellschaft Adolf Butenandt. Dieser große Wissenschaftler machte einen ungewöhnlichen Eindruck auf mich. Bei meinem Besuch unterhielten wir uns über Fragen allgemeiner Art, die Wissenschaft betreffend und kaum über das zu gründende Institut. Die Meinung war, dass alles schon klappen würde, und Details bereits abgeklärt sein sollten oder noch werden würden. Selten war ich so unbeschwert und optimistisch aus einem Raum gegangen wie nach dem Gespräch mit Butenandt.

Adolf Butenandt (1903–1995), Nobel-Preis 1939, Präsident der Max-Planck-Gesellschaft von 1960 bis 1972

Als ich über das Angebot der Max-Planck-Gesellschaft mit Maier-Leibnitz sprach, riet er mir, an der Universität zu bleiben. Für ihn waren die Universität und die Ausbildung der nächsten Generation die am höchsten einzuschätzende Tätigkeit eines Gelehrten. Er meinte, dass die Max-Planck-Gesellschaft auch ohne mich gut existieren könnte. Die Arbeit an einer Universität sei wichtiger. Das war insofern interessant, als damals die öffentliche Meinung herrschte, dass die Lehre an den Universitäten geringgeschätzt würde. Auch die Theoriegruppe des Instituts Laue-Langevin in Garching, die ich aufgebaut hatte, lief sehr gut, und so wäre es doch schade, wenn ich das alles aufgeben würde. Falls es mir in Frankfurt nicht mehr gefallen sollte, dann könnte ich einen Lehrstuhl an der Technischen Universität München erhalten. All das überzeugte mich, und so sagte ich das Angebot ab, an das neu gegründete Stuttgarter Max-Planck-Institut in Stuttgart zu gehen. Positiv war, dass die Brücken nach Stuttgart trotz meiner Absage nicht abgebrochen wurden, denn noch vor Ende 1970 wurde ich zum Auswärtigen Wissenschaftlichen Mitglied des Stuttgarter Instituts berufen. Inzwischen waren auch Heinz Bilz, Manuel Cardona, Hans-Joachim Queisser und Albrecht Rabenau Direktoren am dortigen Institut, und auch Wilhelm Brenig zeigte großes Interesse daran, nach Stuttgart zu wechseln.

Während der Frankfurter Zeit waren meine wissenschaftlichen Arbeiten auf das Gebiet der Supraleitung fokussiert. Mit Hoenig und Barth hatte ich hervorragende Experimentalphysiker als Kollegen und Diskussionspartner. Mein besonderes Interesse galt neuen Phänomenen, die auf der Kristallfeldaufspaltung von Materialien mit Seltenen Erden beruhten. Diese Substanzen spielen auch heute in der Hightech-Industrie eine wichtige Rolle und waren damals ein neues, sehr ergiebiges Forschungsgebiet. Besonders die Zusammenarbeit mit Ingo Peschel und Achim Keller, aber auch mit Alan Luther und Lester Hirst war eitel Freude und hielt für Jahre an. Anlässlich eines Aufenthalts am Thomas Watson Laboratorium des IBM in Yorktown Heights kam ich mit Robert Meservey und Paul Tedrow vom Lincoln Lab des MIT in Kontakt, aus dem sich eine fruchtbare Zusammenarbeit entwickelte. Die Experimente, die beide daraufhin durchführten, waren von so großem Interesse, dass sie Jahre später mit dem Oliver Buckley Prize der American Physical Society ausgezeichnet wurden. Besuche von Kazumi Maki in Frankfurt waren jeweils Höhepunkte der wissenschaftlichen Diskussionen, welche die Frankfurter Zeit prägten. So waren, was die Wissenschaft betrifft, die Jahre trotz allem eine recht produktive Zeit.

Obwohl das zuvor beschriebene Klima an der Universität Frankfurt und die damit verbundene Arbeit als Hochschullehrer recht abwechslungsreich und zum Teil amüsant erscheinen mag, hatte ich doch zunehmend das Gefühl, wichtige Jahre meines Lebens mit unwichtigen Dingen zu vergeuden. So kam ich nach langen und belastenden Überlegungen zu der Überzeugung, Frankfurt doch wieder zu verlassen. Maier-Leibnitz hatte mir mehrfach versichert, dass ich jederzeit an das Institut Laue-Langevin zurückkehren könne, und das tat ich dann auch. Ende 1970 reichte ich bei der Universität mein Gesuch um Entlassung ein mit der Begründung, dass es mir unter den gegebenen Umständen, insbesondere unter dem neuen Hessischen Hochschulgesetz, nicht möglich erschien, ein Institut aufzubauen, welches wissenschaftliche Arbeit auf dem von mir angestrebten Niveau leisten konnte. Nach meiner Meinung würde das neue Gesetz das Konfliktpotenzial innerhalb der Universität geradezu verstärken, anstatt es zu reduzieren. Ich hatte in den letzten Jahren einen zu großen Teil meiner Zeit darauf verwendet, Spannungen und Konflikte zu entschärfen. Im Januar 1971 nahm ich mein Entlassungsschreiben von Rektor Denninger entgegen. Damals erregte mein Weggang erhebliche Aufmerksamkeit. Er erfolgte fast zeitgleich mit dem von Queisser, der an das neue Max-Planck-Institut nach Stuttgart ging, und führte vorübergehend zu einer merklichen Schwächung der Physik in Frankfurt. Immerhin ging ich von einem Lehrstuhl auf eine befristete Stelle als wissenschaftlicher Angestellter, was ausgesprochen ungewöhnlich war. Die Pensionsansprüche, die ich zusammen mit dem Lehrstuhl aufgab, wurden vom Institut Laue-Langevin durch den Abschluss einer Lebensversicherung für mich über 70.000 DM ersetzt. Als ich beim Universitätspräsidenten meinen Abschiedsbesuch machte, sagte er, dass er solch einen Verzicht auf einen Lehrstuhl noch nie erlebt hätte. Ich hatte lachen müssen und entgegnete, dass es für alles eben ein erstes Mal gäbe.

Oktober 1970: Interview vor der Presse zur Situation an der Wolfgang Goethe-Universität (v.l.n.r. H.-J. Queisser, W. Greiner, W. Martienssen, P. F. und E. Schopper)

Nach meinem Weggang aus Frankfurt zogen wir vom Sachsenlager nach Eching bei München in die Bahnhofstraße. Was die Wohnqualität betraf, war das ein großer Schritt rückwärts. Es war jedoch abzusehen, dass diese Lösung nur von vorübergehender Dauer war. Denn nicht lange zuvor hatte die Gemeinde Garching Baugrundstücke von je tausend Quadratmetern für 75 DM pro Quadratmeter für Interessenten angeboten. Auf Anraten von Klaus Dransfeld, der inzwischen an der Technischen Universität München einen Lehrstuhl innehatte, trugen wir uns auf eine bei der Gemeinde ausliegende Liste ein und bekamen tatsächlich ein Grundstück in der Königsberger Straße. Über die Jahre hatten wir etwas gespart, und so konnte Inge ihr architektonisches Können in die Praxis umsetzen. Es waren Bungalows für das neue Baugebiet vorgesehen, und somit konnten die Planungen beginnen. Als wir mit dem Bau des Einfamilienhauses beginnen wollten, stellten wir allerdings fest, dass die Zeit dafür außerordentlich ungünstig war. München war 1972 der Austragungsort der Olympischen Sommerspiele, und es war fast unmöglich, Handwerker für unser bescheidenes Projekt zu finden. „Was, ein Haus wollen Sie bauen? Wenn Sie zehn gesagt hätten, dann hätte ich es mir vielleicht überlegt." Das war die Antwort eines kleinen Bauunternehmers gewesen, als wir ihn gefragt hatten, ob er uns ein Angebot machen könnte. Bei den anderen Gewerken war die Situation ähnlich. Es war schlicht eine Katastrophe. Dennoch entstand schließlich mit Inges nimmermüdem Einsatz der Bau und er wurde am Ende sehr schön. Während der Bauzeit hielt ich mich für rund zwei Monate an der Harvard University auf, wo ich in der Gruppe von Henry Ehrenreich arbeitete. Ich erinnere mich an die zahlreichen Luftpostbriefe, in denen Inge von neuen Hindernissen und kleinen Katastrophen beim Bau, aber letztlich auch von Fortschritten berichtete. Mich plagte dann das schlechte Gewissen, dass ich an der Harvard Universität Physik betrieb, während Inge an der Heimatfront so tapfer kämpfte. Als wir dann in das fertige Haus einzogen, waren bald alle Schwierigkeiten und Ärgernisse vergessen, und wir waren glücklich.

Zum Institut, das im Gebäude der Tieftemperaturphysiker der Bayerischen Akademie auf dem Reaktorgelände in Garching untergebracht war, konnte man leicht mit dem Fahrrad fahren. Ab und zu fuhr unsere Theoriegruppe nach Grenoble, wo der Reaktor des Instituts 1973 kritisch wurde. Dabei stellten wir fest, dass die Wünsche der Experimentatoren, eine Theoriegruppe vor Ort zu haben, immer dringlicher wurden. Es war wiederum Maier-Leibnitz, der uns unterstützte und vor Bestrebungen, unsere Unabhängigkeit zu kassieren, abschirmte. Der Erfolg gab ihm und letztlich uns recht. Nahezu zehn unserer ehemaligen Mitarbeiter erhielten über die Jahre Rufe auf Lehrstühle an deutschen Universitäten. So waren wir an der Etablierung der modernen theoretischen Festkörperphysik in Deutschland stark beteiligt. Wilhelm Brenigs Beitrag zu diesem Erfolg ist hoch einzuschätzen, denn etliche unserer Mitarbeiter waren ehemalige Doktoranden von ihm.

DIE ARBEIT FÜR DIE DEUTSCHE PHYSIKALISCHE GESELLSCHAFT

Einflussreich für die Entwicklung des deutschen Hochschulsystems war die Herausgabe eines sogenannten Weißbuchs durch den Wissenschaftsrat der Bundesrepublik Deutschland. Es enthielt Empfehlungen zum Ausbau und zur Struktur der deutschen Hochschulen. Der große Vorteil von Empfehlungen des Wissenschaftsrats ist, dass sie auch wirklich umgesetzt werden. Im Wissenschaftsrat sind die Wissenschaft und die Politik zu annähernd gleichen Teilen vertreten, wobei das letzte Wort immer die Politik hat. Ausgesprochene Empfehlungen sind also bereits von der Politik abgesegnet und bleiben nicht nur Makulatur. In dem erwähnten Weißbuch wurden etwa die empfohlene Größe und Ausstattung eines physikalischen Instituts beschrieben. Nachdem ich zuvor in Berkeley gewesen war, kamen mir die Zahlen zu klein vor.

Meine damalige Vorstellung war ungefähr, dass ein Physik-Department rund doppelt so groß sein sollte, wie vom Wissenschaftsrat empfohlen.

Im jugendlichen Überschwang verfasste ich ein Flugblatt mit dieser Forderung und verteilte es 1968 auf einem Treffen der Deutschen Physikalischen Gesellschaft (DPG). Ein Effekt dieser Aktion war, dass der damalige Präsident der DPG Martin Kersten (Präsident der Physikalisch-Technischen Bundesanstalt (PTB) in Braunschweig) mich aufforderte, im Vorstand der DPG mitzuarbeiten. Offenbar fand er, dass ich viel überschüssige Energie hätte und dass diese genutzt werden könnte. Ich erwähne das hier lediglich, um zu zeigen, wie aufgeschlossen und großzügig damals die Atmosphäre in der DPG war und wie souverän man sich mit abweichenden Meinungen befasste. Ein zweiter Effekt war, dass mich auch der damalige Vorsitzende des Wissenschaftsrats Reimar Lüst zu einem Gespräch nach Garching einlud. Er erklärte mir nicht nur die Arbeitsweise des Wissenschaftsrats, sondern auch die wesentlichen Fortschritte, die mit dem Weißbuch für die deutsche Wissenschaftslandschaft erreicht wurden. Danach kam mir meine Flugblattaktion doch etwas unausgegoren vor, um es einmal so zu formulieren.

Reimar Lüst (1923–2020), Präsident der Max-Planck-Gesellschaft von 1972 bis 1984

Im Jahr 1970 übernahm Karl Ganzhorn, der dem Vorstand der IBM Deutschland angehörte, die Präsidentschaft der DPG. Er war einer der Wirtschaftsführer, die maßgeblich dazu beitrugen, dass sich die Hochtechnologie auch in Deutschland entwickeln konnte. In kurzer Zeit wandelte er die traditionell geführte DPG in eine moderne Wissenschaftsorganisation um. Ein Vorstand mit mehreren Aufgabenbereichen wurde geschaffen und eine Geschäftsstelle mit Mitarbeitern aufgebaut. Mir wurde im Vorstand der Bereich „Bildung und Ausbildung" zugeteilt. Ich arbeitete außer mit Karl Ganzhorn hauptsächlich mit Martin Polke von der Bayer AG, Leverkusen, zusammen, der im Vorstand für den Bereich „Berufs- und Standesfragen" zuständig war.

Karl Ganzhorn (1921–2014), Präsident der DPG 1970/71

Ein Problem zur damaligen Zeit war die zunehmende Länge des Physikstudiums bis zum Diplom. Im Durchschnitt betrug diese an den deutschen Universitäten etwas mehr als dreizehn Semester. Dagegen war ursprünglich eine Studienzeit von acht Semestern bis zum Diplom vorgesehen. Deshalb gründete ich eine kleine Arbeitsgruppe, in der wir Empfehlungen zur Neustrukturierung des Physikstudiums ausarbeiteten. Diesen zufolge sollte das Studium in der Regel nach zehn Semestern mit dem Diplom abgeschlossen sein. Der Kommission gehörten außer mir E. Golling von Siemens, D. Harms von der Fachhochschule Wedel, W. Martienssen von der Universität Frankfurt, M. Polke von der Bayer AG und S. von Aufschnaiter von der Universität Bremen an. Neben einer Studienzeitverkürzung konzipierten und empfahlen wir auch einen neuen Studiengang, der den Bedürfnissen der Industrie nach mehr praxisorientierten Physikern entgegenkommen sollte. Der Abschluss sollte ein Diplom-Ingenieur Fachrichtung Physik sein. Auch die neuen Anforderungen an die Physiklehrerausbildung im Hinblick auf die damals vorgenommene Vereinheitlichung von Realschule und Unter- und Mittelstufe der Gymnasien wurden berücksichtigt und in Form von Empfehlungen angesprochen. Natürlich gab es einigen Widerstand gegen die Empfehlungen aus den Reihen von Fachkollegen. Diese betrafen insbesondere die angestrebte Verkürzung der Studienzeiten. Etliche von ihnen hatten sich an lang dauernde Diplomarbeiten gewöhnt und waren der Meinung, die Qualität des Diploms würde bei einer Begrenzung des Studiums auf insgesamt zehn bis elf Semester leiden. Ungeachtet dessen wurden die Empfehlungen von der DPG im Juni 1972 verabschiedet. Sie trugen dazu bei, dass sich die Studiendauer in den folgenden Jahren im Mittel verkürzte und dass die Anwendungsseite der Physik im Studium stärkere Beachtung erfuhr.

Eine zweite, diesmal groß angelegte Studie, die ich später startete, setzte sich mit der Frage auseinander, ob wir damals nicht zu viele Physiker ausbildeten. Zu diesem Thema gründeten wir eine Kommission,[3] welche eine Studie zum Angebot und Bedarf an Physikern in der Bundesrepublik Deutschland bis 1990 erarbeitete und die 1974 erschien. Die Studie betrat Neuland bei der angewandten Vorgehensweise. Ausgehend von der Entwicklung der Geburtenzahlen in Deutschland mit dem bekannten Babyboom im Jahr 1960, wurde die Zahl der zu erwartenden Abiturienten prognostiziert, unter Zugrundelegung der geplanten Erweiterungen des Hochschulbereichs. Eine Analyse der Studienanfänger im Fach Physik zeigte, dass diese über viele

3 Mitglieder: G. Born (Gießen), P.F. (Stuttgart), E. Golling (Erlangen), W.Heinicke (Bad Godesberg), I. Peschel (Garching), W. Martienssen (Frankfurt), M. Polke (Leverkusen), M. Wienand (Leverkusen)

Jahre recht stabil 2,4 Prozent aller Abiturienten betrug. Von den Anfängern legten später ebenfalls recht konstant 40 Prozent ein Diplom ab. Im Ergebnis deutete all dies auf ein zu erwartendes Überangebot an ausgebildeten Physikern hin, da der Bedarf Anfang der 1970er-Jahre bedeutend kleiner war. Wir haben diese Diskrepanz dazu benutzt und darauf hingewiesen, dass sich junge Menschen mit einer Physikausbildung und der Befähigung „dicke Bretter zu bohren" neue Tätigkeitsfelder erobern würden. Das ist dann letztlich auch geschehen. Inzwischen sind die Absolventenzahlen natürlich weit höher, und die Chancen auf dem Arbeitsmarkt sind gleichbleibend gut. Das liegt an den vielen Einsatzmöglichkeiten von Physikern in Industrie und Wirtschaft.

Während unserer Zeit in Garching hielt die DPG eine ihrer Jahrestagungen in München ab. Diese war in mehrerlei Hinsicht außergewöhnlich. Zum einen enthielt das Tagungsprogramm verschiedene neue Elemente. Frau Dransfeld hatte zusammen mit anderen Damen eine Ausstellung über physikalisches Spielzeug organisiert. Mit einem Vortrag „Physik in der Küche" von N. Kurti wurde viel Publikum angelockt. Der Höhepunkt der Veranstaltung war ein Physikerball, auf dem es dank einer sehr guten Kapelle hoch herging. Bei Physikern ist so etwas nicht alltäglich. Für einen der Abende hatten wir eine größere Zahl von Kollegen in unser Garchinger Haus eingeladen, die mit einem von der DPG gecharterten Bus eintrafen und das Haus füllten. Es war ein großer Spaß. Nach der Tagung kam allerdings der Katzenjammer. Die DPG hatte offenbar viel mehr Geld ausgegeben, als zu Verfügung stand, hauptsächlich für den teuren Physikerball. Der DPG-Präsident Koch von der Bayer AG in Leverkusen geriet sehr unter Druck, und es gab erheblichen Ärger. Jedoch konnte niemand die gelungene Veranstaltung und die schönen Erinnerungen daran rückgängig machen.

Die Arbeitsbedingungen am Institut Laue-Langevin waren geradezu ideal. Man war frei von allen Verpflichtungen und konnte sich ganz der wissenschaftlichen Arbeit widmen. Da die Teilnahme an internationalen Konferenzen großzügig ermöglicht wurde, war man gut an die internationale Wissenschaftsgemeinschaft angekoppelt. So kam es zu einer recht großen Zahl von Zusammenarbeiten sowohl mit Kollegen in der unmittelbaren Umgebung als auch in anderen Ländern, insbesondere der Schweiz. Zu den bisherigen Arbeitsgebieten kamen die Festkörperelektrolyte sowie die ersten Arbeiten zur Quantenchemie mit J. Ladik und G. Stollhoff hinzu. Dieses Gebiet sollte in der Folgezeit einen immer größer werdenden Platz im Forschungsprogramm einnehmen.

Schon während meiner Zeit in Frankfurt hat Bruno Elschner, der an der Technischen Universität Darmstadt seit vielen Jahren einen angesehenen Lehrstuhl innehatte, mein Arbeitsprogramm stark beeinflusst. Er war es auch, der meine Aufmerksamkeit auf das Gebiet der Kristallfeldanregungen in Festkörpern lenkte, auf dem ich dann für längere Zeit tätig war. Da ich Frankfurt verlassen hatte, überzeugte er 1973 seine Fakultätskollegen in Darmstadt, mich als Honorarprofessor zu berufen. Das freute mich sehr, denn so blieb ich über die dort zu haltenden Blockvorlesungen in Kontakt mit Studenten. Zur Familie Elschner entwickelte sich eine langjährige Freundschaft, die bis zu ihrem Tod anhielt. Auch zu Frank Steglich, der auf Initiative von Bruno Elschner hin nach Darmstadt berufen wurde, und seiner Frau bestand ein freundschaftliches Verhältnis. Die wissenschaftliche Zusammenarbeit mit Darmstädter Kollegen, von denen insbesondere G. Schaack und H. Sauermann zu erwähnen sind, gestaltete sich überaus fruchtbar.

Mit den Jahren wuchsen aufgrund guter Förderung an verschiedenen Orten Zentren für Theoretische Festkörperphysik heran, die sich mit den aktuellen Fragen der Vielteilchenphysik befassten. In Köln hatte Bernd Mühlschlegel einen Nukleationspunkt geschaffen, in Karlsruhe war es Werner Buckel, der zusammen mit dem leider zu früh verstorbenen H. Falk dafür sorgte, dass Festkörpertheoretiker berufen wurden, die dort eine Tradition für ungeordnete Vielteilchensysteme etablierten. In Stuttgart waren es der sehr renommierte Alfred Seeger und natürlich Heinz Bilz, die am Max-Planck-Institut für Metallforschung und dem neu gegründeten Institut für Festkörperforschung Nachwuchs für die traditionelleren Gebiete der Metallphysik und der Gitterschwingungen heranzogen. Das neu gegründete Institut für Festkörperforschung (IFF) im Jülicher Kernforschungszentrum wurde mit drei Theoriegruppen ebenfalls ein Anziehungspunkt für junge Theoretiker, insbesondere weil die Zusammenarbeit mit den umliegenden Universitäten sehr gut klappte. So bildete sich dort ein sehr starker Forschungsverbund der theoretischen und experimentellen Festkörperphysik.

Bald zeichnete es sich ab, dass die Theoriegruppe des ILL in Garching über kurz oder lang nach Grenoble überführt werden würde. Im Jahr 1973 hatte Rudolf Mössbauer die Leitung des ILL von Maier-Leibnitz übernommen, der kurz darauf Präsident der Deutschen Forschungsgemeinschaft wurde. Mössbauer war der Meinung, dass alle Aktivitäten der ILL in Grenoble gebündelt werden sollten. Das lief darauf hinaus, dass die Theoriegruppe des ILL in Garching keine Überlebenschancen hatte. Unterstützt wurde diese Entwicklung durch die Tatsache, dass England als drittes Land, neben Frankreich und Deutschland, dem ILL beitrat. Wenn also Deutschland mit der Theoriegruppe in Garching eine eigene nationale Komponente beibehalten wollte, so würden die Briten auch eine eigene nationale Einrichtung zum ILL gehörend verlangen können. Maier-Leibnitz hatte mir zwar gesagt, dass ich langfristig in München an der TU bleiben solle und mich dabei um die Theoriegruppe des ILL kümmern könne, aber diese Pläne waren offenbar auf Sand gebaut.

So stand für mich fest, dass ich mich erneut nach einem neuen Wirkungsbereich umzusehen hatte. In München bleiben wollte ich nicht, denn ich fand, dass mit der geplanten Verlegung der Theoriegruppe die mit Maier-Leibnitz getroffene Abmachung verletzt wurde. Meine Meinung war, dass man sich an getroffene Vereinbarungen gebunden fühlen sollte, auch wenn diese von einem Vorgänger getroffen worden waren. So traf es sich gut, dass Mitte 1972 das Stuttgarter Max-Planck-Institut, beziehungsweise der Senat der MPG, sein Stellenangebot erneuerte. Diesmal konnte ich es nun wirklich nicht ausschlagen. Zuvor hatte Buckel mir vorgeschlagen, doch in Jülich als sein Nachfolger die Leitung der experimentellen Gruppe über Supraleitung zu übernehmen. Er war der Meinung gewesen, dass mit der Betreuung einer Experimentalgruppe durch einen Theoretiker etwas wirklich Neues geschaffen würde. Ich muss sagen, dass mir diese Vorstellung faszinierend erschien. Letztlich kam mir das Projekt dann aber doch als unrealistisch vor, und außerdem wäre es gegenüber den Stuttgarter Kollegen nicht vertretbar gewesen, ihr erneutes Angebot abzulehnen. In Stuttgart war wiederholt das Argument zu hören, dass dort keine Metallphysik am Institut für Festkörperforschung betrieben werden solle, angeblich, weil der Wissenschaftsrat das so empfohlen hätte. Da das aber gerade mein Arbeitsgebiet war, wusste ich anfangs nicht, welche Schlüsse ich daraus zu ziehen hatte. Die Berufungsverhandlungen führte ich diesmal mit dem Präsidenten Reimar Lüst. Details waren zuvor mit der Institutsbetreuung, mit W. Roeske, geklärt worden. Der Schritt, nach Stuttgart zu gehen, war insofern ein weitreichender, als dass er unter anderem bedeutete, dass unser mit so viel Mühe gebautes Haus in Garching bald wieder verkauft werden müsste. Trotz allem sagte ich den Stuttgarter Kollegen zu, an ihr Institut zu kommen.

AM MAX-PLANCK-INSTITUT IN STUTTGART

Zunächst begann meine neue Tätigkeit am MPI damit, dass ich erst tageweise, dann zeitlich zunehmend und ab 1974 voll in Stuttgart arbeitete. Da Inge und Eva weiterhin in unserem Garchinger Haus wohnten, bedeutete das ein wöchentliches Pendeln zwischen München und Stuttgart. Am Montagmorgen fuhr ich jeweils mit einem frühen Zug nach Stuttgart, und am Freitagabend war ich wieder zurück in Garching. In Stuttgart hatte ich ein kleines Apartment in der Ameisenbergstraße gemietet. Bis zum Bezug eines Neubaus in Büsnau im Süden von Stuttgart stand dem Institut als Provisorium ein ehemaliges Verwaltungsgebäude einer Stuttgarter Autofirma in der Heilbronner Straße, ganz in der Nähe des Hauptbahnhofs, zur Verfügung. Da sie eine Hauptdurchgangsstraße ist, war es dort relativ laut. Der vielen Autos wegen war auch die Luft schlecht. Räumlich war alles sehr beengt. Die Stimmung war jedoch voll Tatendrang und Optimismus. Die Aufbauphase war ein faszinierendes Erlebnis.

DAS INSTITUTSKONZEPT UND DIE WAHL DER ARCHITEKTEN

Derweil machte der Neubau unseres Instituts gute Fortschritte. Das Architekturbüro Brenner & Partner zeichnete für den Entwurf und die Bauausführung verantwortlich. Der gesamte Gebäudekomplex sollte insgesamt neun Abteilungen des MPI für Festkörperforschung und sechs Abteilungen des MPI für Metallforschung aufnehmen. Hinzu kamen gemeinsame Werkstätten, die Labors der physikalischen und chemischen Abteilungen, ein kleines Hotel im Gebäude etc. Auf dem Gelände war ursprünglich ein großer Bauernhof gewesen, der Büsnauer Hof. Die Siedlung Büsnau bestand überwiegend aus kleinen Häusern von ehemaligen Flüchtlingen aus den Ostgebieten und machte einen freundlichen Eindruck. Bei Besuchen der Baustelle machten wir uns zunehmend mit unserer zukünftigen Umgebung vertraut. Das Institutskonzept war auf enge Zusammenarbeit zwischen den einzelnen Abteilungen ausgelegt, und dementsprechend war das Gebäude so angelegt, dass es diesem Konzept entgegenkam. Das ursprünglich beauftragte Architekturbüro Henn war genau an diesem Problem gescheitert. Dessen Entwurf gliederte das Gebäude entsprechend der vorgesehenen Anzahl von Abteilungen in Untereinheiten, vermutlich auf der Annahme basierend, dass jeder Direktor ein kleines eigenes Reich um sich herum haben wollte.

Als die Kollegen gemeinsam zum Generalsekretär der MPG, Herrn Friedrich Schneider, nach München fuhren und sich über den Entwurf beklagten, wurde trotz etlicher Zusatzkosten ein neues Büro, nämlich Brenner & Partner aus Stuttgart, mit der Bauausführung beauftragt. Wie sich später herausstellte, waren diese Extrakosten gut investiertes Geld.

IM BÜSNAUER NEUBAU

Als der Zeitpunkt des Umzugs in das neue Institut näher rückte, wurden mir, als neuem Kollegen, zwei Aufgaben zugeteilt. Die erste Aufgabe war etwas heikel, da es sich um die Raumverteilung im neuen Institutsgebäude handelte. Die zweite Aufgabe, einen Teil der Kunst für das neue Gebäude auszusuchen, war dagegen überaus interessant. Die Raumverteilung klappte im Großen und Ganzen recht gut. Es kam darauf an, die Zuteilung von Räumen an die einzelnen Abteilungen so vorzunehmen, dass Zusammenarbeiten zwischen diesen erleichtert und stimuliert werden würden. Was Kunst betrifft, so sei daran erinnert, dass bei öffentlichen Bauten ein vorgegebener Prozentsatz der Baukosten für die Anschaffung von Kunstobjekten verwendet werden muss, um freischaffende Künstler zu fördern. Die Grafiken für die Gänge im Institut wurden von einer Galerie aus Schwäbisch Gmünd zur Auswahl gestellt. Eines der Bilder hatte die amüsante Unterschrift: „Schiff mit Beton beladen treibt führerlos auf den Weltmeeren herum". Ich nutzte gleich die Gelegenheit der großen Auswahl, um selbst eine Grafikmappe zu kaufen.

Max-Planck-Institut für Festkörperforschung auf der Heisenbergstraße 1 in Stuttgart

Nach dem Einzug in das neue Institutsgebäude musste eine Reihe organisatorischer Fragen gelöst werden. Im gesamten Gebäudekomplex befand sich nicht nur unser Institut, sondern auch das Max-Planck-Institut für Metallforschung. Beide Institute hatten nicht nur eine gemeinsame Verwaltung, sondern es gab auch eine Reihe von gemeinschaftlichen Einrichtungen wie Werkstatt, elektronische Datenverarbeitung, Heliumverflüssigungsanlage und so weiter. Auch mussten geeignete Formen der Zusammenarbeit zwischen den Abteilungen und den Servicegruppen gefunden werden. Um bei den periodisch stattfindenden Institutsbesprechungen einen geschlossenen Eindruck zu vermitteln, fand am jeweiligen Vorabend ein privates Treffen bei einem der Direktoren statt. Es begann mit einem Abendessen, das die Frau des Hauses ausrichtete, und einer sich anschließenden Diskussionsrunde über Institutsbelange. Zeitweise erregten sich die Gemüter dabei etwas, aber letztlich behielt die Klärung der gemeinsamen Belange immer die Oberhand. Da auch jedes Mal der für das zusammen mit den Franzosen betriebene Hochfeld-Magnetlabor in Grenoble verantwortliche Kollege angereist kam, spielte die Entwicklung dieses Institutsteils des Öfteren eine große Rolle. In den ersten Jahren nach der Institutsgründung leitete Klaus Dransfeld das Labor, und später, nach dessen Weggang nach Konstanz, übernahm Gottfried Landwehr diese Funktion als Gast. Ihm folgte Peter Wyder, den ich von Berkeley her kannte und der 1984 seine Arbeit im Kollegium aufnahm. Ich erinnere mich sehr gut, wie 1980 auf einer unserer Vorabendtreffen Landwehr von den experimentellen Resultaten von Klaus von Klitzing am Hochfeldlabor berichtete, bei denen eine Quantisierung des Hall-Widerstands in Halbleiterschichten gefunden wurde. Mir war sofort klar, dass es sich hier um einen neuen makroskopischen Quanteneffekt handelte, der ein ganz neues Gebiet für die Forschung eröffnete. In der Tat erhielt von Klitzing fünf Jahre später den Nobelpreis für diese Entdeckung.

Wie an anderen Max-Planck-Instituten mit mehreren Direktoren rotierte auch bei uns das Amt des Geschäftsführenden Direktors für jeweils zwei Jahre unter den Kollegen. Nachdem Wilhelm Brenig sich entschieden hatte, doch in München zu bleiben, konnte unser Institut Ole Krogh Andersen aus Kopenhagen gewinnen, der 1978 seine Arbeit bei uns aufnahm. Unter dem Einfluss von Ole änderte sich das Klima am Institut deutlich. Hatten wir uns vorher im Kollegium überwiegend gesiezt, so sprachen wir uns nun dank Ole beim Vornamen an. Auch die Lockerheit des Institutslebens veränderte sich beträchtlich, ohne dass sachliche Konflikte dadurch verwässert wurden. Da Ole auf seinem Gebiet sehr bekannt war, nahm die Zahl der skandinavischen Gäste rasch zu. Der Ausbau der Theorieabteilungen war somit erreicht.

DIE HAUPTVERSAMMLUNGEN

Ein besonderes Ereignis im Leben der Max-Planck-Gesellschaft war und ist die jährlich stattfindende Hauptversammlung. Der Tagungsort wechselte jedes Jahr in ein anderes Bundesland. Als willkommener Nebeneffekt lernte man auf diese Weise eine Reihe von Städten neu kennen. Anfang der 1970er-Jahre, als ich in die Max-Planck-Gesellschaft eintrat, war, man darf es so sagen, die Hauptversammlung ein gesellschaftliches Ereignis, an dem eine größere Zahl der Fördernden Mitglieder teilnahm. Zur Jahresversammlung gehörte immer ein großer Umtrunk nach einem gemeinverständlichen Abendvortrag für interessierte Bürger der gastgebenden Stadt. Ein Höhepunkt war das von der jeweiligen Landesregierung veranstaltete Dinner, zu dem die Damen meist in festlicher Garderobe erschienen. Den Abschluss bildete ein halbtägiger Ausflug. Zentrales Ereignis auf der Jahresversammlung war und ist auch heute noch die Festversammlung, inoffiziell das „Hochamt" genannt, mit programmatischen Ansprachen. Besonders in Erinnerung geblieben ist mir eine der ersten Jahrestagungen, an der wir 1976 in Stuttgart teilgenommen hatten. Damals hatte das Land finanzielle Engpässe zu überwinden, sodass Hans L. Merkle von Bosch die Finanzierung des Festessens im Hotel Zeppelin im Namen der Landesregierung übernahm. Die Damen kamen in langen Abendkleidern, und Inge sah besonders schön aus. Wir saßen an einem der großen runden Tische zusammen mit Vizepräsident Günther Wilke und Frau und Kurt Schaffner, Direktor am Max-Planck-Institut für Strahlenchemie, mit Frau, und es ergab sich eine besonders interessante Unterhaltung. Der Ausflug führte auf eine Burg im weiteren

Umkreis von Stuttgart, und als wir dort ankamen, wurde bereits ein Ochse am Spieß gebraten. Wir konnten bei schönem Wetter draußen sitzen, und der Schlossherr erzählte uns die Geschichte seiner Burg. Einige schöne Stücke des ursprünglichen Mobiliars befinden sich in den Cloisters in New York, wo sie nach Kriegsende als Beute landeten und seither dort besichtigt werden können. Das alles wäre in dieser Form heute natürlich nicht mehr durchführbar. Die Zahlen der offiziellen Teilnehmer an der Hauptversammlung sind seither um ein Vielfaches angestiegen, sodass sich ein ganz anderer Typus von Veranstaltung herausbilden musste. Die Veranstaltung ist heute sehr komprimiert; viele Kollegen reisen lediglich für eine bestimmte Sitzung oder ein Kommissionstreffen an und anschließend wieder ab. Für Fördernde Mitglieder hat solch eine gestraffte Form verständlicherweise nur noch wenig Anziehungskraft. Die erzielten Ergebnisse in den verschiedenen Gremien und Kommissionen während der Jahresversammlung stehen jedoch denen von vor 40 Jahren nicht nach.

WISSENSCHAFTSBETRIEB IM ALLTAG

Die Arbeit am Institut war sehr befriedigend. Zahlreiche Bewerbungen um eine Doktoranden- oder Post-doc-Stelle gingen ein. Viele Anfragen aus dem In- und Ausland für Gastaufenthalte führten dazu, dass die Abteilung stetig wuchs. Zweimal in der Woche hatten wir gleich nach dem Mittagessen unser Teeseminar, auf dem über den Fortschritt der Arbeiten der einzelnen Mitarbeiter vorgetragen wurde und diskutiert werden konnte. Das war jeweils mit dem Konsum einer größeren Menge Tee verbunden. Beim wissenschaftlichen Programm rückten zunehmend elektronische Korrelationen in den Vordergrund, ein Gebiet, das damals sehr vernachlässigt war, aber später, nach der Entdeckung der Hochtemperatur-Supraleiter, lawinenartig anschwoll. Außerdem waren kalte Gläser, Festkörperelek-

Gruppenbild unserer Abteilung am FKF 1983: v.l.n.r. H.W. Finger, D. Baerisvyl, W.-D. Lukas, P. Vasilopoulos, F. Pfirsch, Y. Kakehashi, ?, H. Razafimandimby, J. G. Huggins, Frau I. Knapp, M. Gutzwiller (Gast), P.F., G. Stollhoff, W. Dieterich, P. Thalmeier, M. Böhm, P. Horsch

trolyte, Metalle mit schweren Quasiteilchen und weiterhin Supraleitung und Kristallfeldeffekte bei Seltenen-Erd-Ionen im Zentrum unseres Interesses. Insgesamt war das Arbeitsprogramm breit angelegt. Hinzu kam eine jahrelange, recht enge Zusammenarbeit mit dem Kernforschungszentrum Karlsruhe, das in etwas mehr als einer Stunde Fahrzeit vom Institut zu erreichen war. Diese Zusammenarbeit war von Wolfgang Klose initiiert worden, der, wie bereits erwähnt, im Vorstand des Zentrums für den Bereich Forschung verantwortlich war. Ich besuchte in regelmäßigen Abständen die Institute für Heiße Chemie und für Nukleare Festkörperforschung. Die Heiße Chemie befasste sich mit radioaktiven Abfällen, mit der Chemie von Verbindungen der Actiniden. Da es viele Parallelen zu den Seltenen Erden und ihren Verbindungen gibt, interessierte mich das Gebiet sehr. Mit Basil Kanellakopulos, einem engagierten Kollegen und Fachmann auf diesem Gebiet, gab es zahlreiche Diskussionen. Außerdem konnte ich als Theoretischer Physiker von praktischer Hilfe sein, wie sich zeigte, als ich gebeten wurde, mir ein TÜV-Gutachten anzusehen, in dem berechnet wurde, wie heiß ausrangierte Brennstäbe würden, wenn das Kühlwassersystem ausfiele. Das Ergebnis der TÜV-Untersuchung besagte, dass die Temperatur wahnsinnig ansteigen würde, sodass sie schließlich höher als an der Oberfläche der Sonne wäre, wie ich zum Vergleich herausfand. Das konnte unmöglich stimmen, und durch detailliertes Nachrechnen konnte ich den peinlichen Fehler der TÜV-Untersuchung finden. Er beruhte auf der fälschlichen Anwendung einer Gleichung für Konvektion, die zwar für Heizkörper gültig ist, nicht jedoch für die hohen Temperaturen der abgebrannten Brennstäbe. Das war insofern relevant, als damals die erste Welle der Antikernkraftgegner durch das Land rollte. Die Angst vor Strahlung nahm zum Teil komische Züge an. Ich fand, dass es höchste Zeit war, den Schulunterricht in den Naturwissenschaften aus seinem Dornröschenschlaf zu erwecken. So waren die Besuche am Zentrum ergiebig und rechtfertigten den erbrachten Zeitaufwand.

Insgesamt lässt sich sagen, dass während all der Jahre in Stuttgart die Zahl der gegebenen Kolloquien, Seminare und Konferenzbeiträge fast ohne Unterbrechung sehr hoch war. Rückblickend mag man sich fragen, ob sich der zeitliche Aufwand dafür, denn es waren jedes Mal Reisen innerhalb Deutschlands bzw. Europas damit verbunden, wirklich gelohnt hatte. Ich hätte mich ja stattdessen ebenso gut zu Hause hinsetzen können, um durch Nachdenken neue Einsichten zu gewinnen. Jedoch waren die zahlreichen Anregungen, die ich durch die Besuche anderer Institute und Universitäten gewonnen habe, nicht zu unterschätzen. Deshalb war es mir immer wichtig gewesen, auf eine gesunde Mischung von Annahmen von Vortragseinladungen, die manchmal scherzhaft als Wissenschaftstourismus bezeichnet werden, und Ablehnungen zu achten.

Manchmal ließen sich Einladungen zu Vorträgen oder interessanten Konferenzen auch mit Urlauben kombinieren. So kam 1977 Inge mit nach Korsika, wo in der Nähe von Bastia eine zweiwöchige Sommerschule über Festkörpertheorie stattgefunden hatte. Die Anlage gehörte dem französischen Justizministerium und war für deren Angehörige gedacht. Sie war von Gefangenen gebaut worden, die wegen Mordes zwei bis drei Kilometer von uns entfernt einsaßen. Uns wurde erklärt, dass diese Gefangenen nicht wirklich gefährlich seien, da sie lediglich wegen Mordes aus Eifersucht inhaftiert waren. Dennoch sollten wir nicht zu weit am Strand in die besagte Richtung gehen. Auf der Sommerschule gab Pierre de Gennes hervorragende Vorträge, unter anderem zur Neutronenstreuung. Mit seiner offenen und charmanten Art war er der Schwarm der anwesenden Französinnen.

Ein Jahr später bot sich die Gelegenheit, nach einem mehrwöchigen Aufenthalt bei Henry Ehrenreich und Alan Luther in Harvard, zusammen mit Inge und Eva zu den Ferrells in deren Ferienhaus nach Vermont zu reisen. Dieses Ferienhaus im Skiresort Magic Mountain war zum Teil durch Eigenleistungen errichtet worden, zu denen ich insbesondere bei der Installation des Hauptträgers („main beam“) als Student teilgenommen hatte. Seitdem hieß er „Peter's beam“. Anschließend fuhren wir mit dem Mietwagen entlang der Ostküste der Neu-England-Staaten und erfreuten uns an der schönen Natur.

SCHLOSS RINGBERG

Schloss Ringberg und seine herrliche Umgebung

Ein besonderes Ereignis war die inoffizielle Einweihung der renovierten neuen Max-Planck-Tagungsstätte Schloss Ringberg am Tegernsee. Das Schloss wurde seit 1912 vom letzten Spross Luitpold der Bayerischen Herzöge bis zu seinem Tod über einen Zeitraum von fast 60 Jahren errichtet. Der Zweig der Familie, zu dem auch der Märchenkönig Ludwig II. gehörte, hat offenbar ein besonderes Gen für Großbauten gehabt. Während Ludwig II. mit den Schlössern Herrenchiemsee, Neuschwanstein und Linderhof die heute so beliebten Touristenattraktionen schuf und damit den Bayerischen Staat fast in den Ruin getrieben hatte, verwendete Herzog Luitpold fast sein gesamtes Vermögen zum Bau von Schloss Ringberg. Zu einer Zeit erbaut, als es schon Gebäude aus Stahl und Glas gab, ähnelt die Architektur des Schlosses der einer Burg. Zusammen mit der selbst entworfenen Innenausstattung durch den Architekten Attenhuber wirkt das Schloss als ein Gesamtkunstwerk, in dem man sich sehr wohl fühlte. Ursprünglich sollte das Schloss der Stammsitz der Familie des Herzogs werden. Da dieser jedoch unverheiratet blieb, zerschlug sich dieser Plan. Während der jahrzehntelangen Bauzeit wohnte der Herzog im Bayerischen Hof in München und fuhr häufig mit dem Taxi zur Baustelle. Bevor er starb, versuchte er, eine Lösung für das Schloss für die Zeit nach seinem Tod zu finden. Wegen der enormen Erhaltungskosten erwies sich das als schwierig. Zwar hatte ein Spielkasino Interesse am Erwerb der Immobilie gezeigt, doch betrachtete der Herzog solch einen Verkauf als unangemessen.

Schließlich schenkte er es der Max-Planck-Gesellschaft, die dieses Erbe 1973 nach dem Tod des Herzogs antrat, allerdings erst, nachdem er noch zusätzlich einen größeren Geldbetrag mitvererbt hatte. Dieses Geld wurde gebraucht, um die noch laufenden Bauarbeiten abzuschließen. Nachdem die umfangreichen Fertigstellungen und Umbauten, die für eine wirtschaftliche Nutzung notwendig waren, zum Abschluss gekommen waren, suchte man eine Gruppe für den Probebetrieb einer Tagung. Die Rolle des Versuchskaninchens wurde uns im Januar 1979 zuteil. Es war traumhaft. Die verschneite Berglandschaft um den Tegernsee, auf die man vom Schloss einen herrlichen Blick hatte, verführte unsere Gruppe geradezu zum Skifahren nach den Mittagessen. An den Vormittagen und am späten Nachmittag und Abend hielt jeder von uns einen Vortrag über den Stand seiner Arbeit, und danach traf man sich im Hexenstübchen oder in einem der anderen Aufenthaltsräume zum gemütlichen Beisammensein. Natürlich stärkte dieser gemeinsame Aufenthalt den Zusammenhalt in der Gruppe ungemein. Nach dieser einen Woche konnten wir an den Präsidenten Reimar Lüst und die Generalverwaltung schreiben, dass es als Tagungsstätte und für ähnliche Veranstaltungen bestens geeignet sei! Das erfreute Lüst sehr, denn der Schatzmeister der MPG hatte schwere Bedenken gegen das Projekt angemeldet. Später profitierte Schloss Ringberg von einer großzügigen Spende der Münchner Rückversicherung anlässlich eines besonderen Firmenjubiläums. Nunmehr ist das Schloss als Tagungszentrum über Jahre hinaus ausgebucht.

DIE PHYSIKALISCH-TECHNISCHE BUNDESANSTALT (PTB)

Im Jahr 1982 wurde ich in das Kuratorium der Physikalisch-Technischen Bundesanstalt (PTB) in Braunschweig berufen. Insgesamt gehörte ich diesem Gremium für 25 Jahre an. Es war damals Tradition, dass ein Kuratoriumsmitglied ein Theoretischer Physiker sein sollte, und für viele Jahre hatte Max von Laue diese Funktion übernommen. Die Arbeit der PTB faszinierte mich sehr, denn da diese für die Maßeinheiten und Messstandards verantwortlich ist, wurde und wird dort die Experimentierkunst auf die Spitze getrieben. Zu sehen, wie für die Festlegung eines Messstandards nach und nach Messungenauigkeiten eliminiert und alle Willkür bei der Interpretation von Messdaten ausgeschlossen werden, ist eine eindrucksvolle Erfahrung. Während der 1980er- und 1990er-Jahre wurde besonders intensiv an der Rückführung von Maßeinheiten auf Naturkonstante gearbeitet. Die Entdeckung des Quanten-Hall-Effekts durch Klaus von Klitzing eröffnete dazu ganz neue Perspektiven. Von Klitzing war bereits vor seiner Entdeckung mit der PTB verbunden, und so kam der Bundesanstalt eine Pionierrolle bei der Nutzbarmachung des Quantum-Hall-Effekts zu. Ich sehe es heute immer noch als ein Wunder an, dass Theorien, die für physikalische Phänomene entwickelt werden, wirklich die experimentelle Realität bis ins Detail beschreiben können. Das, was mir höchst erstaunlich erscheint, wird gewöhnlich nicht hinterfragt und einfach akzeptiert.

Als ich in das Kuratorium berufen wurde, geschah das unter der Präsidentschaft von D. Kind, mit dem mich bis zu seinem Tod ein freundschaftliches Verhältnis verband. Sein Nachfolger im Präsidentenamt war E. O. Göbel, den ich von meiner Stuttgarter Zeit her kannte, als er noch Student an der dortigen Universität war. Der gegenwärtige Präsident J. Ullrich ist mir als ehemaliger Kollege vom Heidelberger MPI für Kernphysik ebenfalls seit Jahren bekannt. Nach der jährlich stattfindenden Kuratoriumssitzung wurde jedes Mal ein Gruppenfoto gemacht. Wenn ich mir rückblickend die 25-jährige Fotoreihe ansehe, so lässt sich das Phänomen der Zeit gut daran ablesen.

Eine besonders interessante Zeit für die PTB waren die Jahre nach der deutschen Wiedervereinigung. Damals übernahm sie Teile des in Ost-Berlin ansässigen Amtes für Standardisierung, Messwesen und Warenprüfung. Zu DDR-Zeiten spielte das Amt eine ähnliche,sogar noch umfangreichere Rolle, als es die PTB für die Bundesrepublik tat. Allein am Standort Berlin-Friedrichshagen wurden damals rund 400 Mitarbeiter von der PTB übernommen. Man kann sich leicht vorstellen, was für eine schwierige Aufgabe die PTB zu lösen hatte. Viele Einzelschicksale waren damit verknüpft.

Während der Jahre im Kuratorium begann ich eine schöne Zusammenarbeit mit Peter Strehlow, der dem Berliner Zweig der PTB angehörte. Zusammen mit Stefan Kettemann arbeiteten wir an dem Verhalten ultrakalter Gläser in hohen Magnetfeldern. Die großen experimentellen Erfahrungen von Strehlow mit Experimenten nahe dem absoluten Nullpunkt, kamen dieser Fragestellung ideal zu Gute.

IM WISSENSCHAFTSRAT

Mit Beginn des Jahres 1981 begann meine Tätigkeit im Wissenschaftsrat der Bundesrepublik Deutschland, in den man vom Bundespräsidenten berufen wird. Im Gremium saßen in der Regel zwei Vertreter der Max-Planck-Gesellschaft, darunter der Generalsekretär Dietrich Ranft. Der Wissenschaftsrat hat die Aufgabe, Empfehlungen zu allen wichtigen Fragen auszusprechen, welche Universitäten, Fachhochschulen und andere vom Staat geförderte Institutionen betreffen, die für den Wissenschaftsbetrieb in Deutschland verantwortlich sind. Der Vorteil des Wissenschaftsrats besteht darin, dass dessen Empfehlungen auch realisiert werden. Der Grund ist, dass im Wissenschaftsrat die Vertreter der Politik ein leichtes Übergewicht gegenüber den Vertretern aus Wissenschaft und anderen Bereichen des öffentlichen Lebens haben. Außerdem haben erstere ein Vetorecht. Deshalb sind Empfehlungen vor der Veröffentlichung bereits im Detail verhandelt worden und stellten für alle Seiten akzeptable Kompromisse dar. Der Arbeitsaufwand für die Mitglieder des Gremiums konnte sehr umfangreich sein. Besonders in der zweiten Hälfte meiner dreijährigen Tätigkeit betrug er mit Sicherheit mehr als 30 Tage im Jahr. Damals wurden einmal im Jahr, gewöhnlich während der Januar-Sitzung, die Mitglieder des Rates vom Bundespräsidenten ins Schloss Bellevue eingeladen. Das war jedes Mal ein besonderes Ereignis. Nicht nur das Essen war jeweils ausgezeichnet, sondern die Einladungen gaben mir die Gelegenheit, die Bundespräsidenten Carstens bzw. von Weizsäcker näher kennenzulernen. Den Essen schlossen sich Diskussionen mit dem Bundespräsidenten und Kollegen an. In einem Jahr erging die Einladung sowohl an die Mitglieder des Wissenschaftsrats als auch an eine Gruppe Berliner Künstler. Während des Dinners entwickelten sich die Kontakte zwischen diesen beiden Gruppen zäher als erhofft. Zu unterschiedlich waren die Art und Weise, zu denken und die Gedanken zu formulieren, obwohl doch, was Fantasie und Motivation für die eigene Arbeit angeht, viele Gemeinsamkeiten vorhanden sein sollten. Kurz vor Schluss veranstalteten die Künstler ein Happening, was recht spontan wirkte, es vermutlich aber nicht war. Der Bechstein-Flügel im Foyer des Schlosses wurde dazu kurzerhand zweckentfremdet genutzt.

Bei den Berlin-Tagungen, die im alten Reichstagsgebäude stattfanden, gab es immer einen freien Nachmittag, den ich mehrfach benutzte, um mich in Ostberlin umzusehen. Der Übergang Bahnhof Friedrichstraße versetzte mich dabei immer in eine Mischung aus Depression und Wut. Das gleiche Gefühl kam hoch, wenn ich aus den Fenstern des Reichstags auf die Mauer mit dem Todesstreifen und den Hundelaufanlagen sah. Dieser Perfektionismus, mit dem die DDR versuchte, eine Überwindung der Ost-West-Grenze zu verhindern, war offenbar kranken Gehirnen entsprungen.

Ein anderes Mal besuchte ich die von Hans Scharoun gebaute Staatsbibliothek, Stiftung Preußischer Kulturbesitz, in unmittelbarer Nachbarschaft der Philharmonie. Die Atmosphäre des Gebäudes wirkte, wie ich fand, sehr stimulierend auf den Besucher, denn Scharoun war ein großartiger Architekt. Als ich im Leseraum saß und über mein Forschungsprogramm nachdachte, kam mir eine Idee in den Sinn, die sich später als sehr tragfähig erwies.

In den Sitzungen der Wissenschaftlichen Kommission des Wissenschaftsrats gab es eindrucksvolle Persönlichkeiten. Dietrich Ranft, der Generalsekretär der Max-Planck-Gesellschaft, zählte ganz sicher zu diesen, ebenso wie Mathilde Berghofer-Weichner aus München und Manfred Lennings, der Chef der Gutehoffnungshütte. Der vorübergehende Vorsitzende des Wissenschaftsrats Andreas Heldrich beeindruckte mich mit seiner Redekunst, schließlich war er Jurist. Ein sehr guter Redner war auch Graf Kielmannsegg, während der Generalsekretär Peter Kreyenberg beachtliches politisches Geschick beim „Strippenziehen“ zeigte. Wesentliche neue Impulse gingen von der Wissenschaftlichen Kommission weniger aus. Die stärkste treibende Kraft war meinem Eindruck nach Ranft. Da jedoch alle Beschlüsse im Konsens erreicht werden mussten, um wirkungsvoll zu sein, setzte sich der Fortschritt aus vielen kleinen Schritten zusammen. In den drei Jahren meiner Zugehörigkeit zum Wissenschaftsrat lernte ich immens viel über Wissenschaftsverwaltung und das Stellen neuer Weichen im Wissenschaftsbetrieb. Damals hätte ich mich umorientieren und künftig ganz der Wissenschaftsselbstverwaltung widmen können. Das wollte ich jedoch nicht, denn die Forschung selbst stand mir näher, und ich empfand sie befriedigender als das Forschungsmanagement. Das war sicherlich für meine Person die richtige Entscheidung.

BESUCH DER DDR

Als ich im Jahr 1984 von Paul Ziesche, der an der Technischen Universität Dresden einen Lehrstuhl für Theoretische Physik innehatte, die Einladung erhielt, zu einer Tagung nach Gaußig in der Nähe von Dresden zu kommen, sagte ich natürlich zu. Es war die erste Gelegenheit, nach rund 40 Jahren die Stadt wiederzusehen, die wir nach dem Angriff verlassen hatten. Es war ein aufregendes Erlebnis zur Schneebergstraße zu laufen und das wiederaufgebaute Haus zu sehen, in dem wir damals gewohnt hatten und in dem jetzt im Erdgeschoss die bereits erwähnte Gaststätte „Aktivist“ ihr Domizil hatte. Auch die nähere Nachbarschaft tauchte aus der Erinnerung wieder auf. So ähnlich wie die ganze Stadt, so sah auch die Umgebung der Schneebergstraße aus. Es erinnerte nichts an die damalige Katastrophe. Jemand, der die Geschichte der Stadt nicht kannte, wäre nie auf den Gedanken gekommen, was sich im Februar 1945 hier Furchtbares abgespielt hatte. Jetzt sah alles ganz undramatisch aus, Grau in Grau.

Die Tagung in einem kleinen, ehemaligen Schlösschen in Gaußig, welches der TU Dresden als Tagungsstätte und Ferienheim diente, brachte Studenten und junge Wissenschaftler auf dem Gebiet der Festkörperphysik zusammen. Paul Ziesche war es gelungen, jedes Jahr ein bis zwei Wissenschaftler aus dem Westen zu dem jährlich stattfindenden Symposium einladen zu dürfen, und 1984 waren es Lothar Fritsche aus Clausthal und ich. Mit diesen Einladungen wollte Ziesche erreichen, dass die Dresdner Festkörperphysik Zugang zu Neuentwicklungen in der Elektronentheorie erhielt, die ihnen sonst nicht zugänglich waren. Die restriktive Abgrenzungspolitik der DDR erschwerte es den ansässigen Wissenschaftlern sehr, mit der Entwicklung ihres Wissenschaftsgebiets Schritt zu halten.

Die Unterbringung in Gaußig war recht einfach, aber rührend organisiert. Für Fritsche und mich war das beste Zimmer, Doppelzimmer mit Ehebett, reserviert worden. Die Gastfreundschaft und Atmosphäre waren herzlich. Die Studenten und jungen Wissenschaftler waren sehr motiviert und schlau. Wenn sie über Dubna, Moskau oder Leningrad redeten, so klang es sehr ähnlich, wie wenn die westdeutschen Kommilitonen oder Post-docs über Stanford, MIT oder Harvard redeten. In ihrer Situation hatten die Ostdeutschen in der Wissenschaft ganz eindeutig starke Wettbewerbsnachteile. Ich musste unweigerlich darüber nachdenken, in welcher Situation ich wohl gewesen wäre, wenn ich damals im Osten geblieben und nicht in den Westen gegangen wäre.

Als ich vom Dresdner Hauptbahnhof, von dem aus damals nur wenige Züge gen Westen fuhren, wieder nach Hause fuhr, wäre es mir nie in den Sinn gekommen, dass Dresden einmal meine zweite Heimat werden würde.

Auf der Rückfahrt nach Stuttgart hatte ich noch ein interessantes Erlebnis. Ein junger Mann im Abteil erzählte uns, dass er nach jahrelangen Bemühungen um eine Ausreiseerlaubnis, die ihn unter anderem seinen Job gekostet hatte, nun endlich die Erlaubnis erhalten hatte, die DDR zu verlassen. Seine DDR-Staatsbürgerschaft wurde ihm zuvor gegen eine Gebühr von 30 Mark (Ost) aberkannt. Nun wollte er nach Frankfurt am Main reisen. Er hatte 5 DM (West) bei sich und große Angst, dass diese bei der Grenzkontrolle entdeckt würden und er wegen Devisenverstoßes Schwierigkeiten bekäme. Daraufhin bot ihm eine ältere Dame im Abteil an, die 5 DM bis nach der Kontrolle zu übernehmen. Nach der Grenzkontrolle, die bei uns Westlern recht zügig vonstatten ging, während er ziemlich intensiv gefilzt wurde, entspannte er deutlich und wurde sogar etwas fröhlich. Doch dann hielt der Zug plötzlich an und fuhr wieder ein Stück zurück. Jetzt geriet der junge Mann in Panik, weil er befürchtete, aus irgendwelchen Gründen wieder in die DDR zurückzumüssen. Schließlich konnte ich ihn davon überzeugen, dass er aufgrund seiner aberkannten Staatsbürgerschaft gar nicht wieder einreisen dürfe. Kurz darauf hielt der Zug erneut an und fuhr dann schließlich in die richtige Richtung gen Westen weiter. Das Hin- und Herfahren hing mit der Streckenführung der Züge zusammen. Auf diese Weise sollte verhindert werden, dass ein Zug gewaltsam die Grenze durchbrach. Der Rest der Reise verlief ohne nennenswerte Vorkommnisse. Was mich bei der Angelegenheit geradezu erschütterte, war, dass einem jungen Menschen, der mit seinem Ausreiseantrag ja Initiative und Durchsetzungsvermögen gezeigt hatte, durch staatliche Repressalien sein ganzes Selbstvertrauen und das Gefühl der Sicherheit genommen wurde, dass er schon bei einem möglichen 5-DM-Devisenvergehen zum Nervenbündel wurde. Für mich war so ein Staat zum Untergang verdammt, denn er verhinderte, dass Menschen sich entsprechend ihren Fähigkeiten entfalten und entwickeln konnten. Die Analogie zu Vögeln, die in Käfigen gehalten werden und nie fliegen dürfen, liegt hier nahe. So war es für mich eine absolute Genugtuung, als dieser Staat Jahre später in sich zusammenfiel.

ASPEKTE DES WISSENSCHAFTSBETRIEBS

Im Herbst des Jahres besuchte John Bardeen unser Stuttgarter MPI. Er ist der einzige Wissenschaftler, der zweimal einen Nobelpreis für Physik erhalten hatte und zwar für die Entwicklung des Halbleitertransistors, der das Zeitalter der Halbleiterelektronik eröffnete sowie für die Theorie der Supraleitung. Es war ein denkwürdiger Besuch mit einem Vortrag von ihm, der wie gewöhnlich nur wenigen Zuhörern zugänglich war. Am Abend waren John und Jane Bardeen zu Gast bei uns. Während des Abends erzählte uns John, wie er seine Frau in Pittsburgh kennengelernt hatte, und über die langen Autofahrten, die er unternehmen musste, damit man die Wochenenden gemeinsam verbringen konnte.

Im November 1984 war Klaus von Klitzing an unser Institut berufen worden, als Nachfolger von Klaus Dransfeld, der an die Universität Konstanz gewechselt war. Wie bereits erwähnt, erhielt er für die Entdeckung des Quanten-Hall-Effekts ein Jahr, nachdem er zu uns kam, den Nobelpreis für Physik. Als die Verleihung im Oktober 1985 bekannt wurde, weilte ich gerade auf einer Konferenz. So entging mir die große Jubelfeier am Institut. Der damalige Ministerpräsident von Baden-Württemberg, Lothar Späth, stattete daraufhin unser Institut sehr großzügig mit Sondermitteln des Landes aus. Unter anderem wurde ein Gästehaus gebaut. All das gab dem Institut einen großen Schub nach vorn.

Es war eine große Überraschung, als mir 1985 Bruno Lüthi mitteilte, dass die Universität Frankfurt mir die Ehrendoktorwürde verleihen würde. Schließlich hatte ich aus Opposition zur damaligen Hochschulpolitik die Universität verlassen. Es sprach für die Unabhängigkeit der Universität, dass sie sich in ihren Entscheidungen nicht von der Politik beeinflussen ließ. Die Verleihung der Urkunde, traditionsgemäß in Latein verfasst, fand in der Aula statt. Sie wurde vom Dekan verlesen. Die Eltern und mein Bruder Klaus waren angereist, und am Abend gab es ein Festessen im Hessischen Hof.

Im darauffolgenden Januar verbrachte ich vier Wochen in Santa Barbara. Dort war das Institute for Theoretical Physics mit Hilfe der National Science Foundation gegründet worden. Es war auf dem Campus der University of California gelegen und hatte neben einem sehr anspruchsvollen eigenen wissenschaftlichen Programm die Aufgabe, durch Organisation von Symposien auf verschiedensten Gebieten die Theoretische Physik zu fördern. Der damalige Direktor des Instituts war Bob Schrieffer. Die kreative Atmosphäre und die organisatorische Struktur waren für mich in späteren Jahren eine Leitlinie bei der Gründung des Dresdner Max-Planck-Instituts. Sowohl Bob Schrieffer als auch Doug Scalapino wohnten in repräsentativen Villen auf der Hope Ranch, einer exklusiven Nachbarschaft. Ihre Gastfreundschaft war eine zusätzliche Attraktion in Santa Barbara. Damals war das Institut im obersten sechsten Stockwerk eines Gebäudes der Universität untergebracht. Später erhielt es ein eigenes Gebäude, das von dem Architekten und Mitbegründer des Post-modernism Michael Graves entworfen wurde. Die Nähe zum Strand, der schöne Campus mit seinen Palmen sowie die kalifornische Lebensart, zusammen mit dem sehr angenehmen Klima und „last but not least" der stimulierenden wissenschaftlichen Atmosphäre machten den Aufenthalt in Santa Barbara zu einem besonderen Erlebnis. Erwähnen möchte ich noch, dass mich eines mittags Bob Schrieffer mit zum Lunch nahm, den er mit einem norwegischen Geschäftsmann hatte. Dieser hieß Kavli und hat später über die Kavli Stiftung rund 20 Kavli Institute gegründet. Diese haben die Förderung der Grundlagenforschung in der Physik und den Neurowissenschaften zum Ziel.

Im Mai 1986 feierte Heinz Bilz seinen 60. Geburtstag. Nach dem wissenschaftlichen Symposium, an dem unter anderem auch Alex Müller teilnahm, zu dem er langjährige wissenschaftliche

Kontakte hatte, wurde in der Cafeteria kräftig gefeiert. Heinz war mit seiner fröhlichen Art der unumstrittene Mittelpunkt des Festes. Es hat uns alle sehr getroffen, dass er kurze Zeit danach während eines Kolloquiumsvortrags in Mainz verstarb. Ich habe ihm viel zu verdanken. Als sein Assistent in Frankfurt hat er mir völlige Unabhängigkeit zugestanden, sodass ich eine Forschungsrichtung verfolgen konnte, die nichts mit seinen eigenen Interessen zu tun hatte. Später war er zusammen mit Ludwig Genzel eine treibende Kraft, dass ich an das Stuttgarter MPI berufen wurde. Er war ein weltweit renommierter Experte von Gitteranregungen in Festkörpern, und einige seiner ehemaligen Schüler haben als Hochschullehrer wesentlich zum Ausbau der Festkörpertheorie in Deutschland beigetragen. Sein Tod hinterließ ein großes Loch im Stuttgarter Institut.

In der brasilianischen Hauptstadt Brasilia, die von dem Architekten Oscar Niemeyer auf dem Reißbrett konzipiert und entworfen worden war, hatte die Regierung ein Center for Theoretical Physics errichtet. In das Kuratorium dieses Centers wurde ich 1989 berufen. Das bedeutete, dass ich Jahr für Jahr im Januar nach Brasilien flog, um an einem jährlichen Workshop für südamerikanische Studenten teilzunehmen. Diese Workshops waren insofern wichtig, als dass es damals die einzige Möglichkeit für fortgeschrittene Studenten war, neue Entwicklungen in der Theoretischen Physik kennenzulernen. Einen dieser Workshops organisierte ich selbst. Das Institutsgebäude war für diese Aktivitäten durchaus geeignet. Die meisten Räume hatten keine Fensterscheiben, sondern die Luft konnte frei hindurchziehen. Bei dem warmen Klima war diese architektonische Lösung sehr ökonomisch. Die Teilnehmer des Workshops waren in einem Hotel untergebracht und wurden mit einem Bus zu den Veranstaltungen gebracht. Damals ging es der brasilianischen Wirtschaft nicht gut, und die Bevölkerung war zum Teil sehr arm. In einer Unterführung, durch die der Bus täglich fuhr, hauste eine Familie in großen Pappkartons. Auch Bestechung war weit verbreitet. Einmal war ich fast in Rio de Janeiro gestrandet, weil ich nicht begriffen hatte, dass der Flughafenangestellte Geld wollte, um mich mit meinem bestätigten Ticket nach Brasilia mitzunehmen. All das machte mir damals wenig aus. Was zählte, war die Lebensfreude der Studenten und sonstigen Beteiligten, die sich von den äußeren Umständen wenig beeinflussen ließen. Nach einem Brasilienbesuch sah ich unser Stuttgarter Institut und unser Leben dort mit jeweils etwas anderen Augen an.

Während der Stuttgarter Zeit konzentrierte sich mein wissenschaftliches Hauptinteresse mehr und mehr auf elektronische Korrelationen in Molekülen und Festkörpern. Da Elektronen negativ geladen sind und sich gegenseitig abstoßen, müssen sie bei ihrer Bewegung in einem Molekül oder Festkörper versuchen, sich „aus dem Weg" zu gehen. Deshalb geschieht ihre Bewegung untereinander auf eine „korrelierte" Art und Weise. Wie man sich leicht vorstellen kann, ist deren detaillierte Beschreibung alles andere als einfach. Eine besondere Rolle spielten Systeme mit stark korrelierten Elektronen, wenn „aus dem Weg gehen" so einschneidend wird, dass die Teilchen sich praktisch nicht mehr bewegen können, und dadurch ein leitendes Metall in einen Isolator, das heißt Nichtleiter, übergeht. Eine große Rolle spielte hierbei die enge Zusammenarbeit mit Gertrud Zwicknagl, die bis in die jetzige Zeit reicht und immer ein reines Vergnügen ist. Ähnlich fruchtbar war die Zusammenarbeit mit Peter Thalmeier, die ebenfalls bis heute anhält. Ein großes Ziel war und ist es, zu einer immer genaueren Beschreibung dieser Korrelationen zu kommen. Deshalb erschien es mir wünschenswert, deren Berechnung mit Hilfe von Vielteilchenwellenfunktionen zu studieren. Das entsprach überhaupt nicht dem Trend der Zeit, denn Dichtefunktionalsrechnungen, die gerade die Berechnung von Vielteilchenwellenfunktionen vermeiden, dominierten mehr und mehr die Berechnung von Elektronenstrukturen. Ihrer großen Einfachheit halber revolutionierten sie geradezu die Theoretische Festkörperphysik. Meine Überzeugung war und ist, dass letztlich die Wellenfunktionsverfahren ein Comeback neben den Dichtefunktionalsmethoden erleben werden.

Bei den Arbeiten über elektronische Korrelationen kam es mir sehr zugute, dass ich ein Mitglied der Max-Planck-Gesellschaft war und bin. Ich konnte neue Wege gehen, da ich nicht auf einzuwerbende Gelder für Forschungsprojekte angewiesen war. Erfahrungsgemäß ist es schwierig, Unterstützung für Vorhaben zu bekommen, bei denen ein Erfolg für einen oder mehrere Gutachter nicht absehbar ist. Der von uns eingeschlagene Weg ist grundverschieden von der Standardmethode, die auf Dichtefunktionalen beruht, soll hier aber nicht näher erläutert werden. Inzwischen zeigt es sich, dass sich der enorme Aufwand an Zeit und Arbeit gelohnt hat. Besonders bei stark korrelierten Elektronensystemen gewinnt der von uns eingeschlagene Weg an Gewicht. Die Arbeiten begannen mit G. Stollhoff und wurden mit P. Horsch fortgesetzt.[4] Besonders fruchtbar war und ist seit dieser Zeit die Zusammenarbeit mit Hermann Stoll vom Fachbereich Chemie der Universität Stuttgart. Die Zusammenarbeit mit Theoretischen Chemikern hat sich hierbei als sehr förderlich erwiesen. Die gesammelten Erfahrungen publizierte ich 1991 in einer Monographie beim Springer Verlag. An deren Fertigstellung hatte ich mehrere Jahre gearbeitet. Dafür kann ich mich jetzt freuen, wenn mir Studenten, insbesondere aus Asien, sagen, dass sie das Gebiet der elektronischen Korrelationen aus meinem Buch gelernt haben (für China wurde eine besondere Drucklizenz vergeben).

4 In der Folgezeit arbeitete eine Reihe von Mitarbeitern an dem Programm, von denen insbesondere M. Böhm, W. van der Linden, A. Olés, F. Pfirsch, K. Dieterich und M. Chaumet viel Zeit investierten.

DIE DEUTSCHE WIEDERVEREINIGUNG UND DIE GRÜNDUNG DES INSTITUTS FÜR PHYSIK KOMPLEXER SYSTEME

Eine Wiedervereinigung der beiden deutschen Staaten war immer oberstes Ziel der Politik der Bundesregierung. Jedoch war die Hoffnung gering, dass diese noch zu meinen Lebzeiten stattfinden würde. Zu groß waren die ideologischen und wirtschaftlichen Unterschiede zwischen den beiden deutschen Staaten. Als sich dann unter Gorbatschow plötzlich die Chance zur Wiedervereinigung bot und diese von Bundeskanzler Kohl konsequent genutzt wurde, ergaben sich auch für die Wissenschaft in Deutschland ganz neue und unvorhergesehene Perspektiven.

Am Tag der Deutschen Einheit, dem 3. Oktober 1990, war ich zufällig auf einer kleinen Tagung über Molekulare Festkörperphysik in Berlin, an der auch ostdeutsche Wissenschaftler teilnahmen. Ich erinnere mich sehr gut, dass nicht alle von ihnen über den Beitritt der DDR zur Bundesrepublik erfreut waren. Vermutlich ahnten sie, dass die Zukunft große Unsicherheiten für sie bringen würde. Ich selbst war sehr glücklich und nahm deshalb an der Veranstaltung vor dem Brandenburger Tor teil, auf der die Einheit Deutschlands von Helmut Kohl und Richard von Weizsäcker verkündet wurde.

DIE MAX-PLANCK-GESELLSCHAFT UND DIE NEUEN BUNDESLÄNDER

Bald danach trat die Politik an den Präsidenten der Max-Planck-Gesellschaft Hans Zacher mit der Aufforderung heran, die Aktivitäten der Gesellschaft auf die neuen Bundesländer auszudehnen. Diese Aufgabe nahm Zacher mit großer Umsicht und Engagement in Angriff. Er gründete einen Beraterkreis, zu dem

Kollegen aus den neuen Bundesländern als Gäste hinzugezogen wurden (unter anderem die Herren Gottfried Geiler aus Leipzig und Ernst Schmutzer aus Jena). Als früherer DDR-Bürger (bis 1956) gehörte auch ich diesem Kreis an, in dem über erste Vorgehensschritte beraten wurde. Nach ausführlichen Diskussionen wurde klar, dass als erster Schritt einer Neustrukturierung der ostdeutschen Forschungslandschaft die Forschung wieder zurück an die Universitäten gebracht werden musste. In der DDR war es zu einer weitgehenden Trennung von Forschung und Lehre gekommen. Ähnlich wie in der Sowjetunion wurde Forschung hauptsächlich an den Akademieinstituten betrieben, während die Universitäten primär für Ausbildung von Lehre und Forschung zuständig waren. Das war natürlich nicht mit den Humboldtschen Vorstellungen im Einklang, auf denen das deutsche Hochschulsystem fußt. So beschloss die Max-Planck-Gesellschaft als ersten Schritt die Gründung von circa 20 Arbeitsgruppen unter der Leitung von ostdeutschen Wissenschaftlern ins Leben zu rufen. Nach einer fünfjährigen Finanzierung durch die MPG sollten diese Gruppen dann in die örtlichen Universitäten integriert werden. Die Max-Planck-Institute wurden aufgefordert, geeignete Persönlichkeiten als Arbeitsgruppenleiter zu identifizieren. Damals versuchte ich Helmut Eschrig vom Akademieinstitut für Festkörper- und Werkstoffwissenschaften in Dresden (IFW) über unser Stuttgarter Institut als Arbeitsgruppenleiter vorzuschlagen. Das gelang mir nicht aus Gründen, die nicht lohnen, weiter ausgeführt zu werden. Die Idee wurde jedoch vom Fritz-Haber-Institut aufgegriffen und realisiert.

Helmut Eschrig hatte ich lange vor der Wiedervereinigung auf einer Konferenz über Phononen in Budapest kennengelernt. Seine fachliche Kompetenz und geistige Unabhängigkeit beeindruckten mich damals sehr, sodass ich ihn in der Folgezeit regelmäßig in Jahresabständen nach Stuttgart zum Vortrag einlud. Jedes Mal wurde ihm vom Institutsleiter untersagt, diese Einladung anzunehmen. So hatte ich mir geschworen, diese alljährlichen Einladungen bis zu meiner Pensionierung fortzuführen. Das stellte sich nun als nicht mehr notwendig heraus.

Nach einer sehr erfolgreichen Umstrukturierung des IFW wurde Eschrig schließlich dessen Direktor und gleichzeitig Leiter einer Max-Planck-Arbeitsgruppe. Unabhängig davon identifizierte und unterstützte unser Institut, und hier insbesondere Hans Georg von Schnering, einen zweiten geeigneten Kandidaten für eine Arbeitsgruppenleitung, nämlich den theoretischen Quantenchemiker Joachim Sauer aus Ostberlin. Er war damals mit seiner Kollegin Angela Merkel liiert, die später die erste Bundeskanzlerin in Deutschland wurde. Zur damaligen Zeit war sie noch eine unauffällige jüngere Wissenschaftlerin. Die Einführung der 20 Max-Planck-Arbeitsgruppen wurde ein voller Erfolg und trug stark zum Neuaufbau der ostdeutschen Universitäten bei. Diesem ersten Schritt seitens der MPG folgte der Aufbau neuer Max-Planck-Institute in den neuen Bundesländern. Dabei wurde davon ausgegangen, dass die Zahl neuer Institutsgründungen, auf die MPG umgerechnet, in etwa dem Bevölkerungsanteil der neuen zu den alten Bundesländern entsprechen sollte. Die Sektionen wurden aufgefordert, entsprechende Anträge auf Neugründungen zu stellen. In einigen wenigen Fällen sollten international bekannte Akademieinstitute der DDR in Form von Neugründungen in die MPG eingebaut werden. Ein Beispiel war das Institut für Elektronenmikroskopie in Halle, welches vom Präsidenten der Leopoldina, Heinz Bethge, aufgebaut worden war.

Besonders wichtig waren die Hauptversammlungen der MPG nach der deutschen Wiedervereinigung. Die erste dieser Versammlungen in den neuen Bundesländern fand 1992 in Dresden statt. Den wissenschaftlichen Vortrag während der Festveranstaltung hielt Hans Weidenmüller über komplexe Systeme in der Physik. Es war eine Art Vorankündigung der ein halbes Jahr später vom Senat beschlossenen ersten echten Neugründung, dem MPI für Physik komplexer Systeme in Dresden.

Ein anderer Meilenstein war die Hauptversammlung 1993 in Trier. Der damalige Wissenschaftsminister Krüger, ein Ostdeutscher, hielt eine total verpatzte Rede, was zum Teil daran lag, dass er seine Konzeptzettel vertauscht hatte. Obwohl die Zuhörer ihm sehr freundlich Beifall spendeten und alles seiner noch fehlenden politischen Erfahrung zuschrieben, hat er der MPG sein Missgeschick nie verziehen. Hinzu kam die berühmte Rede von Präsident Zacher auf dieser Tagung, in der er von einer wissenschaftlichen Wüste der Sozialwissenschaften in den neuen Bundesländern sprach. Die Presse stürzte sich auf diese Äußerung und publizierte sie falsch, als eine Aussage über den allgemeinen Zustand der Wissenschaft in Ostdeutschland. Das löste heftige Diskussionen aus und hat Zacher einige Zeit zu schaffen gemacht. Ansonsten hat Trier Inge und mir sehr gut gefallen und zählt zu den interessantesten Hauptversammlungen, an denen wir teilgenommen haben.

GRÜNDUNGSVORSCHLAG DER SEKTION

Unsere Sektion, also die Chemisch-Physikalisch-Technische Sektion der MPG, befasste sich frühzeitig mit einem Vorschlag von Hans Weidenmüller (MPI für Kernforschung), der ein Max-Planck-Institut für Nichtlineare Dynamik für die neuen Bundesländer vorsah. Unter Leitung des Vizepräsidenten G. Wegner vom MPI für Polymerforschung beriet eine Kommission aus Max-Planck-internen sowie -externen Experten mehrfach über dieses Projekt. Auch ich war Mitglied dieser Kommission, der neben Weidenmüller die Herren Werner Martienssen (Frankfurt), John S. Briggs (Freiburg), Gerd Schön (Karlsruhe), Siegfried Grossmann (Marburg), um nur einige zu nennen, angehörten. Das Vorhaben wurde sehr wohlwollend aufgenommen, sodass man sich bereits mit der Frage beschäftigen konnte, wer den Aufbau eines solchen Instituts übernehmen könnte und dazu auch bereit war. Nachdem Weidenmüller signalisiert hatte, ein solches Institut selbst nicht aufbauen zu wollen, wurde Grossmann gebeten, ein entsprechendes Konzept auszuarbeiten, verbunden mit der Hoffnung, dass er dessen Realisierung übernehmen würde. Nach reiflicher Überlegung und mit nachvollziehbaren Argumenten entschied er sich gegen das Angebot. Schließlich wurde ich von der Kommission gebeten, ein Gründungspapier für das neue Institut auszuarbeiten. Es war bekannt, dass ich ursprünglich aus Ostdeutschland gekommen war und dass ich den Aufbau einer leistungsstarken Wissenschaftslandschaft in den neuen Bundesländern als eine gesamtdeutsche Pflicht ansah. Besonders mit Weidenmüller, aber auch mit Briggs und Grossmann beriet ich mich, wie solch ein Institut aussehen könnte. Besonders gefiel mir der in der Kommission diskutierte Vorschlag, ein Institut aufzubauen, welches wesentlich auf der Arbeit von Gästen basiert. Dazu gehören auch Workshops, Konferenzen und Symposien zu wichtigen aktuellen Themen in der Theoretischen Physik, allerdings unter Ausschluss der Kern- und Teilchenphysik. Für diese Bereiche gab es bereits andere Max-Planck-Institute. Auf dieser Basis arbeitete ich ein Konzeptpapier aus. Für den vorgesehenen Rahmen war die Beschränkung auf nichtlineare Dynamik nicht angemessen, und deshalb schlug ich als Namen „Max-Planck-Institut für Physik komplexer Systeme“ vor. Das ließ hinreichend Spielraum für verschiedenste Aktivitäten.

Der Gründungsplan wurde von der Kommission unterstützt und der Sektion vorgelegt. Jetzt begannen die Verhandlungen, wo das neue Institut aufgebaut werden sollte. Besonders interessiert zeigten sich die Länder Thüringen und Sachsen. Für Thüringen kam Jena als Standort in Frage. Bei einem Besuch in Jena bot mir der damalige Thüringische Wissenschaftsminister die Dornburger Schlösser, für die es damals noch keine geeigneten Nutzungspläne gab, als Gästehäuser für das Institut an. Ein Nachteil von Jena war jedoch, dass damals die Verkehrsanbindungen vergleichsweise mäßig waren und dass unser Institut in der Nähe eines Flughafens sein sollte, um ein anspruchsvolles Gäste- und Konferenzprogramm wirtschaftlich durchführen zu können. Für Sachsen kamen Leipzig und Dresden in Frage. Beide Städte hatten einen Flughafen. Wolfgang Hasenclever, der Generalsekretär der Max-Planck-Gesellschaft, den ich bereits aus meiner Zeit am Institut Laue-Langevin gut kannte, sagte mir damals, dass ich seiner Meinung nach natürlich nach Dresden gehen müsse. Die Stadt habe eine lange Tradition in Kunst und Kultur. Das waren wichtige Argumente, um Gäste und Besucher anzuziehen. Dresden hatte eine renommierte Technische Universität und etliche Akademieinstitute, von denen das Institut für Festkörper- und Werkstoffwissenschaften (IFW) sowie das Forschungszentrum Rossendorf (FZR) besonders bekannt waren. So fiel dann die Entscheidung, nach Dresden zu gehen, relativ klar aus, obwohl ich persönlich auch große Sympathie für die traditionell offene und auf Wirtschaft und Handel orientierte ehemals weltberühmte Messestadt Leipzig hatte. Die Entscheidung für Dresden habe ich niemals bereut.

SENATSBESCHLUSS UND INSTITUTSGRÜNDUNG

Auf seiner Novembersitzung im Jahr 1992 beschloss der Senat der MPG die Gründung des Max-Planck-Instituts für Physik komplexer Systeme in Dresden sowie meine Berufung zum Gründungsdirektor. Es wurde das dritte Max-Planck-Institut in den neuen Bundesländern. Vorausgegangen waren die Neugründungen des MPI für Mikrostrukturphysik Halle – hervorgegangen aus dem Akademieinstitut für Elektronenmikroskopie – sowie des MPI für Kolloid- und Grenzflächenforschung in Golm bzw. Teltow bei Berlin, welches ebenfalls aus einem früheren Akademieinstitut resultierte. Wir waren die erste Neugründung ohne eine DDR-Vorgeschichte.

Zum Zeitpunkt des Senatsbeschlusses war Deutschland fast drei Jahre wieder vereint. Damals war die Max-Planck-Gesellschaft mit ihren sehr sorgfältigen Planungen und Berufungen bei Neugründungen gegenüber der Fraunhofer-Gesellschaft, der

Helmholtz-Gesellschaft und der heutigen Leibniz-Gemeinschaft (früher „Blaue-Liste"-Institute) in Verzug geraten. Obwohl sich diese Herangehensweise der MPG später als ein großer Vorteil erwies, so setzte damals die Politik dem MPG-Präsidenten Zacher sehr zu. Für sie ging alles nicht schnell genug, und in den Medien erschienen mehrere kritische Aufsätze über das langsame Vorgehen der MPG. Mich hatte Zacher damals mit seiner Haltung sehr beeindruckt. Er hatte beim Aufbau der MPG im Osten praktisch alles richtig gemacht und war von seiner Haltung, die neuen Institute mit guten wissenschaftlichen Programmen solide und gut strukturiert aufzubauen, auch nicht abgewichen, als der Max-Planck-Gesellschaft der Wind ordentlich ins Gesicht blies.

Bei der Gründung unseres Instituts konnten wir nicht nur voll auf die Unterstützung durch Präsident Zacher und die Generalverwaltung der MPG zählen, sondern auch auf die starke Mitwirkung und Unterstützung durch das Land Sachsen, die Stadt Dresden und die Bevölkerung im Allgemeinen. Damals kämpfte Dresden gegen eine Arbeitslosigkeit von rund 17 Prozent. Rund 40.000 Dresdner, überwiegend aktive junge Leute, verließen damals die Stadt, um im Westen Arbeit zu finden. Nie wieder habe ich so gebildete Taxifahrer getroffen wie zur damaligen Zeit in Dresden. Deshalb wurde jede Initiative, die auf die Schaffung neuer Arbeitsplätze hinauslief, begrüßt. So wurden auch auf die Max-Planck-Gesellschaft große Hoffnungen gesetzt.

Bei den Vorbereitungen für Dresden spielte von Anfang an der geplante Bau des Institutsgebäudes eine zentrale Rolle. Als Bauplatz wurden uns von Land und Stadt zwei Grundstücke im Erbbaurecht an der Nöthnitzer Straße angeboten, die in unmittelbarer Nachbarschaft zur TU lagen. Das eine, für das ich mich letztlich entschied, lag an der Ecke zur Münchner Straße, während das andere sich gegenüber dem IFW befand. Obwohl damals nicht klar war, ob das Land oder die Stadt Eigentümer des von uns gewählten Grundstücks war, wurde es der

MPG für den symbolischen Erbbauzins von jährlich einer DM angedient. Eberhard Graupner von der Generalverwaltung der MPG führte die Verhandlungen sehr professionell mit Partnern, die mit dem Baurecht der alten Bundesländer noch wenig Erfahrungen gesammelt hatten.

Für den Neubau des Instituts mit drei Gästehäusern für die zu erwartenden zahlreichen Besucher und Gäste wurde von der Bauabteilung der MPG ein beschränkter Architektenwettbewerb ausgelobt, an dem sich fünf Architekturbüros beteiligten. Die eingereichten Vorschläge wurden von einer Kommission ausgewertet. Den Vorsitz hatte Otto Meitinger, ein hervorragender Fachmann und damaliger amtierender Präsident der TU München. Er war mit der MPG bestens vertraut, da er in der zweiten Hälfte der 1960er-Jahre Leiter der Bauabteilung der MPG war. Meitinger hatte mir sehr zu dem Entwurf des Büros Brenner und Partner aus Stuttgart geraten. Dasselbe Büro hatte das MPI für Festkörperforschung in Büsnau gebaut. Der maßgebliche Projektant in dem Büro war Jens Wittfoht. Er hatte früher im Büro Behnisch gearbeitet, dem Erbauer des Olympiastadions in München. Die für das Büro Behnisch charakteristische Leichtigkeit der Architektur zeigte sich auch in dem Entwurf von Brenner und Partner. Unserem Wunsch entsprechend war die Architektur gut auf Interaktion und Kommunikation ausgerichtet. So fiel es mir nicht schwer, mich ebenfalls auf diesen Entwurf festzulegen. Ende 1993 waren die Entscheidungen soweit abgeschlossen, dass mit der detaillierten Planung der Anlage begonnen werden konnte.

Für unser Projekt erhielten wir sowohl vom Sächsischen Staatsministerium, und hier insbesondere vom Staatsminister Prof. H. J. Meyer und dem zuständigen Abteilungsleiter Dr. F. Schmidt – als auch von der Stadt Dresden gute Unterstützung. Unsere Pläne waren überzeugend und die Sächsische Staatsregierung tat alles, was in ihrer Macht stand, damit es in Dresden voranging und neue Arbeitsplätze geschaffen wurden. Wie bereits angedeutet, hatte die öffentliche Meinung in

Dresden hohe Erwartungen, was das Wirken der Max-Planck-Gesellschaft betraf. Diese waren jedoch manchmal überzogen. Auf der ersten Pressekonferenz, welche die MPG zur Gründung des neuen Instituts in Dresden gab, wurde der Generalsekretär Hasenclever gefragt, wie viele Stellen denn neu geschaffen würden. Als er antwortete, dass die MPG rund 35 Stellen zur Verfügung stellen würde, war die Enttäuschung groß. Da half auch nicht der Hinweis, dass nach einer Anfangsphase die Zahl der tatsächlichen Beschäftigten mit Sicherheit größer werden würde (im Jahr 2015 waren es bereits an die 120 Personen). Zu groß war damals die Not in der Bevölkerung, was den Arbeitsmarkt betraf.

Beginn des Max-Planck-Instituts für Physik komplexer Systeme in der Bayreuther Straße 40

Wegen der fehlenden Unterbringungsmöglichkeiten nahm das neue MPI-PKS, wie es in abgekürzter Form hieß, am 1. Juli 1993 seine Arbeit zuerst in Stuttgart auf. In der Zwischenzeit hatte uns die TU Dresden, die sehr unter Raummangel litt, die Hälfte einer Baracke angeboten, die allerdings in einem jämmerlichen Zustand war. Sie befand sich in der Bayreuther Straße 40 und war in den 1950er-Jahren als Notunterkunft für die Technische Universität errichtet worden. Ursprünglich war sie als Lösung für zehn Jahre gedacht, aber inzwischen war sie über 40 Jahre alt. Dementsprechend marode war auch der Zustand. Als ich sie das erste Mal besichtigte, haute es mich fast um. Insbesondere der Zustand der sanitären Anlagen war zum Erbarmen. Das stimmte mich jedoch keineswegs pessimistisch. Im Gegenteil, es zeigte mir die Notwendigkeit, die Dinge hier grundlegend zu verändern.

LEBEN IN DER BARACKE

Als erstes wurde die Bauabteilung der MPG, unter der Leitung von H. Braun, gebeten, die Baracke zu sanieren. Etwa zur gleichen Zeit verzichtete die TU auf ihre Barackenhälfte und überließ uns das gesamte Objekt zur Sanierung. Das geschah dann auch relativ schnell, denn Arbeit war in Dresden hochwillkommen.

Nachdem ein Stuttgarter Voraustrupp das Terrain erkundet und eine bereits sanierte Wohnung für eine erste Wohngemeinschaft gefunden hatte, begann die Arbeit in Dresden im Januar 1994. Zu diesem Zeitpunkt war die Baracke renoviert, aber noch leer. So musste zuerst für eine provisorische Möblierung gesorgt werden. All das ging relativ schnell vonstatten. Über eine Videokonferenzanlage wurden Seminare vom Stuttgarter Teil unserer Mannschaft nach Dresden und umgekehrt übertragen. Die Datenautobahn wurde werbewirksam von Klaus von Klitzing eröffnet. So konnte die wissenschaftliche Arbeit am neuen Standort beginnen. Das Anfangsteam wuchs rasch, denn die hervorragende Stimmung in unserer Baracke lockte zunehmend die anderen Doktoranden der Stuttgarter Gruppe, nach Dresden zu kommen. Die elektronische Datenverarbeitung wurde absolut kompetent und effizient von Hubert Scherrer aufgebaut.

Die Mitarbeiter der ersten Stunde: Steffen Mallwitz, P.F., Sabine Tornow, Beate Paulus, Kurt Fischer, Hubert Scherrer, Ingo Allekotte und Burkhard Schmidt

Präsident Hans F. Zacher (1928–2015)

Die offizielle Einweihung des Instituts fand am 2. Mai 1994 statt. Zu diesem Anlass reiste Präsident Zacher zusammen mit unserem Institutsbetreuer Meinicke und dessen Mitarbeiter Hesse aus München an. Im Gepäck hatten sie einen Bronzeguss der Büste von Max Planck, die, wie es üblich war, in den Räumlichkeiten des Institutes aufgestellt wurde. Von Max Planck gibt es drei verschiedene Bronzegüsse. Unsere Version ist die neueste und realistischste Büste von Max Planck im hohen Alter. Am Vorabend der Eröffnungsfeier hatten wir für eine Reihe von Gästen Karten für die Semperoper organisiert. Mit Hilfe des Ministeriums war sogar die Königsloge unter den reservierten Plätzen. Die Feierlichkeiten fanden an der Universität statt, und sowohl das Land als auch die Stadt waren dem Ereignis entsprechend hochrangig vertreten. Sie endeten mit einer Pressekonferenz, auf der Hans Zacher unter anderem über die Pläne der MPG in den neuen Bundesländern berichtete.

Auch der Aufbau der Infrastruktur ging zügig voran. Zuerst wurde die Stelle des Hausmeisters mit Klaus Quedenbaum besetzt, der ein erfahrender Seemann aus Rostock war und den so schnell nichts aus der Ruhe brachte. Ich hatte ihn 1993 während einer Konferenz in Warnemünde kennen gelernt, die auf einem stillgelegten Schiff stattfand. Da ich schon immer ein Frühaufsteher war, ging ich morgens auf Deck und stieß dort auf einen Angler, mit dem ich ins Gespräch kam, als ich ihn fragte, warum er hier die Würmer wässerte. So erfuhr ich in unserer Unterhaltung, dass er über ein Arbeitsbeschaffungsprogramm nur noch Arbeit für einen Monat hätte. „Aber ohne Arbeit kann ich nicht leben", sagte er mir damals. So jemand war genau der Richtige für uns. Bald darauf kam es zu einem Vorstellungsgespräch in Stuttgart und schließlich zu seiner Anstellung. Seine Anwesenheit in Dresden machte sich umgehend bemerkbar. Auf der Rabatte vor der Baracke wurden Blumen gepflanzt, was damals noch eine Seltenheit war. Die Baumscheiben der Bäume vor dem Institut wurden vom Unkraut befreit und so weiter und so fort, seemännisch gesprochen, es wurde „Klarschiff" gemacht. Die vorbeigehenden Leute, die ob dieser Veränderungen vor der Baracke stehen blieben, hatten den Eindruck, dass sich hier etwas zum Besseren änderte.

Feierliche Einweihung unseres Instituts mit Präsident Zacher und zahlreichen Gästen

Eine Bedingung für die Einstellung von Klaus Quedenbaum war der Erwerb eines Führerscheins. Bei den ersten zwei Fahrten mit dem alten Mercedes, den das Stuttgarter Institut uns überlassen hatte, wegen der hohen Zahl von Diebstählen kam ein Neuwagen nicht in Frage, gab es jeweils kleinere Blechschäden. Das verunsicherte ihn völlig, und er sagte damals zu mir: „Herr Fulde, wenn das ein Schiff wäre, dann hätte ich keine Probleme." Daraufhin gab ich weitere Versuche in dieser Richtung auf, und wir kauften ihm ein Fahrrad mit Drahtkorbanhänger für die täglichen Boten- und Besorgungsgänge. Mit dieser Lösung waren alle Beteiligten zufrieden. Heute würde man sagen, dass wir schon damals den Klimaschutz berücksichtigten.

Für mich persönlich gestaltete sich die Aufbauphase wie folgt: Woche für Woche flog ich jeden Montag mit dem ersten Flieger um 06:30 Uhr von Stuttgart nach Dresden, damit ich spätestens 08:30 Uhr im Büro war. Wegen der akuten Wohnungsnot war es anfangs sehr schwierig, eine Wohnung auf dem rationierten Wohnungsmarkt zu finden. Viele Dresdner warteten oft jahrelang auf die Zuteilung einer Wohnung. So kamen nur frisch renovierte Mietshäuser auf dem freien Markt infrage, deren Anzahl anfangs nur langsam stieg. Deshalb legte ich, der Einfachheit halber, eine Matratze in eines der leeren Büroräume in der Baracke und übernachtete einfach dort. Auch Quedenbaum okkupierte für den gleichen Zweck ein anderes leeres Zimmer. Freitags ging es dann mit der letzten Maschine um 19:20 Uhr wieder zurück nach Stuttgart. Die Situation verbesserte sich, als es uns durch Initiative von Kurt Fischer gelang, in der frischrenovierten Helmholtzstraße 2 zwei Wohnungen anzumieten. Während eine große Wohnung unseren Doktoranden als Wohngemeinschaft diente, teilte ich mir die kleinere Wohnung mit Peter Thalmeier. Dabei blieb es bis 1996.

Der Aufbau einer guten Bibliothek war für uns besonders wichtig und wurde mit als erstes in Angriff genommen. Als ich mit Ingo Allekotte zum Chefbibliothekar der TU Dresden ging, um uns zu erkundigen, ob dieser uns eine Bibliothekarin empfehlen könne, war er hocherfreut. Er hatte gerade an die 40 Bibliotheksfachleute entlassen müssen und empfahl uns von denen besonders Heidrun Näther. Diesem Vorschlag folgten wir, und so begann sie ab Ende Mai 1994 eine sehr gut bestückte und organisierte Bibliothek für uns aufzubauen. Zwei Monate später, d. h. zum 1. August 1994 begann der Aufbau der Institutsverwaltung mit Ilona Auguszt als Leiterin und Christina Matthes als Mitarbeiterin.

Start der Institutsverwaltung mit
Regine Schuppe (1956), Ilona Auguszt (1950), Christina Matthes (1962)

Die zur damaligen Zeit katastrophale Lage auf dem Dresdner Arbeitsmarkt spiegelte sich bei der Ausschreibung der Stelle für Frau Matthes wider. Rund 650 Bewerbungen gingen dafür bei mir ein. Es konnte einem das Herz bluten, wenn man die einzelnen Lebensläufe las. Was die Menschen damals in Ostdeutschland in Kauf nahmen, hätte in Westdeutschland zu einer Revolution geführt. In dieser Zeit wurde ich zu einem echten Dresdner. Unsere neugegründete Institutsverwaltung war bald bestens mit der Generalverwaltung in München verzahnt.

Sehr wichtig war die richtige Besetzung der Sekretärinnenstelle, eine zentrale Schnittstelle zwischen Institutsleitung, Administration und Mitarbeitern. Es war ein glücklicher Umstand, dass ich dafür Regine Schuppe gewinnen konnte, obwohl sie einen recht großen Schnitt ihres Salärs im Vergleich zum bisherigen Arbeitgeber, der Allianz, in Kauf nehmen musste. In der Folgezeit wurde Frau Schuppe dann auch zu einer Institution während der Aufbaujahre. Dieser Glücksfall allein war Rechtfertigung genug für die Entscheidung für Dresden. So waren zum Ende 1994 entscheidende Stellenbesetzungen getätigt, und es konnte nun alle Kraft dem Neubau und Ausbau des Instituts gewidmet werden. Es kann gar nicht genug betont werden, wie wichtig es ist, für ein großes Vorhaben die richtigen Mitarbeiter zu finden. Sie beeinflussen entscheidend den Erfolg eines solchen Unternehmens. Werden hier falsche Entscheidungen getroffen, so sind diese später nur schwer zu korrigieren.

Ein trauriges Ereignis brachte das Jahr 1994 mit sich, das Erwähnung verdient, denn es prägte die Aufbauphase des Instituts. Nach der Institutsgründung hatte anfangs die MPG großen Wert darauf gelegt, möglichst bald eine zweite Direktorenstelle zu besetzen. Dahinter stand die Sorge, dass der Institutsaufbau mit nur einem Direktor ein zu großer Arbeitsaufwand wäre und deshalb die Gefahr des Scheiterns bestünde. Deshalb beriet ich mich mit zahlreichen Kollegen, wer hierfür infrage käme. Es kristallisierte sich dabei ganz klar ein Kandidat heraus, nämlich Dieter Wintgen, ein junger Theoretiker aus dem Bereich der nichtlinearen Dynamik in Freiburg. Der Vorschlag stieß überall auf positive Resonanz, und Wintgen war auch bereit, nach Dresden zu kommen. Umso mehr war ich schockiert, als mir im August die Nachricht überbracht wurde, dass Wintgen bei einem Bergunfall im Kanton Wallis ums Leben gekommen war. Daraufhin stimmte Zacher meinem Vorschlag zu, zuerst einmal alle Kräfte auf den Neubau und das Gästeprogramm zu konzentrieren, anstatt wieder Zeit mit einer erneuten Suche nach einem zweiten Direktor zu verlieren. Er unterstützte ausdrücklich die Gründung selbstständiger Nachwuchsgruppen. Mit Holger Kantz wurde ein geeigneter Nachwuchsgruppenleiter gefunden, der auf dem Gebiet der Zeitreihenanalyse arbeitet und im Januar 1995 seine Arbeit am Institut aufnahm.

Bereits im Februar 1994 war Michael Dolg an unser Institut gekommen, um die Arbeitsrichtung Quantenchemie aufzubauen. Diese kleine Gruppe wandelten wir ebenfalls in eine selbstständige Nachwuchsgruppe um. Am 1. November begann Markus Bär, der vom Fritz-Haber-Institut auf Empfehlung von Gerhard Ertl zu uns kam, eine Gruppe über Strukturbildung in Reaktions-Diffusions-Systemen aufzubauen, und mit Beginn des Jahres 1996 kam Klaus Richter zu uns, um einer Nachwuchsgruppe zum Thema Quantenchaos und mesoskopische Systeme zu gründen. So herrschte bald reges Treiben am Institut, und es kam, salopp gesagt, Leben in die Bude.

Je mehr Zeit verging, umso rascher wuchs unser Institut, denn das Gästeprogramm entfaltete seine Wirkung. Die renovierte Baracke war bald überbelegt, und wir mussten uns um zusätzliche Unterbringungsmöglichkeiten kümmern. Zuerst mieteten wir Ende 1994 zwei Wohnungen in einem neu errichteten Haus in der Hübner Straße 27 und wandelten die Räumlichkeiten in Büros um. Dann kam im November 1995 eine leerstehende Villa in der Liebigstraße 30 hinzu. Diese war zuvor von der TU belegt worden. Wegen ungeklärter Eigentumsverhältnisse, die Villa wurde von der Jewish Claims Conference beansprucht, zog die TU aus, und wegen Befürchtungen von Vandalismus wurde sie uns ohne Miete zeitweilig zur Verfügung gestellt. Auch hier waren wir bald an unsere Kapazitätsgrenzen gekommen. Aus diesem Grund mieteten wir im Herbst 1996 eine weitere Wohnung für zusätzliche Büros an, diesmal in der George-Bähr-Straße 20. Dabei blieb es dann bis zum Umzug in den Institutsneubau.[5]

5 Anmietung der Provisorien: Baracke Bayreuther Str. 40 (03/94 – 07/97); Wohnungen Hübnerstr. 27: (12/94 – 11/97); Villa Liebigstr. 30 (11/95 – 12/97); Wohnungen George-Bähr-Str. 20 (12/96 – 08/97)

DIE TECHNISCHE UNIVERSITÄT DRESDEN UND DAS WISSENSCHAFTLICHE UMFELD

An dieser Stelle ist ein Kommentar angebracht, der das Verhältnis zwischen unserem neu gegründeten Institut und der TU Dresden betrifft. Bereits vor der Institutsgründung wurde in der Generalverwaltung und natürlich auch von Präsident Zacher selbst die Hoffnung geäußert, dass unser Institut der traditionsreichen TU Dresden helfen würde, wieder an ihre frühere Glanzzeit anzuknüpfen. Das war auch meine eigene Vorstellung. So habe ich besonders in den Anfangsjahren alles getan, um die Kollegen im Fachbereich Physik zu unterstützen, so beispielsweise durch Einladung und Finanzierung von Vortragenden oder Gastwissenschaftlern, um die finanziellen Engpässe des Fachbereichs zu umgehen. Auf der anderen Seite haben auch die Rektoren der TU, das heißt in der Anfangsphase Kollege Günther Landgraf und danach insbesondere sein Nachfolger Achim Mehlhorn unser Institut unterstützt, soweit es in ihren Möglichkeiten lag. Das gute Verhältnis zur TU entwickelte sich durch gegenseitiges Verstehen und Schätzen über fast 20 Jahre, bevor die Zusammenarbeit später im „Dresden Concept“ in einen größeren Rahmen eingebunden wurde.

Achim Mehlhorn (1939), Rektor TUD von 1994 bis 2003

Seitdem feststand, dass wir mit unserem Institut nach Dresden gehen würden, versuchten Helmut Eschrig und ich, ein zweites Max-Planck-Institut auf dem Gebiet der Materialwissenschaften nach Dresden zu holen. Verständlicherweise war Sachsen interessiert, mehrere Institute der Max-Planck-Gesellschaft im Land anzusiedeln. Die Staatsregierung unter Kurt Biedenkopf sah darin Chancen, Sachsen langfristig attraktiv für die Ansiedlung neuer Wirtschaftszweige mit hohem Entwicklungspotenzial zu machen. Seit längerer Zeit hatte Frank Steglich durchblicken lassen, dass er gern zur Max-Planck-Gesellschaft gehen würde, und so sahen wir eine gute Gelegenheit, ihn nach Dresden zu holen. Besonders Hans Georg von Schnering unterstützte uns bei unseren Bemühungen, zum einen, weil er selbst ein starker Förderer des Aufbaus Ost war, und zum anderen, weil er einen hervorragenden Kandidaten aus der Chemie für den Aufbau solch eines Instituts zusammen mit Steglich im Sinn hatte. Die Verhandlungen in der Sektion zogen sich jedoch hin. Der Hauptgrund war, dass man das vorgesehene Gebiet als zu eingeschränkt ansah. Schließlich hat es dann aber doch geklappt, und Anfang Februar 1995 empfahl die Sektion dem Senat der MPG einstimmig die Gründung eines Max-Planck-Instituts für Chemische Physik fester Stoffe mit F. Steglich und R. Nesper als Gründungsdirektoren. Wie oft der Fall, realisierten sich später nicht alle damaligen Träume.

Um der ursprünglich geplanten Forschungsrichtung „Nichtlineare Systeme" gerecht zu werden, stellte ich frühzeitig für unser Institut einen Antrag bei der Sektion auf eine Auswärtige Wissenschaftliche Mitgliedschaft von Peter Grassberger. Er zählte zu den führenden Vertretern dieses Gebiets, und so wollte ich auf diese Weise unser Institut für Gäste, die auf diesem Gebiet arbeiten, attraktiv machen. Später kamen als weitere Auswärtige Mitglieder Celso Grebogi und Peter Hänggi dazu, die ebenfalls dieser Forschungsrichtung zuzuordnen sind. Vermutlich um auch die neuen Bundesländer in die Akademiearbeit einzubinden, war ich 1993 zu einem der

Gründungsmitglieder der Berlin-Brandenburgischen Akademie der Wissenschaften (BBAW) berufen worden. Die BBAW ist die Nachfolgeakademie der ehemals Preußischen Akademie der Wissenschaften, die von Leibniz gegründet wurde und auf eine insgesamt ruhmreiche Geschichte zurückblickt. Die BBAW hat es sich zum Ziel gemacht, an diese Tradition anzuknüpfen. Das wird noch über längere Zeiträume große Anstrengungen bei Zuwahlen erfordern. Im Jahr 1995 kam die Mitgliedschaft in der Leopoldina hinzu. Diese Akademie hatte sich unter anderem dank der Zivilcourage ihres langjährigen Präsidenten Heinz Bethge während der DDR-Zeit ein hohes Maß an Unabhängigkeit bewahrt. Sie genoss nicht nur bei den westdeutschen Kollegen, sondern darüber hinaus im Ausland einen ausgezeichneten Ruf.

Anfang des Jahres 1996 fand die konstituierende Sitzung des Kuratoriums unseres neu gegründeten Instituts statt. Zu seinem Vorsitzenden wurde H. Eggers gewählt, ein tatkräftiger Mann, der damals die Siemens Chipfabrik in Dresden-Klotzsche aufbaute.[6] Überhaupt war das Frühjahr recht turbulent. Bereits im Februar fand das erste internationale Symposium am Institut statt über „Chaos and Disorder in Spatially Extended Systems“, das von Holger Kantz geleitet wurde. Dem schloss sich Mitte März das Richtfest für das Haus in der Pestitzer Straße 11, welches die MPG für Mitarbeiterwohnungen baute. Am 1. April besuchte uns der neue MPG-Präsident Hubert Markl. Er war vom Stand der Dinge sehr angetan und sicherte uns seine volle Unterstützung zu, sowohl für die geschaffene Institutsstruktur als auch für das Institutsprogramm.

---

6 Weitere Kuratoriumsmitglieder waren Frau Bludau (Generalsekretärin der MPG), H. Eschelbacher (BMBF), H. Freiesleben (TU Dresden, Physik Department), A. Mehlhorn (Rektor der TU Dresden), H.-J. Meyer (Sächsischer Staatsminister für Wissenschaft und Kunst), F. Schmidt (SMWK), H. Wagner (Oberbürgermeister der Stadt Dresden) und B. Walter (Dresdner Bank)

Dann kam der 6. April und damit mein 60. Geburtstag. Diese Gelegenheit wurde natürlich genutzt, um auf den wachsenden Wissenschaftsstandort Dresden hinzuweisen. Am 12. April fand vormittags ein internationales Symposium über „Electron Correlations“ statt,[7] während am Nachmittag ein Festkolloquium gehalten wurde.[8] Für den Abend wurden 240 Gäste von Inge und mir in das „Italienische Dörfchen“ am Theaterplatz eingeladen, wo alle Räume des Restaurants für uns reserviert waren. Diese Einladung war gleichzeitig als mein Einstand in Dresden gedacht gewesen, denn ein Jahr zuvor war ich zum Honorarprofessor an der TU Dresden ernannt worden. Es wurde ein sehr schönes Fest und stärkte das Zusammengehörigkeitsgefühl der beteiligten „Ossis“ und „Wessis“.

Hörsaalzentrum der TU Dresden in der August-Bebel-Straße 20, v.l.n.r. Frank Schmidt, Wolfgang Klose (v. hinten), Klaus v. Klitzing, Staatsminister Hans-Joachim Meyer, P. F. und Hermann Stoll (Hintergrund rechts)

7 Sprecher waren: J. Igarashi, B. Lüthi, R. Meservey, K. Maki und H. Stoll
8 Beteiligt waren: P. Wyder, R. White, W. Greiner, K. Ganzhorn und R. A. Ferrell

Mitte des Jahres tagte erstmalig der neu berufene Wissenschaftliche Beirat des Instituts unter dem Vorsitz von John Briggs.[9] Der zügige Aufbau des Instituts wie auch die gehaltenen Vorträge[10] fanden allgemeine Anerkennung. Auch die Baustelle des Institutsneubaus erregte großes Interesse. Mit den Ausschachtungsarbeiten für den Bau hatten wir nicht vor September 1995 beginnen dürfen, weil zuvor die zweite Vogelbrut noch nicht beendet war. Trotz der schwierigen wirtschaftlichen Lage erlaubten die Tierschützer keine Ausnahme.

Am 4. Juni 1996 waren die Bauarbeiten so weit gediehen, dass wir das Richtfest für den Institutsneubau und die Gästehäuser feiern konnten. Der Leiter der MPG-Bauabteilung, Hasso Braun und der Architekt Jürgen Brenner waren dazu angereist. Es war ein Tag, der uns mit großem Optimismus in die Zukunft blicken ließ. Die ganze Anlage wirkte recht imposant, und wir stellten uns vor, wie alles später im Endzustand aussehen würde. Der Baufortschritt war laufend von der Bauabteilung, den Architekten und dem Institut begleitet worden. In regelmäßigen Abständen traf man sich zu einem Jour-fixe und diskutierte anstehende Bauprobleme.

Unsere Doktoranden hatten zum Teil selbstständige Aufgaben übernommen. So setzte sich Bernhard Mehlig besonders stark für eine genügend große Bibliothek ein. Ingo Allekotte plante die Unterbringung unseres Gästeprogramms, und andere Doktoranden berechneten die Mindesthöhe des Hörsaals, damit auch Zuhörer im hinteren Teil noch mühelos die vorn an die Wand projizierten Formeln lesen konnten. Solche Aufgaben wurden mit Begeisterung erledigt.

---

9 Weitere Mitglieder waren: A. Khmelnitskii (Moskau), U. Smilansky (Rehovot), S. Peyerimhoff (Bonn), H. Eschrig (TUD), H. Weidenmüller (Heidelberg) sowie Vizepräsident H. Walther (München)

10 Vortragende waren: M. Bär, H. Kantz, M. Dolg, K. Richter, B. Mehlig, P. Thalmeier, B. Paulus, K. Efetov, A. Shukla, I. Prigodin

Längere Diskussionen verursachten die zu erwartenden hohen Temperaturen im Gebäude in den Sommermonaten in Anbetracht der großen Glasfassaden, ebenso wie Kantine, Stauflächen im Keller usw. Jedenfalls gaben sich Dieter Grömling von der Bauabteilung und Jens Wittfoht von Brenner und Partner alle Mühe, den verschiedensten Anforderungen an das Gebäude und die Gästehäuser gerecht zu werden. Während der Bauarbeiten gingen auch einige Firmen pleite. Tausend verschiedene Dinge, angefangen von der Suche im Baugrund nach Waffen und Munition aus dem Zweiten Weltkrieg, ungeklärte Eigentumsverhältnisse von Garagen auf dem Grundstück, schlecht dokumentierten Versorgungsleitungen etc. mussten bedacht und Probleme gelöst werden. Aber letztendlich ging es mit großen Schritten voran und zumindest in unserem Fall den blühenden Landschaften entgegen, die Helmut Kohl den Ostdeutschen versprochen hatte.

Höhepunkte der besonderen Art waren die jährlichen Institutsausflüge. Sie führten in die Umgebung von Dresden einschließlich der Sächsischen Schweiz. Wenn Kurt Fischer die Route aussuchte, dann waren die Wanderungen zumeist sehr lang, sprich 20 Kilometer und darüber. Das war sehr gut für den Gemeinschaftssinn. Um die Zusammenarbeit zwischen Wirtschaft und Wissenschaft zu stärken, aber auch um die wissenschaftlichen Einrichtungen in Sachsen besser zu koordinieren, wurde von der Landesregierung der Sächsische Forschungsbeirat ins Leben gerufen. Den Vorsitz hatte Ulrich Blum, ein geistreicher und eloquenter Wirtschaftswissenschaftler, der aus Bamberg an die TU Dresden berufen worden war. In diesen Beirat wurde ich Anfang 1997 berufen. Auf diese Weise erhielt ich gute Einblicke in die sächsische Wissenschaftslandschaft und lernte die Probleme kennen, die es in den einzelnen Bereichen gab. Das eigentlich Faszinierende war, zu sehen, wie zielgerichtet es im Wissenschaftsbereich voranging. Es war die Zeit eines großen Umbruchs.

Die zahlreichen Vorträge, die ich im In- und Ausland hielt, nutzte ich, um auf unser neues Institut und auf unser Gästeprogramm aufmerksam zu machen. So wuchs dieses Programm schnell an, und damit wurde auch die Gästebetreuung aufwendiger. Nach Irina Schmidt kam 1997 Katrin Lantsch zur Gästebetreuung hinzu, und zusammen mit Ingo Allekotte entstand so ein weithin bekanntes Team am Institut, das von unseren Gästen sehr geschätzt wurde.

Ebenfalls Anfang 1997 begannen zusammen mit Frank Pobell und Helmut Eschrig die ersten Überlegungen und Gespräche über den Bau eines Labors mit gepulsten, hohen Magnetfeldern auf dem Gelände des Forschungszentrums Rossendorf (FZR). Die Forschungsanlage war während der DDR-Zeit das Zentrum der Kernforschung in Ostdeutschland und mit einem inzwischen völlig veralteten Forschungsreaktor ausgestattet. Sowohl für diesen als auch für eine Reihe der dort betriebenen Forschungsarbeiten gab es im vereinten Deutschland keine Zukunft, und deshalb musste das Forschungszentrum völlig neu konzipiert werden. Dieser schwierigen Aufgabe stellte sich Wolf Häfele, der Vater des „Schnellen Brüters", wie er seit seiner Tätigkeit in Karlsruhe genannt wurde. Er leitete das FZR von 1992 bis 1996. Im Zuge der Umorientierung wurde während dieser Zeit die Strahlungsquelle ELBE gebaut. Eine Kopplung dieser Quelle mit einem Hochfeldlabor bot sich geradezu an, und Pobell, der Häfele als Leiter des Zentrums folgte, nahm sich dieses Projekts von Anfang an zielstrebig vor. Helmut Eschrig und ich versuchten, ihn dabei tatkräftig zu unterstützen. Das betraf insbesondere Hilfe durch das IFW bei der Herstellung der supraleitenden Spulen sowie gemeinsame Projekte nach Einsatzbereitschaft der Magnete. Das Vorhaben Hochfeldlabor nahm rasch Fahrt auf und führte 1998 zu seiner Bewilligung durch das Bundesministerium für Bildung und Forschung (BMBF). Es war das einzige von insgesamt fünf Großprojekten, welches im Rahmen eines wegweisenden deutschen Großgeräteprogramms in die neuen Bundesländer kam. Seit dieser Zeit wuchs meine Verbindung zu Rossendorf ständig. Später wurde ich in das Kuratorium des Forschungszentrums berufen und nahm diese Aufgabe in den Jahren 2000 bis 2008 wahr.

DER INSTITUTSNEUBAU

Der Höhepunkt des Jahres 1997 war die Übergabe des Institutsneubaus und der drei Gästehäuser am 10. Juli. Die damit verbundene Einweihungsfeier fand zusammen mit einem wissenschaftlichen Symposium am 22. September statt. Zuvor hatte es bereits am 19. Juni eine Teilübergabe der Gebäude gegeben. Es war ein unbeschreibliches Gefühl, das neue Gebäude in Besitz zu nehmen. Die Leichtigkeit und Transparenz des Wittfohtschen Designs hatte und hat ohne Zweifel einen positiven Effekt auf die Menschen, die in diesem Gebäude arbeiten.

Die Einweihungsfeier war für den Standort Dresden ein wichtiges Ereignis. Staatsminister Hans Joachim Meyer, der Rektor der TU Achim Mehlhorn, Oberbürgermeister Herbert Wagner, Reinhold Friedrich vom BMBF sowie Präsident Hubert Markl richteten Grußworte an das Institut. Den Festvortrag hielt Gerd Ertl vom Fritz-Haber-Institut, der wenige Jahre später den Nobelpreis für Chemie erhielt. Das musikalische Rahmenprogramm gestaltete Ralph Eschrig, ein Sohn von Helmut Eschrig, der ein professioneller Musiker ist. Die rund 200 Teilnehmer konnten nach dem Lunch bei strahlendem Sonnenschein auf der Terrasse sitzen und nicht nur das Institut, sondern auch die Außenanlagen und die Gästehäuser in Augenschein nehmen. Uns war es wichtig, den Eindruck zu vermitteln, dass Dresden im Begriff war, ein angesehener Wissenschaftsstandort zu werden. Das am folgenden Tag anschließende Symposium „Complexity in Physics“ war gut besucht. Die Rednerliste war vorzüglich und setzte sich aus Chemikern und Physikern zusammen.[11] Die Breite des Begriffs Komplexität wurde deutlich sichtbar.

---

11 O. Löwdin, H. Walther, I. Procaccia, H. Busse, M. Feigenbaum, C. Grebogi, W. Kutzelnigg, D. Vollhardt, G. Ahlers, A. Libchaber, H. Takayama, B. Altshuler, P. Cvitanovic und P. Hänggi

Institutsgebäude mit seinem Wasserbecken

Zur Erinnerung an die Bauphase schenkte uns der Architekt Brenner den aus dickem Holz gebauten AHA-Stuhl des Künstlers Timm Ulrichs. Von oben gesehen, hat der Stuhl die Form eines A, während er von vorne wie ein H aussieht. Sitzt man auf dem Stuhl und hat eine gute Idee, dann sagt man: „AHA!“

Feierliche Einweihung des Instituts am 22. September 1997 unter Mitwirkung von Präsident Hubert Markl (1938–2015) und Gerd Ertl

Im Jahr 1997 gab es in der Generalverwaltung der MPG in München größere Umstrukturierungen. Zwei Jahre zuvor hatte Barbara Bludau das Amt der Generalsekretärin von Wolfgang Hasenclever übernommen, der pensioniert wurde. Sie änderte das System der Institutsbetreuung von Grund auf. Anlass war die mit der Wiedervereinigung deutlich gewachsene Zahl von Max-Planck-Instituten. Bis dahin waren die fünf Abteilungsleiter der MPG gleichzeitig Betreuer der verschiedenen Institute. Das hatte den Vorteil, dass bei auftretenden Problemen die Abteilungsleiter recht schnell und zügig Entscheidungen treffen konnten. Unser Institutsbetreuer war damals Manfred Meinecke, der Leiter der Finanzabteilung. Ich hatte mit Meinecke vereinbart, dass ich ihn während des Institutsaufbaus so wenig wie möglich behelligen würde. Falls ich ihn anrufen sollte, dann würde es sich aber um ein wirklich wichtiges Problem handeln. Im Wesentlichen ging es immer darum, dass sich hier vor Ort nicht alle Max-Planck-Regeln einhalten ließen. Deshalb mussten diese hin und wieder geschickt umgangen werden. Schließlich sollte der Aufbau-Ost zügig vorangetrieben werden. So geschah es dann auch. Wann immer ich Meinecke anrief, was wirklich selten vorkam, dann war das anstehende Problem spätestens am Tag danach gelöst. Als sich dieses System der Betreuung aufgrund der zunehmenden Größe der MPG nicht mehr in dieser Form fortsetzen ließ, wurde die Institutsbetreuung in einer eigenen Abteilung zusammengefasst. Die Institutsbetreuer waren jetzt zum großen Teil sehr tüchtige Berufsanfänger, die als solche aber nicht die Erfahrungen der „alten Hasen" hatten und vor allem nicht den Durchgriff der vorherigen Abteilungsleiter. Dennoch ging der Wechsel, was unser Institut betraf, relativ reibungslos vonstatten. Die wilden Anfangsjahre waren bereits am Abklingen.

Im Herbst des Jahres verließen uns Ingo Allekotte und seine Frau Karen Hallberg und kehrten nach Argentinien zurück. Das war ein herber Verlust, denn Ingo hatte unser Gästeprogramm vorbildlich aufgebaut und organisiert. Karen und er erfreuten sich großer Beliebtheit am Institut. Dennoch war der

Wunsch, in die Heimat zurückzukehren besonders bei Karen größer. Hinzu kam, dass Ingo Allekotte das Angebot bekommen hatte, Projektmanager der internationalen Auger Collaboration in Argentinien zu werden. Auch Karen Hallberg hatte sehr gute Berufsaussichten an der Universität in Bariloche, ihrer Heimatstadt.

Nach längerem Suchen erklärte sich Sergej Flach, der seit Herbst 1994 als Mitarbeiter am Institut war, bereit, die Leitung des Gästeprogramms zu übernehmen. Um einen Eindruck vom rapiden Wachstum des Instituts zu bekommen, sei erwähnt, dass wir im Frühjahr 1998 bereits 111 Mitarbeiter, einschließlich 11 Doktoranden, hatten.

Im darauffolgenden Jahr 1998 musste die noch ausstehende Besetzung von zwei Direktorenstellen am Institut ernsthaft in Angriff genommen werden. Diskussionen mit Fachkollegen waren wenig ergiebig. Mein Vorschlag, in Anbetracht unseres Nachbarinstituts über Chemische Physik fester Stoffe, den Grenzbereich Festkörperphysik, Quantenchemie bei uns stärker anzusiedeln, stieß auf wenig Gegenliebe. Er war wohl etwas zu sehr der Zeit voraus. So beschlossen wir, im Frühjahr ein Symposium über „Recent Trends in Physics and Chemistry" abzuhalten mit dem Ziel, eine Reihe von Kandidaten zu inspizieren. Chemiker nannten damals so ein Verfahren „die Bullenschau". Dieser terminus technici ist heutzutage ein No-No.

Jan-Michael Rost (1961)

Das Symposium war ein großer Erfolg, denn ein *Jungbulle*, um bei dieser Terminologie zu bleiben, ragte klar aus dem Kreis der anderen heraus. Es war Jan-Michael Rost, der aus Freiburg aus der Gruppe von John S. Briggs kam und einige Zeit in Harvard bei Eric Heller gearbeitet hatte. Ich hatte ihn vor dem Symposium gar nicht gekannt. Die anwesende Kommission und ich waren übereinstimmend der Meinung, einen passenden Kandidaten für die zweite Direktorenstelle gefunden zu haben. Als ich ihn einige Tage später anschrieb, um mich zu erkundigen, ob er bereit wäre, nach Dresden zu kommen, antwortete er mir, dass er beim Lesen meines Briefes fast vom Stuhl gefallen sei. Die Überraschung war offenbar groß, und er war bereit zu kommen. Nachdem das übliche Berufungsverfahren zu einem positiven Resultat geführt hatte, begann Rost im Januar 1999 mit seiner Arbeit in Dresden. Er nannte sein Department „Endliche Systeme", was andeutete, dass die Atom- und die Molekülphysik im Zentrum des Interesses standen. Nach seinem Beginn berief er recht bald Andreas Buchleitner zum Leiter einer selbstständigen Nachwuchsgruppe über „Nichtlineare Dynamik in Quantensystemen". Zwei Jahre später folgte eine weitere Nachwuchsgruppe über „Nichtlineare Prozesse in starken Laserfeldern", die von Andreas Becker geleitet wurde.

Kurze Zeit später reiste ich an die University of Waterloo, um am jährlichen Commencement Day teilzunehmen. Anlässlich dieses Ereignisses erhielt ich den Ehrendoktorgrad dieser angesehenen Universität. Die Feier des Studienabschlusses zahlreicher Studenten war fröhlich und locker. Sie fand im riesigen Gymnasium der Universität statt, wo sonst die Basketballspieler zu Hause waren, und ähnelte meiner eigenen Graduierung in Maryland. Der Unterschied war, dass ich diesmal mit „gown and hat" auf dem Podium saß und nicht wie vor Jahren unter den zahlreichen Graduierten war. Zum Ritterschlag mussten die frisch promovierten jungen Damen und Herren unter aufmunternden Zurufen der anwesenden Familienmitglieder einzeln nach oben auf das Podium kommen. Dort knieten sie vor dem Dean nieder, der dann ein oder zwei Fragen an sie richtete. All dies hatte nichts Förmliches oder gar Peinliches an sich. Vielmehr war es eine schöne Feier, die man ein Leben lang nicht vergisst. Als ich an meine Frankfurter Zeit dachte, erinnerte ich mich, wie Studenten ihre Urkunden zum Teil barfuß und in alten Klamotten abgeholt hatten, um ihrer progressiven Lebenshaltung Ausdruck zu verleihen. Hier machten sich deutlich „cultural differences" bemerkbar. Mein Gastgeber Anterdhyan S. Nagi und seine Frau Daljeeh kümmerten sich während meines Besuchs in Waterloo rührend um mich, ebenso wie Reg Moore. Sie machten die Reise zu einem denkwürdigen Erlebnis.

Trotz der fürchterlichen Zerstörung Dresdens am 13. Februar 1945 gab es zur Zeit der Wende besonders in den Randbezirken und in der Neustadt noch eine beachtliche Anzahl historisch interessanter Häuser aus der Blütezeit der Stadt, das heißt die vor dem Ersten Weltkrieg erbaut worden waren. Leider waren diese fast ausnahmslos sehr heruntergekommen und zum Teil unbewohnbar geworden. Meistens war aber immer noch genügend bauliche Substanz vorhanden, um sie renovieren zu können. Zudem unterstützten neue Steuergesetze solche Renovierungen sehr. Da Inge eine Architektin und Diplomingenieurin ist, lag es nahe, die Sanierung eines solchen Objekts selbst in die Hand zu nehmen. Allerdings existierte das psychologische Problem, dass Inge während ihres Studiums der Architektur in Weimar von der dortigen Hochschule geworfen wurde, ohne zu wissen, weshalb und warum. Als Grund wurde lediglich eine unzuverlässige politische Einstellung gegenüber dem Arbeiter- und Bauernstaat angegeben. Es wurde ihr gesagt, sie solle für ein Jahr in die Produktion gehen, um eine positive Einstellung gegenüber dem Staat zu zeigen. Das war damals für sie im Alter von 20 Jahren ein herber Schlag. Sie hatte frühzeitig ihren Vater verloren, ihre Mutter musste sich in der Konfektion in Westberlin hart ihr Geld verdienen, und der ruhende Pol war damals das eigene kleine Haus in Naumburg, an dem sie und ihre Mutter festhielten. Nach der Exmatrikulation musste sie notgedrungen die DDR verlassen, um ihr Studium im Westen, genauer an der TU Berlin, fortzusetzen.

Zurückgeblieben war die Absicht, nie wieder DDR-Gebiet zu betreten. Nachdem, um mit Worten Honeckers zu reden: „Den Sozialismus in seinem Lauf hält weder Ochs noch Esel auf", der Sozialismus doch von Ochs und Esel aufgehalten worden war, (nämlich von ihm selbst und seinen Genossen), war diese psychologische Schwelle erst einmal zu überwinden.

Bei der Suche nach einem geeigneten Objekt entschieden wir uns für den Erwerb der Münchner Straße 34 von einer griechischen Erbengemeinschaft, an die das Grundstück nach der Wiedervereinigung restituiert worden war. Das Haus war um 1910 im großbürgerlichen Stil errichtet worden und hat eine Straßenfassade aus Naturstein. Es war denkmalgeschützt, alle Veränderungen mussten mit dem Denkmalamt abgesprochen werden. Der damalige Zustand des Gebäudes ist mit zwei Worten zu beschreiben: völlig heruntergekommen. Einige Wohnungen waren unbewohnbar und voller Müll. Die 3,60 Meter hohen Räume waren zum Teil aufgeteilt und mit abgehängten Decken niedriger gemacht worden, damit im Winter der Wärmeverlust nicht zu groß war. Die schönen alten Türen waren teilweise mit wilden, farbigen Bemalungen beschmiert worden, das Dach war an vielen Stellen undicht, und alte Beschläge waren gestohlen worden (auch später, während der Bauzeit, wurde noch viel gestohlen). Dennoch, als ich das Haus zum ersten Mal in diesem jämmerlichen Zustand sah, faszinierten mich die Großzügigkeit der Wohnungszuschnitte und das repräsentative Treppenhaus sehr. Es war wie ein Symbol Dresdner Kultur vor dem Ersten Weltkrieg.

Inge machte sogleich eine Bauaufnahme und entwickelte Baupläne für eine Totalrenovierung, was die modifizierte Aufteilung der insgesamt 1500 Quadratmeter großen Wohnfläche betraf, denn Wohnungen mit 200 Quadratmeter Wohnfläche waren in Dresden nicht zu vermieten. Nachdem die Mieter in bereits renovierte Häuser umgezogen waren, wurde eine Zentralheizung eingebaut, alle Wasserleitungen sowie die sanitären Einrichtungen wurden erneuert, beziehungsweise neu eingebaut, die gesamte Elektrik wurde neu verlegt und von Aluminium auf Kupfer umgestellt. Über einhundert alte Türen wurden aufgearbeitet und alle Fenster erneuert. Für Inge war das eine enorme Arbeit, die sie mit großer Zähigkeit bewältigte. Dass es ihr nicht leichtfiel, merkte ich, als ich während der Baumaßnahmen eines Tages in meinem Büro im neu errichteten Institutsgebäude saß und sie mich besuchte. Sie schaute in die schönen Außenanlagen und sagte nur: „Es könnte doch alles so schön sein!“ Da hatte ich doch ein sehr schlechtes Gewissen.

Im April 1998 war es soweit, dass wir von der Helmholtzstraße in die Münchner Straße umziehen konnten. Dort richteten wir unsere Zweitwohnung ein. Inzwischen sind wir sehr froh, dass wir die mit der Renovierung verbundenen Anstrengungen auf uns genommen haben. Das Haus hat seine frühere Schönheit wiedergewonnen. Inge ist mit Dresden voll versöhnt und freut sich, dass man mit der Straßenbahn in fünf Minuten im Stadtzentrum ist. Auch die sehr hohen Schulden, die wir anfangs hatten, haben sich inzwischen mehr oder weniger in Luft aufgelöst. So zeigte sich, dass Neues zu unternehmen und neue Wagnisse einzugehen Teil des Lebens sind und es interessant machen.

DER AUSBAU DES INSTITUTS

Mit den zwei etablierten Abteilungen am Institut über „Endliche Systeme“ und „Kondensierte Materie“ fehlte immer noch die dritte vorgesehene Gruppe. Inzwischen gab es neben unserem MPI und dem Nachbarinstitut über Chemische Physik fester Stoffe ein drittes Max-Planck-Institut über Molekulare Zellbiologie und Genetik. Mit fünf Direktoren und ungefähr zwanzig selbständigen Arbeitsgruppen war und ist es mit Abstand das größte der drei Dresdner Max-Planck-Institute. Es schien uns deshalb angeraten, als dritte Gruppe die „Biologische Physik“ bei uns anzusiedeln. Wir hofften, auf diese Weise Synergien mit dem Biologischen Institut zu erzeugen. Dieses Vorhaben wurde von Kai Simons, dem Seniordirektor der Zellbiologie, sehr unterstützt. Das Problem bestand darin, dafür eine geeignete Person zu gewinnen. Anlässlich eines mehrwöchigen Paris-Aufenthalts am Institut Henri Poincaré im Jahr 1999 kontaktierte ich Jacques Prost, der an der Université Pierre et Marie Curie eine weltbekannte Gruppe in Biologischer Physik leitete. Bevor er zur Biologischen Physik gewechselt war, hatte er mit Pierre de Gennes auf dem Gebiet der weichen Materie gearbeitet, und von diesen Arbeiten her war er mir bekannt. Ich bat Jacques Prost um eine Liste der besten Forscher auf dem Gebiet der (Theoretischen) Biologischen Physik, merkte jedoch bald, dass es nicht möglich sein würde, diese nach Dresden zu ziehen. Da machte mich Jacques darauf aufmerksam, dass er in seiner Gruppe jemanden aus Deutschland hätte, der mindestens genauso gut wäre wie die Namen auf der Liste, nur wäre er bisher aufgrund seines jugendlichen Alters weit weniger bekannt.

Frank Jülicher
(1965)

So lernte ich Frank Jülicher kennen. Wie sich herausstellte, hatten seine wissenschaftlichen Interessen ein großes Überlappen mit denen der Kollegen in der Zellbiologie und Genetik. Nachdem auch J.M. Rost die Bekanntschaft von Frank Jülicher gemacht hatte und der Meinung war, dass er gut in unser Institut passen würde, stellten wir einen entsprechenden Antrag beim Präsidenten und bei der Sektion. Ein Berufungsverfahren wurde eingeleitet, und nachdem es positiv abgeschlossen wurde und die Berufungsverhandlungen erfolgreich beendet worden waren, nahm Frank zum 1. Dezember 2001 seine Arbeit bei uns auf. Seither hat sich die Zusammenarbeit mit dem MPI für molekulare Zellbiologie und Genetik weitaus stärker, als ursprünglich erhofft, entwickelt. Es wurden gemeinsame Nachwuchsgruppen gegründet[12] und ein Fahrdienst zwischen unseren beiden Instituten eingerichtet. Die Zahl von qualifizierten Bewerbern auf eine Gaststelle in der Gruppe von Frank Jülicher ist gleichbleibend hoch.

Parallel zur Einrichtung des dritten Departments wurde das umfangreiche Gästeprogramm stärker strukturiert. Auf Vorschlag von Rost wurde im Jahr 2000 die Martin-Gutzwiller-Fellowship ins Leben gerufen. Sie wird jährlich für jeweils ein Jahr vergeben und hat zum Ziel, auf diese Weise einen international angesehenen, erfahrenen Wissenschaftler für diese Zeit an das Institut zu bringen. Zusätzlich richteten wir eine Distinguished Postdoctoral Fellowship ein. Diese spezielle Auszeichnung ist gedacht für hervorragende Nachwuchswissenschaftler, die wir so vorübergehend an das Institut binden wollen.

Das Nachwuchsgruppenprogramm stellte sich als sehr erfolgreich heraus. Die Leiter bekamen gute Stellenangebote, zum

12 Nachwuchsgruppenleiter bis 2010: M. Zapotocky (Biologische Physik des Geruchssinns); R. Everaers (Physik biologischer und weicher Materie); K. Kruse (Zellteilung); S. Grill (Motor Systeme); S. Tolic-Norrelykke (Mechanik der Zellteilung); T. Gross (Dynamik biologischer Netzwerke)

Teil lange bevor ihre auf fünf Jahre begrenzte Zeit abgelaufen war. In einigen Fällen wurden zeitnah neue Gruppen mit verwandten Fragestellungen gegründet.[13] Die Gruppe „Zeitreihenanalyse“ von Holger Kantz wurde in eine permanente Gruppe umgewandelt. Im Laufe der Zeit wurden auch zwei sogenannte Emmy-Noether-Gruppen am Institut etabliert. Mit dem Emmy-Noether-Programm fördert die Deutsche Forschungsgemeinschaft besonders vielversprechende Nachwuchswissenschaftler, indem sie Mittel für den Aufbau einer Gruppe zur Verfügung stellt.

Während der Präsidentschaft von Hubert Markl gründete die Max-Planck-Gesellschaft die International Max Planck Research Schools (IMPRS) und stellt dafür Mittel bereit. Diese Graduiertenschulen sollen von Max-Planck-Instituten zusammen mit der lokalen Universität und anderen Instituten gebildet werden und es sehr guten ausländischen Studenten ermöglichen, in Deutschland zu promovieren, ohne ein deutsches Diplom zu besitzen. Außerdem wird auf diese Weise die Verbindung der Max-Planck-Institute mit ihren Universitäten gestärkt. Es war selbstverständlich, dass sich auch unser Institut um eine Max-Planck-Graduiertenschule bewarb. Dazu holten wir neben der TU Dresden auch das IFW, das Forschungszentrum Rossendorf und das benachbarte Max-Planck-Institut für Chemische Physik fester Stoffe mit ins Boot. Außerdem banden wir das Institute of Low Temperatures and Structure Research der Polnischen Akademie der Wissenschaften in Wroclaw in dieses Vorhaben mit ein. Unser Antrag auf eine IMPRS über Dynamical Processes in Atoms, Molecules and Solids wurde positiv beschieden. Die Graduiertenschule nahm im Jahr 2005 ihre Arbeit auf. Kurze Zeit später traten ihr auch zwei chemische Institute aus Prag bei.

---

13 Auf M. Dolg folgte U. Birkenheuer (Quantenchemie) und auf K. Richter folgte H. Schomerus (Wellen in komplexen Medien)

DER ERWEITERUNGSBAU

Klaus Tschira
(1940–2015)

Wie aus dem bisher Gesagtem ersichtlich, wuchs das Institut weit stärker an, als ursprünglich geplant. Die Bewerberzahlen für das Gästeprogramm stiegen und stiegen. Obwohl wir bei der Auswahl der Bewerber unser Augenmerk stark auf Qualität ausrichteten, wuchs die Zahl der Gäste kontinuierlich. Offenbar kamen die Struktur und Atmosphäre am Institut gut bei den Physikern im In- und Ausland an. So wurde bald die zur Verfügung stehende Bürofläche zu klein. Deshalb wurde bereits 2002 ein Antrag auf Gebäudeerweiterung unvermeidbar. Dieser Mehrbedarf an Fläche wurde von der Generalverwaltung auch anerkannt. Dennoch konnte er nicht sofort realisiert werden, denn man kann nicht wenige Jahre nach Einzug in ein neues Gebäude vor den Geldgeber treten und einen Erweiterungsbau fordern, denn sofort käme das Argument, dass man zuvor völlig falsch geplant habe. Aus diesem Grund wurde uns beschieden, dass trotz Anerkennung des größeren Raumbedarfs man uns wegen fehlender Finanzmittel nicht helfen könne.

Das brachte mich auf die Idee, nach einer Zwischenfinanzierung zu suchen, denn in absehbarer Zeit würden sicherlich Mittel zur Verfügung gestellt werden können. Ermuntert durch Friedrich Scheifele, unseren damaligen Institutsbetreuer, reiste ich zusammen mit ihm nach Heidelberg, um mit Klaus Tschira, der Mitglied unseres Kuratoriums war, die Situation zu erörtern. Tschira hatte in Karlsruhe in Theoretischer Physik bei Gottfried Falk diplomiert, den ich gut kannte. Zur damaligen Zeit war es sehr schwierig, ein Doktorandenstipendium zu bekommen, und Gottfried Falk konnte Klaus Tschira keine finanzielle Unterstützung für eine Promotion geben. So entschloss sich Tschira, in die Industrie zu IBM zu gehen. Zusammen mit vier anderen Partnern machte er sich später selbstständig und wurde einer der Gründer der Firma SAP. Diese ging zu geeigneter Zeit an die Börse und entwickelte sich zu einer der erfolgreichsten Unternehmen im Nachkriegsdeutschland. Das Vermögen, welches Tschira auf diese Weise erwarb, brachte er zum größten Teil in eine gemeinnützige Stiftung ein, mit einem Stiftungskapital von mehreren Milliarden Euro. Seine Stiftung hat sich zum Ziel gesetzt, naturwissenschaftliche Projekte zu fördern. Nachdem ich Tschira unser Problem geschildert hatte, erklärte er sich bereit, der MPG ein zinsloses Darlehen zur Errichtung eines Erweiterungsbaus für unser Institut so lange zu gewähren, bis es die finanzielle Lage erlauben würde, das Darlehen wieder abzulösen. Das war schon eine mehr als großzügige Geste und löste unsere Probleme auf einen Schlag.

Doch nun trat etwas ein, was ich bereits vermutet hatte. Am Ende eines Jahres ist nämlich der Etat der MPG nie völlig ausgeschöpft. Einen jährlichen Haushalt von rund 1,5 Milliarden Euro, wie derjenige der MPG, kann man selbst bei bester Planung nicht besser als bis auf rund 1 Prozent ausschöpfen, das bedeutet, dass jedes Jahr etwas Geld im Topf übrig bleibt, das ins nächste Jahr übertragen wird. Das möchte die MPG natürlich vermeiden, denn bei Forderungen eines jährlichen Haushaltszuwachses vom Geldgeber kommt sofort als Argument: „Nun gebt doch erst einmal euer Geld aus!“ Deshalb ist die

MPG froh, wenn es anerkannt notwendige und sinnvolle Projekte gibt, die nicht im Haushalt erscheinen und die man dann mit dem Restgeld anfinanzieren kann. In genau diese Kategorie fiel unser Erweiterungsbau. Wir mussten somit nur zu einem sehr geringen Teil auf das angebotene zinslose Darlehen der Tschira Stiftung zurückgreifen. Das Darlehen konnte also mit dem Baufortschritt gleich wieder getilgt werden.

Der Erweiterungsbau besteht aus einem neuen Flügel mit einer Bruttofläche von 1480 Quadratmeter bzw. 35 neuen Arbeitsplätzen, der sich harmonisch an das bestehende Gebäude anschließt. Es zeigte sich einmal mehr, wie sinnvoll es ist, bereits bei der Gebäudeplanung durch die Architekten die Möglichkeit einer späteren Erweiterung vorzusehen. Die Architekten von Brenner und Partner, die den neuen Flügel entwarfen, lösten unser Raumproblem zur vollen Zufriedenheit. Neu war die Einrichtung einiger offener Arbeitsplätze, die von der Bauabteilung der MPG vorgeschlagen worden waren. Diese sind bei Symposien und Konferenzen sehr gefragt, denn die Teilnehmer wollen viel untereinander diskutieren und nicht in kleinen, separaten Büros sitzen. Auch der tägliche E-Mail-Check ist somit unkompliziert und schnell möglich. Zusätzlich wurde ein neuer Seminarraum für circa 80 Teilnehmer geschaffen, der seitdem stark frequentiert wird. Eine Sache tat uns leid. Für eine verhältnismäßig geringe Geldsumme hätten wir den neuen Flügel unterkellern können und auf diese Weise dringend benötigten zusätzlichen Stauraum erhalten. Das wurde jedoch von einem Beamten, der von der Bund-Länder-Kommission beauftragt worden war, die Kosten für den Erweiterungsbau zu überprüfen, herausgestrichen.

Die Bauarbeiten begannen im April 2004, und bereits ein Jahr später fand das Richtfest statt. Im darauffolgenden Jahr wurde im Rahmen eines Symposiums der neue Flügel eingeweiht. Zwischen dem B- und dem D-Flügel des Institutsgebäudes entstand eine kleine Gartenanlage mit Terrasse, die im Sommer viel für Diskussionen genutzt wird.

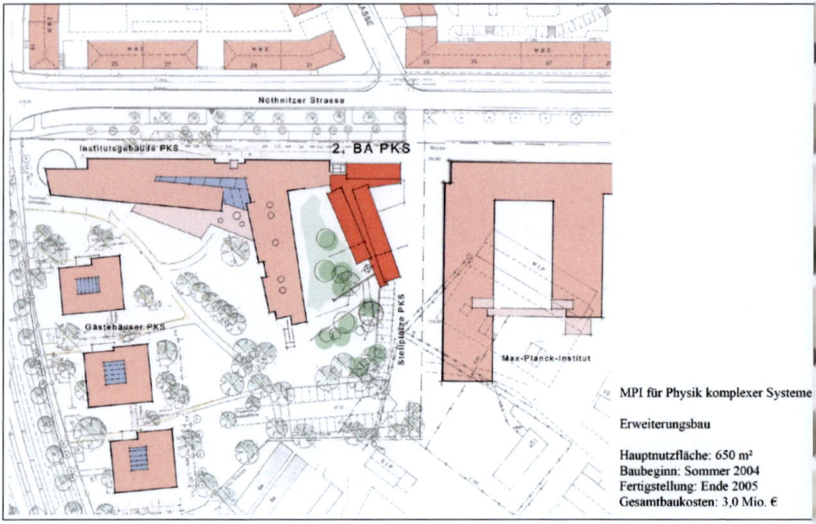

MPI Anbau D-Flügel (dunkelrot); rechts daneben MPI für Chemische Physik fester Stoffe

INTERNATIONALE KOOPERATIONEN

Wissenschaft ist seit jeher ein Treiber des Fortschritts, der sich nicht an Landesgrenzen hält, wenn es um das Schaffen oder die Verbreitung neuen Wissens geht. Der „fahrende Scholar“ ist dafür eine Symbolfigur. Als wir im Jahr 2019 den 250. Geburtstag von Alexander von Humboldt feierten und seine Biografie in den Medien ausführlich diskutiert wurde, trat diese Eigenschaft der Wissenschaft und ihrer Verfechter pointiert in das öffentliche Bewusstsein.

So war es nach den beiden Weltkriegen eine besonders schmerzliche Erfahrung, als Deutschland für einige Zeit vom internationalen Wissenschaftsbetrieb ausgeschlossen worden war. Während des Kalten Krieges hatte der Eiserne Vorhang den freien Austausch wissenschaftlicher Ergebnisse behindert. Was passiert, wenn dieser Austausch durch politische Einflussnahme zum Erliegen kommt, hatte ich in der ersten Hälfte der 1960er-Jahre erlebt, als der Fortschritt auf dem Gebiet der Supraleitung durch fehlenden Austausch von Forschungsergebnissen stark beeinträchtigt wurde. Der geistige Austausch zwischen Ost und West war praktisch kaum noch möglich. Darüber habe ich im dritten Kapitel berichtet. Umso schöner ist es, dass es nach dem Öffnen des Eisernen Vorhangs im Laufe der Jahre zu einer beachtlichen Anzahl von Kooperationen auch mit Wissenschaftlern aus den ehemaligen Ostblockländern gekommen ist.

Eine Einsicht, welche die Corona-Krise mit ihrem Beginn 2020 brachte, war, dass es in Zukunft durch den rapiden Ausbau der Technik für Videokonferenzen nicht immer nötig sein wird, selbst zu verreisen, um an den neuesten Entwicklungsstand seines Forschungsgebiets zu gelangen. Auch die Bildung von Forschungsnetzen wird sehr vereinfacht durch diese neuen Kommunikationsformen. Hier stehen noch große Entwicklungen bevor.

Im Folgenden sollen Kooperationen mit ihrem Umfeld etwas näher beschrieben werden, die sich im Laufe der Jahrzehnte ergeben haben und die Teil der eigenen Forschung wurden.

POLEN

Zu Polen habe ich eine besondere Beziehung. Zum einen lag die Heimat meiner beiden Elternteile in Schlesien, besonders in Breslau, und das heutige Wroclaw war sowohl meine eigene Geburtsstadt als auch die meines Bruders. Zum anderen war unsere Urgroßmutter mütterlicherseits eine Polin, die zwar Polnisch, aber nicht Deutsch gesprochen hat. Auch noch jetzt leben Verwandte, zu denen wir allerdings keinen Kontakt mehr haben, in Oberschlesien.

Als ich 1981 zu einer Konferenz über Seltene Erd-Systeme nach Wroclaw eingeladen wurde, ergab sich die Gelegenheit, meine Heimatstadt zum ersten Mal nach unserer Flucht 1945 wieder zu besuchen. Damals war Polen kurz vor der Ausrufung des Kriegsrechts unter Jaruzelski, die im Dezember des Jahres geschah. Die Versorgungslage war kritisch und hatte zu Unruhen unter der Bevölkerung und zur Gründung der unabhängigen Gewerkschaft Solidarnosc geführt. Mit dem Flugzeug reiste ich von Stuttgart über Frankfurt nach Warschau, wo ich zusammen mit anderen Kollegen für den Flug nach Wroclaw den Flughafen wechseln musste. Den ersten Eindruck von der damaligen wirtschaftlichen Lage erhielten wir, als wir zu dritt ein Taxi zu besagtem Flughafen nahmen. Der Taxifahrer bestach bei der Ausfahrt des Flughafens einen Polizisten, wobei nicht klar war wofür. Jedenfalls gab er ihm Geld. Auf halber Strecke eröffnete er uns die Summe, die er für die Fahrt wollte, natürlich in DM. Sie war pro Person nicht sonderlich hoch, überstieg für diese eine Fahrt dennoch das Monatsgehalt eines Wissenschaftlers in Polen, wenn man den Schwarzmarktkurs für den Zloty zugrunde legte. In Wroclaw wurden wir am Flughafen abgeholt und in das Hotel „Wroclaw“ gebracht, welches im Jahr zuvor von einer finnischen Firma gebaut bzw. fertiggestellt worden war und westlichen Ansprüchen durchaus gerecht wurde.

Danach war J. Ulner, der einige Zeit als Gast in unserer Abteilung in Stuttgart verbracht hatte so freundlich und machte mit mir in seinem kleinen Auto eine Stadtrundfahrt. Das war für mich sehr aufregend, denn die Bilder aus der Kindheit tauchten wieder auf. So konnte ich Ulner streckenweise zu Orten dirigieren, die ich gern sehen wollte. Besonders berührt hat mich das Wiedersehen mit der Gustav-Müller-Straße 47, dem Geburtshaus. Die Fassade war in Höhe zwischen dem ersten und zweiten Stock durch einen Granattreffer beschädigt, und es gab kleine Einschläge von Splittern und Gewehrsalven. Ansonsten jedoch war alles sehr ähnlich wie zum Zeitpunkt unserer Flucht, zwar gealtert und beschädigt, aber ohne eine Diskontinuität im Erscheinungsbild. Auch die Bonifaziuskirche, in der ich getauft wurde, war erhalten. Die Schule, die von unserem Hinterhof nur durch einen Zaun getrennt war, sowie das Krankenhaus in unserer Straße, in dem unsere Mutter nach ihrem Skiunfall gelegen hatte, sahen fast unverändert aus.

Das berühmte Rathaus war wenig beschädigt worden. Im Schweidnitzer Keller, dem Rathaus-Keller, in dem meine Mutter meinen Vater den Großeltern vorgestellt hatte, war jetzt eine Disco untergebracht. Der Ring war von den Polen sehr schön wieder aufgebaut worden, denn die Außenmauern standen oft noch am Ende des Krieges. Der Salzmarkt war ebenfalls schön renoviert worden. Wenig anziehend wirkte der Neumarkt, der baulich verunstaltet worden war. Bevor es zurück zum Hotel ging, fuhren wir noch zur Jahrhunderthalle, die ebenfalls den Krieg überstanden hatte. Das Hotel Wroclaw liegt an der ehemaligen Kaiser-Wilhelm-Straße, der späteren Straße der SA in einer Gegend, die völlig zerstört worden war. Der ehemalige Gauleiter Hanke hatte Straßen einebnen lassen, um kurz vor Aufgabe der Stadt an die Rote Armee aus der Stadt mit einem Fieseler-Storch-Flugzeug fliehen zu können. So sahen die ehemalige Schweidnitzer Straße und die Gegend südlich davon recht trostlos aus.

Die Konferenz war gut organisiert, hatte jedoch einen langsamen Start, weil einige Redner nicht erschienen waren. Trotz der schwierigen Versorgungslage organisierte das gastgebende Akademie-Institut an einem Abend eine Party im Kellergewölbe des ehemaligen Sitzes des Erzbischofs nahe dem Dom. Inzwischen diente das Gebäude nämlich der Unterbringung dieses Instituts. Es gab selbstgebrannten Wodka, und dementsprechend ging es auch sehr lustig zu. Zuweilen gab es etwas peinliche Situationen, wenn polnische Kollegen erfuhren, dass ich aus Breslau stammte. Dann kam es vor, dass die Unterhaltung stockte, weil sich beide Seiten ohne Verschulden schuldig fühlten. Lediglich der Gründer und Direktor des Akademie-Instituts versuchte mir zu erläutern, das Wroclaw schon immer eine polnische Stadt gewesen sei. Nach der deutschen Wiedervereinigung und der Anerkennung der Oder-Neiße-Grenze änderte sich die Atmosphäre deutlich. Bei späteren Besuchen kam es vor, dass ich zu Beginn eines Vortrags bei der Einführung als „ehemaliger Breslauer“ auf sympathische Weise vorgestellt wurde.

Während der Konferenz war hinreichend Zeit vorhanden, um sich die Stadt etwas genauer anzusehen. Dabei tauchten wieder Erinnerungen auf, die über viele Jahre verschüttet waren. Das betraf zum Beispiel die Universität mit dem Fechterbrunnen, die Sandinsel oder den Botanischen Garten, die Markthalle und die Liebighöhe, um nur einige zu nennen. Viele der Geschäfte waren praktisch leer, während an anderen lange Schlangen zu sehen waren. Überall war zu spüren, dass es dem Land sehr schlecht ging. Nach dem Ende der Konferenz nahm mich Andrzej Olés zusammen mit zwei französischen Kollegen in seinem Auto mit nach Krakow. Südlich von Oppeln wurde die Landstraße sehr schön, und die Dörfer machten einen zunehmend gepflegteren Eindruck. Das mag daran gelegen haben, dass ein immer größerer Teil der ursprünglichen Bevölkerung noch ansässig war, je weiter man nach Süden kam. Wir waren im Hotel Kracovia untergebracht. Am folgenden Tag besichtigten wir die Altstadt. Sehr eindrucksvoll waren das Maius Kollegium sowie die Kirche am Marktplatz mit den Kunstwerken von Veit Stoß. Vom berühmten Wawel-Schloss hatte man einen schönen Blick auf die Weichsel. Am Abend war ich bei der Familie Olés eingeladen. Für das Fleisch zum Abendessen musste Frau Olés bereits morgens um 5 Uhr anstehen.

Der Rückflug gestaltete sich noch recht dramatisch. Wegen verspäteter Ankunft der Maschine in Warschau war der Flug nach Frankfurt bereits weg. Für einen Flug nach Zürich wollte mich das Personal absolut nicht bedienen, obwohl ich der einzige Kunde am Schalter war. Erst in allerletzter Minute verkauften sie mir ein Ticket für die fast leere Maschine. Offenbar wollten sie ein Bestechungsgeld, was mir in meiner Unerfahrenheit mit dieser Art von Fehlverhalten gar nicht in den Sinn gekommen war. Jedenfalls war klar, dass das Land in diesem Zustand nicht lange verharren konnte. Nach diesem ersten Besuch nach 1945 in Breslau, beziehungsweise Wroclaw dauerte es etliche Jahre, bis ich wieder Polen besuchte.

Bei der Gründung des Dresdner Instituts habe ich es als eine Aufgabe von mir angesehen, die wissenschaftlichen Verbindungen zu den östlichen Nachbarländern und -städten zu stärken. Hierfür kamen insbesondere Wroclaw und Prag in Frage. Im Jahr 2002 reiste ich nach Krakow, wo ich an einer Konferenz teilnahm. Jedenfalls wurden die Kontakte mit den polnischen Kollegen durch dieses Treffen so verstärkt, dass ich in den nächsten Jahren, von 2003 bis 2009, jedes Jahr für einige Tage nach Wroclaw reiste. Dort besuchte ich das Institute of Low Temperature and Structure Research der Polnischen Akademie der Wissenschaften, wo ich jedes Mal Vorträge hielt. Es entwickelten sich über die Zeit Freundschaften, insbesondere mit Piotr und Ania Wrobel und Jozef und Grazyna Sznajd.

Das Institut hatte eine kleine Anzahl von Gästezimmern, in denen ich übernachten konnte. Im Jahr 2005 wurde ich vom Institut zum Honorary Member ernannt. Das Institut war experimentell gut auf dem Gebiet des Magnetismus von Verbindungen mit Aktiniden positioniert. Hier trafen sich unsere gegenseitigen Interessen. Seitdem fühle ich mich noch stärker meiner Geburtsstadt verbunden. Piotr Wrobel zeigte uns mit seinem Auto die Gegend in und um Wroclaw, darunter auch Brieg, die Geburtsstadt von meiner Schwester Gabi.

Als unser Institut 2005 federführend eine International Max Planck Research School (IMPRS) gründete, kam die Frage auf, wie wir die Zusammenarbeit mit dem Akademie-Institut in Wroclaw noch weiter ausbauen könnten. Es bot sich an, das Institut ebenso wie ein Akademie-Institut in Prag zu Mitgliedern der IMPRS zu machen. Als einen Schritt in diese Richtung organisierte ich einen gemeinsamen Besuch unserer Doktoranden an das Akademie-Institut in Wroclaw. Es wurde ein großer Erfolg und verbesserte die Vernetzung unserer wissenschaftlichen Institutionen sehr.

Das Konferenzdinner veranstalteten wir im Piastenschloss in Brieg. Für das Schloss war das eine willkommene Einnahme, denn dessen wirtschaftliche Situation war bedauernswert. Den Doktoranden gab das Ereignis neue Einblicke in weniger bekannte Gebiete der Kulturlandschaft Mitteleuropas.

Auf unseren Vorschlag hin wurde Jozef Sznajd vom Präsidenten der MPG in den Wissenschaftlichen Beirat unseres Dresdner Instituts berufen, und so wurde die Zusammenarbeit mit Wroclaw eine wirklich freundschaftliche und auf gegenseitige Partnerschaft beruhende. Wegen meines Engagements in Korea wurden die Reisen nach Wroclaw bzw. Polen in den Folgejahren seltener. 2011 hatte ich zusammen mit Inge die Gelegenheit, die Stadt Lublin näher kennenzulernen. Die dortige Universität ist nach Marie Sklodowska Curie benannt, und ihr Name taucht in der Stadt mehrfach auf. Anlass zum Besuch der Stadt war die Tagung der Polnischen Physikalischen Gesellschaft, während der ich einen gemeinsam mit der Deutschen Physikalischen Gesellschaft vergebenen Preis verliehen bekam.

Die nächste Reise nach Wroclaw war dann erst wieder 2014, zusammen mit meinem Bruder Klaus. Ihn interessierte zu sehen, wie sich die Stadt seit seinem letzten Besuch entwickelt hatte. Da wir mit seinem Auto fuhren, konnten wir leicht die Umgebung besichtigen. Am 11. Mai saßen wir bei Sonnenschein im Hof des Piastenschlosses in Brieg. Als wir die Zeit in Scheidelwitz bei Brieg, wo früher unser Großvater wohnte und wo auch wir zur Zeit von Gabis Geburt wohnten, Revue passieren ließen, wussten wir nicht, dass genau zu diesem Zeitpunkt unsere Schwester an den Folgen ihres jahrelangen Krebsleidens in Bremen verstarb.

VIETNAM

Während meiner Zeit am Stuttgarter Institut hatten wir Ende der 1970er-Jahre den ersten Gast aus Vietnam, Nguyen Toan Thang. Ich nahm seine Bewerbung an, denn ich war der Ansicht, dass auch unser Institut oder, genauer gesagt, unsere Abteilung etwas zur Hilfe und Unterstützung der Wissenschaft in den sich entwickelnden Ländern leisten sollte. Wissenschaftlich gab sich Toan Thang große Mühe, aber es war von Anfang an klar, dass er ein Lernender bleiben würde. Aus diesem ersten Anfang entwickelte sich über die Jahre eine steigende Verbundenheit zur Vietnamesischen Akademie der Wissenschaften, an der Toan Thang arbeitete. Durch ihn lernte ich auch deren Präsidenten Nguyen Van Hieu kennen. Er war von Haus aus ein Feldtheoretiker und mit Abstand der beste vietnamesische Theoretische Physiker, den ich kennengelernt habe. Er gehörte, wie man sagt, zur alten Schule, er hatte klare Visionen, ein starkes Bewusstsein für Qualität und einen ausgeprägten

Willen, die Wissenschaft in Vietnam aufzubauen und zu entwickeln. Er war ein typischer Pionier. Aufgrund früherer, langjähriger Aufenthalte in der UdSSR und Beziehungen zu sowjetischen Wissenschaftlern war ihm der Lenin-Preis verliehen worden. Von ihm wird noch die Rede sein.

Dem Gastaufenthalt von Nguyen Toan Thang folgten Kurzaufenthalte von Mitarbeitern von ihm. Seine kleine Gruppe schien mir die einzige zu sein, die in Vietnam auf dem Gebiet der Theoretischen Festkörperphysik arbeitete. Im Jahr 2004 wurde ich dann von der Akademie eingeladen, Hanoi zu besuchen. Der Grund der Reise war die Teilnahme an der „9th Asia Pacific Physics Conference", auf der ich einen Plenarvortrag hielt. Daneben war es die erklärte Absicht der Gastgeber, mir das Land mit seinen Menschen näherzubringen. Allein der Verkehr in Hanoi war eine neue Erfahrung. Es gab nur wenige Autos, aber eine riesige Zahl von Motorrollern, Scootern und Fahrrädern. An den Kreuzungen mischte sich dieser Verkehr, aber durchaus recht zügig und unverkrampft. Ich fand die ineinandergreifenden Verkehrsströme faszinierend. Es schien auch alles ziemlich ungefährlich zu sein, denn die Geschwindigkeiten hielten sich sehr in Grenzen. Unfälle gab es hauptsächlich außerhalb der Städte, wenn Autos schnell fuhren und mit langsamen Verkehrsteilnehmern kollidierten.

Abends, wenn die Luft kühler wurde, war der See in der Stadt Anziehungspunkt für ein Stelldichein des jungen Hanoi. Dort war auch das bekannte Puppentheater, das mir während meiner späteren Besuche noch einige Male gezeigt wurde (mit gleichem Programm). Von Hanoi aus besuchten wir das Heimatdorf von Toan Thang, in dem es eine sehr große Keramikwerkstatt gab. Dort wurde unter einem riesigen Dach mit großen Mengen acetonartiger Chemikalien gearbeitet, die bei einem der Prozesse zur Erzeugung einer charakteristischen Glasur Anwendung finden. Tag für Tag in solch einer chemiebelasteten Luft zu arbeiten, sah ich als hochgradig gesundheitsschädlich an. Gottlob konnte der Wind von allen vier Seiten die Arbeitsfläche erreichen. So wurde mir vor Augen geführt, wie hart der bescheidene Wohlstand im Land erarbeitet werden musste.

Eine sehr schöne Tour führte uns per Flugzeug nach Hué, der alten Kaiserstadt. Zuerst besuchten wir das Grab von Tu Dûc, der während der Nguyen-Dynastie der Herrscher mit der längsten Amtszeit von 36 Jahren war. Das Grab war von 1864 bis 1866 von mehr als 6.000 Soldaten und Arbeitern gebaut worden. Während dieser Zeit kam es zu einer Revolte wegen zu harter Arbeit. Auch das 1920 bis 1931 erbaute Grab des Khai Dinh, des zwölften von dreizehn Kaisern, der 1916 den Thron bestieg, schauten wir uns an. Um den Grabbau zu finanzieren, erhöhte damals der Kaiser die Landsteuer um rund 30 Prozent.

P. F. als der letzte Kaiser von Vietnam mit Nebenfrau

Höhepunkt des Programms war natürlich die Besichtigung der Imperial City nebst Zitadelle. Die Anlage war 600 mal 400 Meter groß. Baubeginn war 1804. Im Jahr 1947 war sie rekonstruiert worden. In der Imperial City waren wir fast die einzigen

Besucher. Es wurde Toan Thang erlaubt, dass wir Aufnahmen in kaiserlichen Gewändern auf dem Thron machen durften. Mir erschien das im Hinblick auf die Geschichte des Landes zwar etwas respektlos, aber schließlich wollte ich kein Spielverderber gegenüber den Gastgebern sein.

Der Palast der Höchsten Harmonie ist der größte in Hué. Die herausragende Pagode in der Stadt ist die der Himmelskönigin (Thiên Mu). Sie liegt am Parfümfluss und wurde zu Beginn des 17. Jahrhunderts erbaut. Von Hué fuhren wir mit dem Auto in die Hafenstadt Hôi An, die im 4. Jahrhundert gegründet wurde und eine schöne historische Altstadt hat (japanische Brücke, chinesischer Tempel, der Seefahrt gewidmet, und alter Hafen). Von der nahe gelegenen Stadt Da Nang ging es wieder zurück nach Hanoi, wo ich rechtzeitig eintraf, um als Chairman der Closing Session die Konferenz zu beenden.

Während der Zeit in Hanoi wurde ich von der Familie von Toan Thang nach Hause eingeladen. Während seiner Aufenthalte in Stuttgart und Dresden hatte Toan Thang so viel Geld sparen können, dass er zur Zeit, als die Grundstückspreise in Hanoi extrem niedrig waren, ein kleines Grundstück in einer bevorzugten Gegend von Hanoi kaufen konnte, um dort eines der schmalen vietnamesischen Häuser für seine Familie zu bauen. Nun fühlte er sich wie ein Glückspilz, denn inzwischen war es für einen Wissenschaftler unmöglich geworden, ein Grundstück zu kaufen und ein Haus zu bauen. Der Vater von Toan Thang war ein Vietcong-Veteran, vermutlich kein Frontkämpfer, gebildet und auch im Alter noch diszipliniert, und dank täglicher Übungen in guter körperlicher Verfassung. Toan Thangs Familie und seine Eltern lebten gemeinsam in seinem Haus, denn als ältester Sohn und Vorstand der Großfamilie war es selbstverständlich seine Pflicht, für die Eltern zu sorgen.

Ein zweiter Vietnambesuch fand im September 2009 statt. Anlass war eine Konferenz über Computational Materials Sciences in Hanoi. Auf dem Gebiet der Berechnung der Elektronenstruktur interessanter Materialien versuchte Vietnam, Anschluss an den internationalen Stand zu finden. Neben dem Tagungsprogramm fuhr die Gruppe von Toan Thang zusammen mit dessen Frau und Tochter und mit mir zur Halong Bay. Dieser Ort ist wegen schöner Felsformationen vor der Küste berühmt und eine dementsprechende Attraktion. Wir hatten Plätze auf einem Schiff gebucht, das uns durch die Felsengebilde steuerte und auf dem wir auch übernachteten. Am Abend in dieser spektakulären Umgebung auf dem Schiffsdeck zu sitzen und zu beobachten, wie die Dunkelheit langsam einsetzt, war ein besonderes Erlebnis im Land des kleinen Tigers.

Als ich ein Jahr später wieder nach Vietnam reiste („9th Asia Pacific Workshop on Material Sciences"), nutzte ich die Gelegenheit zu einem Besuch von Ho-Chi-Minh City, dem früheren Saigon. Besonders interessierten mich die Tunnelanlagen des Vietcong vor der Stadt. Als ich sie mir anschaute und selbst in einem der Tunnel herumkroch, fragte ich mich, wie es hier ein Mensch länger als wenige Stunden aushalten konnte. Das Tunnelsystem hatte drei verschiedene Ebenen, die unterschiedlich tief lagen. Wurde die oberste Ebene durch Bombeneinschläge getroffen oder zerstört, dann zog man sich auf die tieferen Ebenen zurück. Auf dem Gelände waren noch die Einschlagkrater der von den amerikanischen B52 Bombern abgeworfenen Sprengbomben zu sehen. Verglichen damit, sahen die Krater nach der Bombardierung Dresdens nahezu harmlos aus. Über dem Erdboden hatte das zum Einsatz gebrachte dioxinhaltige Entlaubungsmittel Agent Orange, von dem insgesamt 80 Millionen Liter über das Land gegossen wurden, seine verheerende Wirkung verbreitet. So hat der Befreiungskampf des vietnamesischen Volkes mich außerordentlich beeindruckt. In der Umgebung von Saigon erinnerte ich mich, wie wir damals über diesen Krieg missinformiert wurden.

Wie bereits erwähnt, kümmerte sich Toan Thang während jedes meiner Besuche beinahe aufopferungsvoll um mich. So nahm er mich mehrfach zu Restaurants mit, in denen echte vietnamesische Küche serviert wurde. Da ich immer sehr offen für neue kulinarische Versuche gewesen war, hatte ich auch bei gebratenen Schlangen oder ähnlichen exotischen Gängen nie gezögert, sie einfach zu probieren. Nur einmal kam ich leicht ins Stocken, als es um halbausgebrütete Enteneier ging, die als außerordentlich gesund gelten. Da dachte ich, dass ich darüber hinaus nicht mehr gehen sollte.

Bei einem der Besuche kaufte ich mir das Testament des Ho Chi Minh. Er hatte es anlässlich seines 70. Geburtstags geschrieben, und zu seinem 75. Geburtstag ein Addendum hinzugefügt. Sein Hauptvermächtnis war, dass die Partei geeint bleiben müsse und deren Mitglieder selbstlos und zum Wohl der arbeitenden Bevölkerung handeln sollten. Offenbar war er sich der Gefahr der Selbstbedienung und Korruption des Parteiapparats bewusst. Was mich beeindruckte, war der Wunsch, dass nach seinem Tod keine große Beisetzung stattfinden sollte. Er wollte nicht, dass dafür die Leute Zeit und Geld verschwenden. Welcher europäische Staatsmann würde solch einen letzten Wunsch äußern? Nach seinem Tod passierte allerdings das genaue Gegenteil. Die Partei baute ihm ein riesiges Denkmal, zu dem nun die Schulklassen pilgern. Auch die im Testament eingeforderte Selbstlosigkeit der Parteimitglieder wurde nur sehr eingeschränkt realisiert. Zum Testament passte der persönliche Lebensstil von Ho Chi Minh. Einige Zeit hatte er in dem Häuschen des Chauffeurs gelebt, welches zum ehemaligen Sitz des französischen Governeurs von Indochina gehörte. Etliche Jahre später wurde für ihn im Park dieses Governeurssitzes ein kleines Holzhaus gebaut. Im Wesentlichen besteht es aus zwei kleinen Zimmern, einem Arbeits- und einem Schlafzimmer im oberen Teil des Bauwerks. Der unteren Teil ist lediglich ein offener Raum mit einem großen Tisch für Treffen mit anderen Personen. Die beiden Zimmer sind so spartanisch ausgestattet, dass es einfacher kaum mehr geht. Nun war zur Bauzeit der Vietnamkrieg noch nicht beendet, und insofern ist die extreme Genügsamkeit auch der verheerenden Lage des Landes in dieser Zeit geschuldet.

Der erste „International Workshop on Theoretical and Computational Physics“ brachte mich 2013 noch einmal zurück nach Da Nang. Er fand in einem erstklassigen Hotel statt, das direkt am Meer gelegen war. Diesmal fungierte ich als Präsident des Workshops. Das war jedoch lediglich als eine freundliche Geste der Organisatoren mir gegenüber gedacht. Die positiven Veränderungen seit meinem ersten Besuch waren klar sichtbar. Vietnam würde sich noch rapider entwickeln, wenn es nicht von den Funktionären der herrschenden Partei in seinem Wachstum behindert würde. Die herrschende Kadergruppe ist stark von den Kindern der Parteiführer der ersten Generation geprägt. Während die Väter für die Unabhängigkeit des Landes arbeiteten oder kämpften, sind die Nachkommen oft anfällig für Korruption und am schnellen Geldverdienen interessiert. Die Entwicklung der Preise für Boden in Städten wie Hanoi bietet hier vielfältige Möglichkeiten, um mit Bestechungen zum Ziel zu kommen. Vorbild für etliche Vietnamesen, mit denen ich gesprochen habe, ist Südkorea. Trotz allem halte ich Vietnam für das entwicklungsstärkste Land unter den Neuen Tigerstaaten.

ISRAEL

Für jeden Deutschen ist das Verhältnis zu Israel sehr speziell. Das hat mit den Untaten zu tun, die während der Zeit des Nationalsozialismus an den jüdischen Mitbürgern begangen wurden. So ist auch in meiner Generation unterschwellig ein diffuses Schuldgefühl vorhanden, obwohl wir bei Kriegsende noch Kinder waren und somit keine Schuld auf uns geladen haben können. Das ist nicht gut, denn es belastet ein normales, unverkrampftes Verhältnis zu diesem wunderbaren Land.

Die ersten Kontakte ergaben sich über Vilen Zevin und seine Frau Raya, die aus der Sowjetunion eingewanderte Israelis sind und mit denen Inge und ich seit annähernd 50 Jahren befreundet sind. Während meiner Frankfurter Zeit hatte mich Bruno Elschner aus Darmstadt auf Vilen Zevin aufmerksam gemacht, denn sein wissenschaftliches Interesse überlappte sowohl mit meinem eigenen als auch dem von Elschner. Besuchen in Frankfurt folgten später ausgedehnte Aufenthalte in Büsnau, wo Vilen eine Art auswärtiges Mitglied unserer Theoriegruppe wurde. Er verbrachte 1979, 1985 und 1992 jeweils ein Jahr mit uns und besuchte uns zwischenzeitlich praktisch jedes Jahr zur Sommerzeit.

Im Jahr 1983 war es soweit, dass Inge und ich zum ersten Mal Israel aufgrund einer Einladung von der Hebrew University in Jerusalem besuchten. Diese Reise gehört zu meinen eindrucksvollsten Erlebnissen. Der Besuch fand im Mai statt. Wir wohnten im Belgium House auf dem Campus in einer zauberhaften Umgebung. Die Gastfreundschaft war außergewöhnlich, Vilen tat alles, um uns mit dem Land bekannt zu machen. Sein Student Igor Goldfarb (später Igal Galili) war ein Hobbyarchäologe und Geschichtskundiger. Seine Führung durch Jerusalem ist mir lebhaft in Erinnerung. Es war die interessanteste Führung durch eine Stadt, die ich je erlebt habe. Fast an jeder Ecke gab es historische Ereignisse, über die Igal uns etwas sagen konnte. Mit Vilen fuhren wir zum Kibbutz Ein Gedi, wo wir im Gästehaus übernachteten. Auch hier wieder, Geschichte, wo immer man hinschaute. Von dort aus ging es zum Kibbutz Khanita in der Nähe der libanesischen Grenze, wo Vilens Cousin Dan Ram wohnte. Wir fuhren mit dem Auto entlang der Grenze und scherzten über den Grenzzaun.

Es ist zutiefst traurig, wie sich die Situation seitdem verändert hat. Wenn man sich die Zunahme der Spannungen und das Anwachsen von Sicherheitsmaßnahmen seither vor Augen hält, und das betrifft insbesondere auch die Atmosphäre und

Sicherheitslage in Jerusalem selbst, dann verheißt das für die Zukunft nichts Gutes.

Im Jahr 1991 wurde ich in das Kuratorium der Deutsch-Israelischen Stiftung (GIF) berufen. In diesem Kuratorium hat die Max-Planck-Gesellschaft einen Sitz, den vor mir Hans Weidenmüller innehatte. Die Stiftung hatte zum damaligen Zeitpunkt ein Stiftungskapital von 2 mal 200 Millionen DM. Von den anfallenden Zinsen wurden gemeinsame Forschungsprojekte von deutschen und israelischen Wissenschaftlern finanziert. Der deutsche Anteil am Stiftungskapital ist hinterlegt worden, während die israelische Seite jährlich den Zinsertrag ihres Anteils einzahlt. Das hatte in der Praxis jedoch keine negativen Auswirkungen. Die Absprache war, dass bei der Verteilung der Mittel 60 Prozent an israelische und 40 Prozent an deutsche Wissenschaftler gehen.

Das Kuratorium wurde hauptsächlich von Amnon Barak, einem ehemaligen Mitarbeiter der Landesverteidigung, verwaltet bzw. dominiert. Er wurde von Christel Stepper unterstützt, einer sehr netten und kompetenten Mitarbeiterin im Münchner Büro der Stiftung. Für Barak wurde das GIF, für das er sich hundertprozentig einsetzte, Dreh- und Angelpunkt seines Denkens. Ich bewunderte sein Engagement und sein politisches Geschick. Die Politisierung der Forschungsgelderverteilung unterschied sich allerdings deutlich von der in Deutschland. Als er für die Verleihung des Bundesverdienstkreuzes in Erwägung gezogen wurde, unterstützte ich diese aufgrund seines Einsatzes.

Für die israelischen Kollegen spielt das GIF-Programm eine große Rolle, da ihre Möglichkeiten, Geld für ihre Reisen und Forschung zu bekommen, recht begrenzt sind. Dementsprechend war für sie die Beurteilung ihrer Anträge durch das Kuratorium sehr wichtig. Die Gutachter, die wir zur Beurteilung der Anträge fragten, beurteilten fast alle Anträge, zumindest in den Naturwissenschaften, mit „excellent". So reichte es manchmal für die Ablehnung eines Antrags, dass es bei der Beurteilung neben viermal „excellent“ auch einmal nur „gut“ oder „sehr gut“ gab. Das Verfahren war in meinen Augen für die Beurteilung von Anträgen nicht optimal, denn da letztlich alles gleich beurteilt wurde, gaben politische Überlegungen oft den Ausschlag, ob ein Antrag Unterstützung fand oder nicht. Ein Grund für die Inflation guter Noten war es auch, die Politiker davon zu überzeugen, das Stiftungskapital zu verdoppeln. So viel exzellente Forschungsvorhaben könne man nicht einfach ablehnen. Das gelang Barak auch und war quasi die letzte Amtshandlung des damals zuständigen Staatssekretärs im Bundesministerium für Bildung und Forschung (BMBF), bevor er in den Ruhestand ging. Die israelische Wissenschaftsgemeinschaft honorierte diese Unterstützung mit der Verleihung der Ehrendoktorwürde an ihn durch die Hebrew University.

Die Treffen des GIFs fanden abwechselnd in Israel und in Deutschland statt. Auf diese Weise wurde ich nicht nur mit vielen israelischen Kollegen bekannt, sondern auch mit mehreren deutschen und israelischen Wissenschaftsministern und deren Staatssekretären. Deren Qualität war recht unterschiedlich. Gut in Erinnerung sind mir als ehemalige Minister Heinz Riesenhuber und auch Matthias Wissmann geblieben. Beide hoben sich deutlich vom Rest ab. Die Tätigkeit als Kurator des GIF brachte es mit sich, dass ich auch eine Reihe von Einladungen zu Konferenzen erhielt. Hinzu kamen solche zu runden Geburtstagen israelischer Kollegen.

Für die Geschichte des Landes und die Schönheit seiner Landschaft öffneten sich zunehmend die Augen. Die wichtigsten historischen Sehenswürdigkeiten, wenn man diesen Begriff verwenden will, meine ich gesehen zu haben. Fachlich gesehen, waren die Kontakte besonders zum Weizmann-Institut und zur Hebrew University wichtig. So haben Uzy Smilansky und Itamar Procaccia vom Weizmann-Institut unser Dresdner Institut in der Aufbauphase mit Vortragsreihen und Mitarbeit im Wissenschaftlichen Beirat und in Kommissionen sehr geholfen. In den Anfangsjahren des Dresdner Instituts hatten wir ein stimulierendes Treffen unserer Doktoranden mit selbigen aus Israel, von dem alle Beteiligten begeistert waren. Seitdem ist die Zahl von Gästen aus Israel am Institut gleichbleibend hoch.

Nach elfjähriger Tätigkeit für den GIF mit einem beachtlichen Arbeitsaufwand fand 2002 das BMBF die Zeit für einen Wechsel reif. Das war mir recht, insbesondere da mir die fortgesetzte Inflation von Bestnoten für Forschungsvorhaben zunehmend Unbehagen verursachte. Als das Ministerium mich um mögliche Kritikpunkte bat, brachte ich dieses spezielle Problem auch zum Ausdruck, ebenso wie die Ansicht, dass der Verteilungsschlüssel bei Verdopplung des Stiftungsvermögens von 60:40 Prozent auf 50:50 Prozent geändert werden sollte. Ich bin der Meinung, dass für eine langfristige, fruchtbare Zusammenarbeit beide Partner gleiche Rechte und Pflichten haben müssen. Mir erschien es unangemessen, wenn aufgrund der früher verübten Verbrechen an jüdischen Wissenschaftlern dafür jetzt, bildlich gesprochen, ein Rabatt bei der Mittelverteilung gewährt wurde. Es gab starke Anzeichen, dass das Ministerium dem GIF diese Kritikpunkte hat zukommen lassen, denn das Verhältnis des GIF mir gegenüber änderte sich nach diesem Telefonat schlagartig. Ich schied nicht nach dem sonst üblichen Verfahren beim GIF aus, sondern, wie man so sagt, sang- und klanglos. Allerdings hat das freundschaftliche Verhältnis zu meinen israelischen Kollegen darunter nicht gelitten, und das ist schließlich die Hauptsache.

CHINA

Meine erste Reise nach China fand im September 1978 statt und ist sicher die eindrucksvollste gewesen, die ich in meinem Leben gemacht habe. Damals war ich Teilnehmer einer Delegation der Max-Planck-Gesellschaft, die zum Ziel hatte, mit der Chinesischen Akademie der Wissenschaften ein Kooperationsabkommen abzuschließen. Solch ein Abkommen war 1974 beim ersten Chinabesuch des Präsidenten der MPG, R. Lüst, mit der Academia Sinica (AS), wie sie damals noch hieß, vereinbart worden. Später nannte diese sich um in Chinese Academy of Science.

Unsere Delegation bestand aus dem Generalsekretär der MPG, Dietrich Ranft, seiner Frau, dem Biochemiker Hans Peter Hofschneider, dem Geistes- und Sprachwissenschaftler Tilmann Spengler, Helmut Wieczorek als Vertreter der Deutschen Forschungsgemeinschaft, Edmund Marsch von der Generalverwaltung und mir. Frau Ranft begleitete ihren Mann, der im Zweiten Weltkrieg einen Arm verloren hatte und auf solch einer großen Reise auf Hilfe angewiesen war. Das Abkommen, welches wir abschließen sollten, war von deutscher Seite nicht nur für die MPG, sondern darüber hinaus auch für die DFG und damit die deutschen Hochschulen gedacht. Eigentlich wäre die DFG der richtige Partner der Academia Sinica für den Abschluss solch einer Vereinbarung gewesen. Das war jedoch aus politischen Gründen nicht möglich, und so war die Aufgabe an die MPG gefallen. Der kritische Punkt war der Einbezug von Westberlin in das Abkommen, gegen den die Chinesen keine Einwendungen hatten. Dagegen war für die Sowjetunion Westberlin kein Teil der Bundesrepublik. Da die DFG mit der sowjetischen Akademie ein Abkommen geschlossen hatte, das Westberlin ausschloss, stand die Drohung im Raum, dass dieses gekündigt würde, falls die DFG mit der Academia Sinica ein Abkommen unter Einschluss von Westberlin abschließen würde.

Als wir auf dem damals kleinen und fast leeren Flughafen in Beijing ankamen, wurden wir vom Generalsekretär der Akademie, Yu Wen abgeholt. Er war eine eindrucksvolle Persönlichkeit. Bereits auf der Fahrt zum Hotel Peking erzählte er uns, dass er während der Kulturrevolution für einige Jahre auf dem Land unter demütigenden Bedingungen arbeiten musste. Wie schwer die Bevölkerung unter der Kulturrevolution leiden musste, wurde uns hier zum ersten Mal deutlich gemacht. Das Hotel Peking nahe der Verbotenen Stadt war mehrheitlich mit Ausländern belegt. Es war nicht nur das führende, sondern praktisch auch das einzige Hotel mit westlichen Standards in Beijing. Auf den Straßen gab es so gut wie keine Autos, dafür aber viele Fahrradfahrer. Die Grünen hätten ihre Freude gehabt! Während des gesamten Aufenthalts wurden wir extrem gut behandelt, fast wie Staatsgäste. Auf der Fahrt in die Stadt wurde an größeren Kreuzungen der Weg für uns von Polizisten freigemacht. Farben gab es auf den Straßen praktisch keine. Alle Chinesen trugen entweder Anzüge im typischen Mao-Grau oder steckten in gelbbraunen Uniformen, falls sie Mitglieder der Armee waren. Obwohl für uns alle Menschen ob ihrer Anzugsordnung gleich aussahen, so konnten die Chinesen untereinander doch sofort an kleinen Details erkennen, was für einen Rang ein Soldat hatte oder ob ein höherer Funktionär vor ihnen stand.

Unsere Delegation in China:

v.v.l.: Akademiemitglied, Frau Ranft, Yu Wen, Dietrich Ranft, Fang Yi, Botschafter Wickert, Präsident der Akademie für Gesellschaftswissenschaften, P. F., Herr Marsch, Mitarbeiter der Akademie;

h.v.l.: drei Mitarbeiter der Akademie, Botschaftsangestellte, Herr Wieczorek, Till Spengler, Hans Peter Hofschneider, Mitarbeiter der Akademie (verdeckt)

Besuche an der Beijing University und von Akademieinstituten zeigten die großen Brüche, welche die Kulturrevolution erzeugt hatte. In den Bibliotheken fehlten die entsprechenden Jahrgänge der Zeitschriften. Mehrere Wissenschaftler in meinem Alter klagten, dass sie die wichtigsten Jahre ihres Lebens für Forschung verloren hätten. Wie uns erzählt wurde, betrafen Folterungen, Zwangsarbeit und Hinrichtungen Millionen von Menschen. Die Ausrüstung der Institute war mehr als bescheiden. Dennoch war die große Wissenschaftstradition Chinas an vielen Stellen zu spüren. Man hatte das Gefühl, dass die chinesische Wissenschaft nur für eine kurze Phase ihrer langen Geschichte in dieser bedauernswürdigen Lage war und bald wieder aufsteigen würde. Die alten Professoren, die zum Teil noch im Zweiten Weltkrieg oder davor etliche Jahre in Deutschland verbracht hatten, pflegten diese Tradition und gaben diese, so wie sie es gelernt hatten, an die jüngere Generation weiter. Wie sie mehrfach betonten, waren die Jahre in Deutschland trotz des Krieges mit seinen Luftangriffen die schönste Zeit ihres Lebens.

In der Nähe von Beijing besichtigten wir unter anderem einen Kernreaktor, der zur Akademie gehörte und der von sowjetischen Wissenschaftlern zu einer Zeit errichtet wurde, als China und die Sowjetunion noch eng befreundete Länder waren. Als es dann zum Bruch zwischen den beiden Staaten kam, wurden die russischen Wissenschaftler von einem Tag auf den anderen abgezogen unter Mitnahme aller Unterlagen über den Reaktor und die dazugehörenden Instrumente. In äußerst mühseliger Kleinarbeit mussten daraufhin die Chinesen versuchen, herauszufinden, wie der Reaktor funktionierte und benutzt werden konnte.

Neben Besichtigungen der Akademieinstitute gab es natürlich auch ein touristisches Programm. So wurden wir z. B. in der Verbotenen Stadt, die damals nur sehr wenigen Menschen zugänglich war, fürstlich bewirtet, ebenso wie im Beihai-Park. Die Dinner waren jeweils absolut luxuriös und das in einer Umgebung, in der die Bevölkerung nicht viel mehr als eine Schale Reis als Mahlzeit hatte. Belustigend war es, wenn bei solch einem Dinner die chinesischen Kollegen immer wieder mit einem neuen Gläschen Maotai mit uns anstießen und uns aufforderten, ex zu trinken, während sie selbst jeweils nur wenig daran nippten. Dennoch hatte der Alkohol auf ihre von Hungerjahren gezeichneten Körper einen stärkeren Einfluss als auf uns, die wir gut genährt waren, sodass sie dann nach einiger Zeit diese Trinkgewohnheit aufgaben.

Ein Höhepunkt neben der Unterzeichnung des Abkommens mit der Academia Sinica war ein Empfang in der Halle des Volkes durch Fang Yi, dem Präsidenten der Akademie. Fang Yi war ein alter Weggefährte von Mao Tse Tung. Er hatte am legendären Langen Marsch teilgenommen und war zur damaligen Zeit Mitglied des obersten Parteigremiums. Er war von drahtiger Statur, sehr gut informiert und erläuterte uns die Pläne Chinas nach der Entmachtung der berüchtigten Viererbande. Von ihm ging klar die Nachricht aus, dass in China eine neue Zeitrechnung begonnen hatte.

Von Beijing führte uns die Reise nach Lanzhou, wo wir ein Institut der Akademie besichtigten. Als ein besonderes Erlebnis war dort zu beobachten, wie nach einem Sirenengeheul die Straßen plötzlich wie leergefegt waren. Die Bevölkerung verschwand unter dem Erdboden, wo sich offenbar ein großes Tunnelsystem befand. Es wurde, wie man uns sagte, ein Angriff durch die Sowjetunion simuliert.

Nahe Sian sahen wir die Ausgrabungen der Terrakotta-Armee am Mausoleum des Kaisers Qin Shihuangdis. Damals waren weniger als zehn Figuren auf der riesigen Grabanlage freigelegt. Die Leiterin des Ausgrabungsprojekts führte uns und war von ihrer Aufgabe als Projektleiterin so begeistert, dass es ansteckend wirkte. Inzwischen ist ein großer Teil der Ton-Armee freigelegt und wird eines Tages zu den größten Attraktionen weltweit im Bereich der Kultur und Künste zählen. In

Sian selbst hatten die Menschen zuvor nur selten oder niemals Europäer bzw. Kaukasier gesehen. Deshalb stiegen die Leute von ihren Fahrrädern und folgten uns, wenn wir auf der Straße liefen und sie uns sahen. Als wir oben auf dem Rundgang der alten Pagode standen, sahen wir, dass sich unten Menschen ansammelten, die zu uns nach oben sahen und uns wie Exoten bestaunten.

In Shanghai besuchten wir die Fudan Universität, die traditionell Verbindungen zu Deutschland hat. Ein frei zugänglicher, großer Park war dicht mit Menschen gepackt, die an dem Sonntag dort Erholung suchten. Die Menschendichte in der Stadt war etwas, was ich so noch nicht gesehen hatte. Es gab in der Stadt ein einziges Geschäft, in dem man gegen US-Dollars westliche Güter kaufen konnte. Allerdings war es nur spärlich besucht, denn nur ganz selten hatten chinesische Bürger westliche Devisen, vermutlich von im Ausland lebenden Familienangehörigen, und ausländische Besucher wie wir waren ausgesprochen selten. Als ich Jahre später die Stadt wieder besuchte, hatte diese fast nichts mehr mit derjenigen zu tun, die ich von meinem ersten Besuch her kannte.

Erwähnen sollte ich auch den Besuch einer Kolchose, die als vorbildlich galt. Auf der Fahrt dorthin erinnerte der Verkehr an Ameisenstraßen. Lastenträger liefen in beiden Richtungen in ihrer typisch wippenden Gangart, bei der die an einem Holzträger rechts und links hängende Last im Gleichklang mit dem Läufer schwingt. Diese Art des Gütertransports muss es auch in Europa vor vielen hundert Jahren gegeben haben. Getreide wurden auf den Wegen ausgelegt, wo mit Stockschlägen die Spreu von den Körnern getrennt wurde. Auf der Kolchose wurde uns berichtet, dass bei früheren Hungersnöten die Eltern zum Teil ihre Kinder verkauft hatten. Die Hungerzeiten seien jedoch dank der kommunistischen Regierung vorbei. Die Lehmhütte des besten Arbeiters auf der Kolchose bestand aus einem kleinen Raum von weniger als 15 Quadratmeter mit einem Bett, einem Stuhl und einem kleinen Tisch.

Der besondere Besitz bestand aus einem halbgefüllten Reissack, der auf einem höhergelegenen Brett lag. Alles war einfach, aber absolut sauber.

Um uns die Schönheiten des Landes zu zeigen, wurden wir zu einem Besuch des Mondsees nahe der Stadt Liyang im Bezirk Changjiang eingeladen, wo wir im Gästehaus der Regierung übernachteten. Bekanntlich konkurrieren der Mondsee und die Umgebung von Guilin um den ersten Platz, die Schönheit der Landschaft betreffend. Ich kann dem nur zustimmen und wüsste nicht, wem ich die Krone aufsetzen würde. Die Landschaft um den See ist malerisch und völlig eben. Uns wurde berichtet, dass Mao sich gern hier aufhielt, was er vermutlich auch in anderen schönen Landesteilen tat. Wenige Tage später hatten wir Gelegenheit, Guilin ebenfalls zu besuchen. Die Fahrt auf einem Schiff durch die bergige Landschaft bei Guilin mit den Wasserbüffeln im Fluss, die wir des Öfteren sahen, war ganz anderer Natur und ebenfalls wunderschön. Außer uns gab es praktisch keine Touristen. Das Schiff war sehr geräumig, das Wetter gut und die Verpflegung hervorragend. Ich fühlte mich inmitten der reizvollen Landschaft wie im Himmel und konnte die chinesischen Poeten gut verstehen, die in zahllosen Gedichten, die sich hier offenbarende Schönheit der Landschaft mit den exotisch wirkenden Bergen gepriesen haben. Hätte es dort eine Eiszeit wie in Europa gegeben, dann würden solche Berglandschaften aus relativ weichem Gestein, das fast senkrecht nach oben führt, nicht existieren. Über Kanton, das von Fahrradfahrern überquoll, ging die Reise mit dem Zug nach Hongkong, wo sie auch endete.

Die Reise ins Land der Mitte und insbesondere der Wille der dortigen Wissenschaftler, jetzt, nach den verlorenen Jahren durch die Kulturrevolution, wieder wissenschaftlich aktiv zu werden, hatten mich so beeindruckt, dass ich beschloss, den Kollegen dort zu helfen. So entstand der Plan, in Beijing eine Sommerschule zu veranstalten, die im September 1980 auch wirklich stattfand. Die Kurse sollten in Beijing von deutschen

Wissenschaftlern in englischer Sprache für junge chinesische Wissenschaftler gegeben werden und die wesentlichen experimentellen und theoretischen Methoden zum Studium der kondensierten Materie abdecken. Eine Art Vorbild waren die sehr erfolgreichen jährlichen Kompaktkurse, welche an der Kernforschungsanlage Jülich von Institut für Festkörperforschung organisiert wurden. Sie richteten sich an Studenten an den deutschen Hochschulen, und ich hatte selbst einmal dort eine Reihe von Vorlesungen gehalten. Mein Vorhaben wurde von der Max-Planck-Gesellschaft unterstützt, und so war es 1980 so weit, dass unsere Veranstaltung im September für rund drei Wochen in Beijings Friendship Hotel stattfinden konnte. Da es zur damaligen Zeit faktisch keine Lehrbücher über Festkörperphysik in China gab, schrieb ich vor Beginn der Sommerschule einige deutsche Verlage an und bat um Kopien aus dem Verlagssortiment über dieses Gebiet. Dabei kamen beachtliche Spenden zusammen. Der Springer Verlag (Heidelberg) schenkte uns genügend Exemplare eines Lehrbuchs (O. Madelung, *Introduction to Solid State Theory*), sodass jeder Teilnehmer an der Sommerschule eine Kopie des Lehrbuchs geschenkt bekommen konnte. Jeder der deutschen Kollegen hielt circa zehn Stunden Vorträge. Da die Englischkenntnisse der chinesischen Wissenschaftler unzureichend waren, wurde jeder Satz vom Englischen ins Chinesische übersetzt. Wir hatten den Kurs in zwei Teile geteilt, sodass jeder, aus Deutschland angereisten Sprecher für rund zehn Tage in Beijing weilte. Unser Kurs stieß auf großes Interesse. Die Teilnehmerzahl musste auf rund fünfzig begrenzt werden. Die Lebensbedingungen der Wissenschaftler waren zu der Zeit noch sehr bescheiden. Wenn es in den Pausen Jasmin-Tee gab, dann bekamen wir Vortragenden Tee normaler Stärke, während die Teilnehmer sich mit heißem Wasser und ein paar kleinen Teekrümeln darin begnügen mussten.

Jahre später führte mich der Weg wieder nach China. Im November 2004 war ich Vorsitzender einer Kommission, welche das Institute for Theoretical Physics der Chinese Academy of Science (CAS), der inzwischen umbenannten früheren Academia Sinica, evaluieren sollte. Die Kommission war sehr kompetent besetzt. Unsere Aufgabe war es, der CAS zu sagen, was sie zu tun hätte, um das Institut zum führenden Zentrum für Theoretische Physik in der Welt zu machen. Die CAS wollte diese Sonderstellung für zwei bis drei ihrer Institute unbedingt erreichen und war bereit, dafür jeden Preis zu zahlen. Wir versuchten, der CAS klarzumachen, dass man Exzellenz nur über langfristige Förderung und Berufung von herausragenden Talenten erzielen konnte und dass dies Zeit bräuchte. Zu dieser Zeit hatte sich Beijing im Vergleich zu meinem ersten Besuch bereits unglaublich verändert. Auch Shanghai war kaum wiederzuerkennen. Die von Fang Yi angekündigte Neue Zeit hatte in der Tat begonnen, Fuß zu fassen.

Wiederum Jahre später, es war der Dezember 2013, besuchte ich erneut Beijing. Diesmal war es dort die Tsinghua Universität, die ich kennenlernte und wo ich als Juror an der Endrunde eines nationalen Schülerwettbewerbs über Physik teilnahm. Diese alljährliche Veranstaltung wurde von dem Mathematiker S.-T. Yau ins Leben gerufen und ergänzt den zuvor nur auf Mathematik beschränkten Wettbewerb. Die Teilnehmer der Endrunde kamen meiner Meinung nach mit ihren Projekten nicht ganz an diejenigen von „Jugend forscht“ heran. Dafür sicherte ihnen die Tatsache, bis in die Endrunde gelangt zu sein, mit hoher Wahrscheinlichkeit einen Studienplatz mit einem Stipendium in den USA zu. An einem der Abende gab Brian Greene, der ebenfalls einer der Juroren war, einen exzellenten Vortrag zum Thema der Verknüpfung von Gravitationstheorie mit der Quantenmechanik. Die Tsinghua Universität strahlt Ehrwürdigkeit und Tradition aus. Sie ist so etwas wie das chinesische Harvard.

Der Besuch in Beijing gab mir Gelegenheit, das berühmte „birds nest“, so heißt das Stadion auf dem Olympiagelände, kennenzulernen. Der Bau des Schweizer Architektenduos Herzog & de Meuron ist in der Tat ein beeindruckendes Beispiel moderner Architektur, unterstützt von einer fantastischen Ingenieurleistung. Ohne die Meisterleistungen der Statiker unserer Zeit wäre solch ein Bauwerk undenkbar gewesen. Sehr gelungen war auch das würfelförmige Aquarium, wo die Schwimmwettkämpfe stattfanden. Wie muss die Halle gewirkt haben, als sie voll besetzt war!

Die Luft in Beijing war durch Smog sehr belastet, allerdings war es noch ertragbar. Ansonsten hatte die Stadt wenig mit derjenigen gemeinsam, die ich bei meinem ersten Besuch kennengelernt hatte, sie war inzwischen zu einer der großen Weltmetropolen geworden.

JAPAN

Die Basis für eine Zusammenarbeit und freundschaftliche Verbundenheit mit japanischen Kollegen wurde bereits sehr früh geschaffen, nämlich während meiner Post-doc-Zeit in Berkeley. Wie bereits beschrieben, hatte ich dort die Gelegenheit, mit Kazumi Maki viel zu diskutieren und zusammenzuarbeiten. Ich hatte ihn 1964 auf der Internationalen Konferenz über Tieftemperaturphysik in Columbus (Ohio) kennengelernt. Diese Zusammenarbeit setzte sich später an der Universität Frankfurt, am Institut Laue-Langevin und in Stuttgart für viele Jahre fort. Kazumi, der gern reiste, war fast jedes Jahr, meist für kürzere Zeit, zu Gast bei uns. Diese Freundschaft hielt über mehrere Jahrzehnte bis zu seinem Tod im Jahr 2008. Es war anlässlich eines längeren Aufenthalts in Dresden, als sich sein Gesundheitszustand so dramatisch verschlechterte, dass er mit einem kleinen Flugzeug des Roten Kreuzes zurück nach Los Angeles gebracht werden musste. Dort verstarb er kurz darauf. Durch diese Verbindung ergab sich fast von allein ein Zugang zur japanischen Physikergemeinschaft, der bis heute anhält, obwohl die Kontakte inzwischen altersbedingt abnehmen.

Die erste Reise nach Japan fand im Rahmen eines Taniguchi-Symposiums im Jahr 1978 statt, im selben Jahr wie mein erster Besuch Chinas. Sie war besonders eindrucksvoll. Taniguchi, ein reich gewordener Industrieller in der Bekleidungsindustrie, hatte beschlossen, einen Teil seines Vermögens der Völkerverständigung zur Verfügung zu stellen. Die Unterstützung von Treffen zwischen jungen Wissenschaftlern schien ihm dafür besonders geeignet zu sein. Dazu übereignete er ein Grundstück, welches ihm gehörte, schrittweise einer Bank mit der Abmachung, dass diese jedes Jahr wissenschaftliche Symposien finanziert, sodass bei seinem Tod der Grundstückspreis abgegolten wäre. Damals konnte man noch nicht absehen, dass aufgrund der ständig wachsenden Grundstückspreise die Zuwendungen der Bank Jahr für Jahr stiegen und somit diese Symposien zunehmend luxuriöser wurden.

Das erste Taniguchi-Symposium in Physik, zu dem ich eingeladen wurde, fand am Lake Biwa statt. Es wurde von Junjiro Kanamori organisiert. Er entstammte einer bekannten Industriellenfamilie in Japan und kannte Taniguchi gut. Als Physiker ist Kanamori sehr bekannt, durch die Goodenough-Kanamori-Regel, welche in der Theorie des Magnetismus eine große Rolle spielt. Wir waren rund 20 Teilnehmer, und es wurden zahlreiche Verbindungen während des Treffens geknüpft. Teil der Aufgabe der Symposien war es, neben den wissenschaftlichen Vorträgen die ausländischen Teilnehmer mit der japanischen Kultur und ihren Traditionen vertraut zu machen. Zu diesem Zweck wurden wir unter anderem zu einer traditionellen Teezeremonie eingeladen. Die Geishas trugen nicht nur kostbare Kimonos, sondern auch ihre Gesichter waren grell mit weißer Farbe geschminkt, sodass sie maskenhaft wirkten. Der zubereitete Tee war sehr stark, fast wie Medizin, und wurde in kleiner Menge in größeren, sehr schön lackierten Schalen gereicht. Ein anschließender Besuch eines buddhistischen Klosters vervollständigte den Nachmittag, der ein gelungener Versuch war, uns dem kulturellen Erbe Japans näherzubringen. Während eines Banketts lernten wir Taniguchi persönlich kennen, und der älteste der Teilnehmer übernahm die Aufgabe, ihm für die Unterstützung des Symposiums zu danken. Später war ich noch mehrfach in Japan. Dennoch ist mir dieser erste Besuch besonders in Erinnerung geblieben.

Jahre später, im April 1985, hatte ich nochmals die Gelegenheit, an einem Taniguchi-Symposium teilzunehmen, welches in einem recht feudalen Hotel in Shima Kanko stattfand. Diesmal waren T. Kasuya und T. Saso die Organisatoren. Der Koch des Hotels war als Fernsehkoch in Japan landesweit bekannt. Seine Küche lehnte sich an die französische an, die in Japan als besonders exklusiv gilt. Im By-Programm besuchten wir das weltweit bekannte Unternehmen Mikimoto, wo wir vieles über die Perlentaucherinnen und über Zuchtperlen lernten. Auch diesmal stand wieder der Besuch eines Klosters auf dem Programm. Die dortigen Mönche waren Vegetarier, die aus Sojabohnen zahlreiche Gerichte herstellten, welche wahlweise nach verschiedenen Fleisch- oder Fischsorten schmeckten. Zu meinem Erstaunen war ich diesmal der älteste ausländische Teilnehmer, und so war es an mir, beim Festbankett Taniguchi für die Finanzierung des Symposiums unseren Dank auszusprechen.

Nach den Taniguchi-Symposien gab es jeweils Gelegenheit, andere Universitäten in Japan zu besuchen. Für mich war die Tohoku Universität in Sendai besonders interessant, da dort Tatsuo Kasuya tätig war, der, wie bereits erwähnt, auch das Symposium in Shima Kanko organisiert hatte. Seine Arbeiten zu f-Elektronensystemen schätzte ich sehr, und von seinen physikalischen Vorstellungen konnte ich viel lernen. Als ich das erste Mal Sendai besuchte, fielen mir die recht zahlreichen Risse in den Gebäuden auf dem Campus auf. Sie stammten von Erdbeben, wurden aber von den Kollegen als harmlos angesehen. Bei einem zweiten Besuch in Sendai war der Anlass eine sehr interessante Konferenz über Kristallfeldeffekte, bei der ich gebeten wurde, die Zusammenfassung am Ende der Tagung zu geben. Da ich das mit deutscher Gründlichkeit tat, überzog ich die vorgegebene Zeit beträchtlich. Das wurde jedoch vom „chairman“ des Treffens toleriert.

Neben Sendai entwickelten sich die Kontakte mit dem Institute for Solid State Physics (ISSP) der University of Tokyo besonders gut. Hier gab es starke gemeinsame Interessen mit Kazuo Ueda, Toru Moriya, Hide Fukuyama, den ich von meinem Aufenthalt bei Henry Ehrenreich in Harvard her kannte, und natürlich Hajime Takayama, der für längere Zeit Gast in unserer Gruppe am Institut Laue-Langevin und später am MPI in Stuttgart war. Das ISSP gehört weltweit zu den besten Instituten in Festkörperphysik. Das hat sich gezeigt, als wir 2005 gebeten wurden, als eine internationale Gruppe von Kollegen das Institut zu evaluieren. Zu dem Zeitpunkt war das ISSP bereits von seinem früheren Standort in Roppongi auf den neuen Kashiwa-Campus gezogen und dort in einem eindrucksvollen Neubau untergebracht. Da ich die Aufgabe hatte, den Report zu schreiben, habe ich mich damals sehr intensiv mit dem Programm und der Struktur des Instituts befasst.

Besonders während meiner Stuttgarter Zeit hatten wir zahlreiche japanische Gäste, überwiegend Post-docs in unserer Gruppe.[14] Damals war es üblich, dass ein junger japanischer Wissenschaftler nach seiner Promotion für einige Zeit ins Ausland ging. In dem Fall waren Max-Planck-Institute natürlich eine gute Adresse. Das änderte sich später im Laufe der Jahre. So ist gegenwärtig in Japan die Neigung begrenzt, als Post-doc ins Ausland zu gehen. Für eine Laufbahn als akademischer Lehrer ist es kein Nachteil mehr, wenn man im Land bleibt und nur gelegentlich zu Konferenzen ins Ausland fährt. Es bleibt abzuwarten, was für Konsequenzen diese Verhaltensänderung für den Wissenschaftsbetrieb in Japan haben wird.

14 u. a. Tetsuro Saso, Takami Tohyama, Katsuhiko Hanzawa, Hajime Takayama, Sadamichi Maekawa, Yoshiro Kakehashi, Tetsuo Ogawa, Toshio Soda

Ein Gast, der besonders lange in unserer Gruppe arbeitete, war Yoshiro Kakehashi. Er kam als Post-doc nach Stuttgart und hatte ein angespanntes Verhältnis zu seinem Doktorvater in Osaka. Obwohl er ein sehr guter Wissenschaftler war, konnte er für eine Reihe von Jahren keine Anstellung in Japan finden, weil dieser Konflikt bekannt war. Er gehörte zu denjenigen Forschern, die sich nicht scheuten, auch wirklich schwierige Probleme anzupacken und einer Lösung nahezubringen. Schließlich gelang es ihm doch, eine feste Anstellung an einer kleinen privaten Universität zu finden. Als nach der japanischen Hochschulreform diese Universität keine Forschung mehr betreiben sollte, kündigte er seine Stellung und kam als Gastwissenschaftler wieder zu uns nach Dresden zurück. Er war Wissenschaftler mit Leib und Seele und nahm deshalb dieses hohe Risiko für sich und seine Familie in Kauf. Nachdem er auch in Dresden wieder hervorragende Arbeit geleistet hatte, zahlte sich das Durchstehvermögen für Kakehashi aus. Er bekam eine Professorenstelle an der japanischen „National University of the Ryukyus" in Okinawa und baute eine aktive Gruppe auf.

Zur Verstärkung der Kontakte zwischen japanischen und deutschen Wissenschaftlern starteten Frank Steglich und ich ein von der Deutschen Forschungsgemeinschaft unterstütztes bilaterales Konferenzprogramm auf dem Gebiet korrelierter Elektronensysteme. Das erste Treffen dieser Art fand 1990 auf Schloss Ringberg statt. Die Tagungsstätte war dazu bestens geeignet, insbesondere da die Teilnehmerzahl mit je 20 auf beiden Seiten hinreichend klein war. Die Aussicht auf den Tegernsee und die großzügigen Zimmer mit den klobigen, vom Architekten Attenhuber speziell entworfenen Möbeln machten großen Eindruck auf die japanischen Gäste. Ich erinnere mich, wie sie alle das Zimmer von Kasuya sehen wollten, in dem ein großes Ölbild hing, auf dem eine nackte Maid im Gras schlummert, während hinter ihr ein riesiger Hirsch auftaucht.

Die deutsch-japanischen Treffen fanden zweijährig im Wechsel in Deutschland und Japan statt. Auch die Treffen 1994 und 2008 wurden auf Schloss Ringberg abgehalten. Dagegen war beim fünften Treffen im Jahr 1998 unser Dresdner Institut Gastgeber. Die entsprechenden Symposien in Japan waren berühmt-berüchtigt aufgrund ihrer enormen Arbeitsintensität. Sie begannen in der Früh und endeten manchmal erst gegen 21:00 Uhr oder 22:00 Uhr abends. Die Pausenzeiten für Mahlzeiten waren sehr kurz bemessen. Kein Wunder, dass man nach so einer Woche ziemlich erschöpft war. Die Treffen waren jedoch wissenschaftlich sehr erfolgreich und trugen wesentlich zur raschen Entwicklung des Gebiets der stark korrelierten Elektronen bei. In späteren Jahren litten sie etwas darunter, dass der Teilnehmerkreis nicht hinreichend stark variierte, sodass die Treffen allmählich den anfänglichen Pioniercharakter verloren.

Das hier beobachtete Phänomen ist ein recht allgemeines: Ein Gebiet, beispielsweise im Rahmen der Festkörperphysik, erlebt an einer Stelle einen Durchbruch. Dann bilden sich oft sehr rasch Gruppen von Wissenschaftlern, die an dieser Stelle zu arbeiten beginnen und die Konsequenzen dieses Durchbruchs untersuchen. Mit einer Serie von Konferenzen und Symposien findet ein reger Meinungsaustausch statt, der dazu führt, dass sich das entsprechende Gebiet schnell weiterentwickelt. Der Wettbewerb zwischen verschiedenen Gruppen wirkt hier stark beschleunigend. Aufgrund zunehmender internationaler Vernetzungen von Wissenschaftlern über das Internet ist die Geschwindigkeit, mit der diese Weiterentwicklung vor sich geht, oft erstaunlich. Gewöhnlich verlangsamt sich nach einer Reihe von Jahren weiterer Fortschritt, weil anwachsende technische Schwierigkeiten auftreten. Dann lässt das allgemeine Interesse etwas nach, und der wissenschaftliche Nachwuchs beginnt, sich anderen Gebieten der Physik zuzuwenden, die noch in einem früheren Entwicklungsstadium sind. Die Mehrzahl der Wissenschaftler bleibt dem alten Gebiet treu, und veranstaltet weiter Symposien und Konferenzen, wenn auch auf reduzierter Skala. Im Laufe der Zeit revitalisiert das Gebiet durch neue Erkenntnisse oder geht in einen allgemein akzeptierten „Endzustand“ über.

Auf Okinawa befindet sich in unmittelbarer Nachbarschaft zur University of the Ryukyus das OIST (Okinawa Institute of Science and Technology School). Es feierte im November 2011 seine Inauguration auf einem völlig neuen Campus, der ob seiner Großzügigkeit erstaunlich ist. Er verdankt seine Existenz der Kompensation für ein gebrochenes Wahlversprechen der Regierung. Ursprünglich sollte nämlich der Vertrag über den Betrieb der großen amerikanische Basis auf Okinawa nach seinem Auslaufen nicht verlängert werden. Aufgrund großen politischen Drucks aus den USA gab die japanische Regierung jedoch nach und verlängerte den Vertrag entgegen den gemachten Wahlversprechungen. Als Kompensation erhielt die Insel das OIST. Die Atmosphäre am OIST, die ich während der Inauguration kennenlernen konnte, hatte mich beeindruckt. Sie erinnerte mehr an Stanford, woher auch der erste Präsident Dorfan kam, als an eine traditionelle japanische Universität. Deshalb wird OIST vermutlich Einfluss auf die zukünftige Universitätsstruktur in Japan haben. Nic Shannon, der als Post-doc bei uns in Dresden arbeitete, ist einer der jungen Hoffnungsträger im Physik Department.

Ungefähr 2005 begann eine fünfjährige Tätigkeit als Gutachter des Advanced Science Research Center (ARCS) der Japan Atomic Energy Agency (JAEA) in Tokai, das von Sadamichi Maekawa geleitet wurde. Ein Schwerpunkt der dortigen Arbeit war Spintronics, ein Gebiet mit beträchtlichem Anwendungspotenzial, an dem ich sehr interessiert war und bin. So habe ich bei meiner Gutachtertätigkeit selbst viel lernen können. Sehr beeindruckt haben mich die Tatkraft und Zügigkeit, mit der nach dem großen Erdbeben im Jahr 2011 die gewaltigen Schäden auf der Forschungsanlage behoben wurden. Die Teilchenstrahlen großer Beschleuniger, die auf Bruchteile eines Millimeters eingestellt waren, lagen urplötzlich einen halben Meter auseinander, ebenso wie die Böden in einigen Experimentierhallen. Die beim Wiederaufbau gezeigte Zähigkeit sagt viel über den Charakter und die Mentalität Japans aus.

Bei den zahlreichen Besuchen in Japan habe ich Erfahrungen gemacht, die so ganz und gar nicht dem herkömmlichen Bild von dem Land und seinen Bewohnern entsprechen. So besuchten Inge und ich einmal im Asakusa District von Tokio ein Restaurant, das offenbar populär unter Japanern war und auch dementsprechend gut besucht war. Wir wurden an einen Tisch gesetzt, an dem bereits ein Japaner saß, mit dem wir uns bald angeregt unterhielten, bis er das Lokal verließ. Als wir später die Rechnung bezahlen wollten, sagte uns der Kellner, dass der Gast bereits unsere Rechnung beglichen hätte. Gott sei Dank hatte ich seine Visitenkarte, sodass ich mich später bei ihm bedanken und ihm ein kleines Geschenk schicken konnte.

Ein anderes Mal fuhren Frank Steglich und ich in der U-Bahn von Osaka zum Hotel und wussten nicht, wo wir die Züge zu wechseln hatten. Nach mehreren Versuchen stießen wir auf einen Japaner, der uns sagte, dass er in dieselbe Richtung fahren würde, sodass wir ihm nur zu folgen bräuchten. Kurze Zeit später lud er uns zu einem kleinen Zwischenstopp in sein Haus ein und offerierte, dass danach einer seiner Söhne uns in unser Hotel fahren würde. Er hatte eine kleine Druckerei in der Nähe einer U-Bahn-Station und freute sich auf das Gesicht seiner Frau, wenn wir zu dritt ankämen. In der Tat steckten bei unserer Ankunft die Angestellten ihre Köpfe aus den Türen, und seine Frau schaute erstaunt die Treppe herunter und begrüßte uns mit „Oh, oh!“ Wir bekamen Tee und eine kleine Schale mit Pilzsuppe und hatten eine anregende Unterhaltung. Die beiden Söhne wurden gerufen und mussten bei uns ihr Englisch testen. Zum Schluss holte einer der beiden ein Auto aus der Garage und fuhr uns zum Hotel. Die spontane Gastfreundlichkeit uns Fremden gegenüber war völlig unerwartet und hat mich sehr beeindruckt.

DIE SEKTION UND DIE ZEIT BIS ZUR EMERITIERUNG

Die Max-Planck-Gesellschaft ist in drei Sektionen unterteilt, von denen die Chemisch-Physikalisch-Technische Sektion (CPTS) mit 32 Instituten die größte ist. Der Vorsitz der Sektion wechselt alle drei Jahre. Der Übernahme des Sektionsvorsitzes geht eine zweijährige Einarbeitungsphase als Stellvertretender Sektionsvorsitzender voraus. Nach dem dreijährigen Vorsitz folgt noch einmal eine einjährige Tätigkeit als Stellvertreter, sodass die Gesamtzeit für die herausgehobene Sektionstätigkeit insgesamt sechs Jahre beträgt.

DIE SEKTION

Im Jahr 1998 wurde ich vom damaligen Vorsitzenden Arndt Simon gefragt, ob ich bereit wäre, ab dem Jahr 2000 den Vorsitz der CPTS als sein Nachfolger zu übernehmen. Da beim Institutsaufbau der größte Teil des Arbeitsaufwands hinter uns lag, und gute Arbeit der Sektion in meinen Augen ein wesentlicher Teil der Zukunftssicherung der MPG ist, sagte ich zu.

Im selben Jahr wurde ich auf der Hauptversammlung in Weimar zum Stellvertretenden Sektionsvorsitzenden gewählt. So hatte ich zwei Jahre Zeit, mich in die vielfältigen Aufgaben der Sektion einzuarbeiten. Eine der wichtigsten Aufgaben war und ist die Berufung neuer wissenschaftlicher Mitglieder. Hinzu kommen Vorschläge und Planungen bezüglich neu zu gründender Institute, Diskussionen über Verbesserungen von Strukturen in der MPG, Vertretung der Institute in vielen Angelegenheiten gegenüber dem Präsidenten, und der Generalverwaltung, die Vertretung der Institute im Senat und vieles mehr. Insgesamt ist der Arbeitsaufwand groß, insbesondere, da der Sektionsvorsitzende in jeder Berufungskommission den Vorsitz hat. In den Jahren des Aufbaus in den neuen Bundesländern war die Zahl neuer Berufungskommissionen beachtlich.

Das Sektionsbüro in der Generalverwaltung wurde von Sabine Braun geleitet. Für die Amtsübergabe des Sektionsvorsitzes hatte ich mir zusammen mit Frau Braun ein besonderes Geschenk für Arndt Simon ausgedacht, das auf sein Hobby für antike Uhren zielte. Ich ließ eine Schwarzwälder Kuckucksuhr von einem Experten so umbauen, dass der Kuckuck per Fernbedienung aus der Tür gelockt und zum Rufen gebracht werden konnte. Mit einer Hand in der Hosentasche an der Fernbedienung ließen sich vor der Sektion damit bei der Amtsübergabe einige Späße machen.

Nachdem ich den Vorsitz übernommen hatte, kam es zu Meinungsverschiedenheiten mit einigen Herren in der Generalverwaltung. Da die Zahl der Institute in der Sektion durch die Neugründungen sehr gewachsen war, wurde mir vorgeschlagen, unsere Sektion zu teilen. Dagegen wehrte ich mich, da ich keine fachliche Rechtfertigung für solch eine Aufteilung sehen konnte. Im Hintergrund stand dabei immer das Problem, wie unabhängig die Sektion und das Sektionsbüro gegenüber der Generalverwaltung sein soll und kann. Diese Problematik war schon in der Vergangenheit des Öfteren ein heikler Punkt gewesen. Während meines Vorsitzes trat sie aufgrund der bereits erwähnten Vergrößerung der Sektion wegen der zahlreichen Neugründungen in den neuen Bundesländern offen zu Tage. Im Ergebnis wurde nach langem Ringen Konsens erzielt, und die Unabhängigkeit der Sektion blieb voll gewahrt. Ein positiver Effekt dieser Diskussion war, dass ich mir zur Bewältigung der Arbeitslast einige Neuerungen überlegen musste und diese in die Sektionsarbeit einführte. Dazu bildeten Frau Braun, Frau Schuppe und ich ein reibungslos arbeitendes Team. Frau Braun engagierte sich derart stark, dass ich öfters Telefaxe erhielt, die von ihr in den späten Abendstunden oder gegen Mitternacht abgeschickt worden waren.

Ein wichtiger Schritt war die Einrichtung einer Perspektivenkommission (PK), die im Dezember 2000 zum ersten Mal tagte. Bereits zur Zeit von Simon war ein Vorläufer in Form eines Strategiekreises ins Leben gerufen worden. Jetzt wurde die PK so zusammengesetzt, dass die verschiedenen Disziplinen in der CPTS angemessen vertreten waren. In regelmäßigen Abständen wurden Pläne, die Zukunft der Sektion betreffend, miteinander diskutiert. Ziel war es, selbst Vorstellungen über die künftige Entwicklung der Institute und deren wissenschaftliche Programme zu erarbeiten und nicht zu warten, bis uns solche Pläne von anderen vorgelegt werden. Durch diese Bottom-up-Vorgehensweise erhielten die Institute mehr Einfluss und Gewicht bei der Zukunftsplanung. Auch der Zusammenhalt in der Sektion wurde dadurch spürbar gefördert, denn die Sektionsarbeit erhielt ein breiteres Fundament. Zwecks kritischer Hinterfragung des eigenen Forschungsprogramms wurde damit begonnen, ausländische Experten als Gäste zu Sitzungen hinzuzuziehen, um über Stand und Perspektiven einzelner Disziplinen mehr zu lernen. Die Arbeit der PK war so erfolgreich, dass dieses Konstrukt später auch von den beiden anderen Sektionen übernommen wurde.

Ein anderer Schwerpunkt der Arbeit war, das mittlere Alter bei Neuberufungen zu reduzieren. Hier wurde während Simons Amtszeit bereits ein guter Anfang gemacht, und ich half kräftig nach. Am Ende meiner Amtszeit lag das durchschnittliche Berufungsalter bei etwas über 40 Jahren. Um neu berufenen Wissenschaftlichen Mitgliedern den Einstieg in die Max-Planck-Gesellschaft zu erleichtern, wurden diese von Zeit zu Zeit zu einem gemeinsamen Abendessen eingeladen. Hinzugebeten wurden entweder Altpräsident R. Lüst oder Vizepräsident G. Wegner vom MPI für Polymerforschung in Mainz, der im Präsidium für unsere Sektion zuständig war. Solch ein Abend trug dazu bei, den neuen Kollegen das Gefühl zu geben, nunmehr zur Max-Planck-Familie zu gehören.

Besonderes Augenmerk galt der Gewinnung hervorragender Wissenschaftlerinnen für Direktorenstellen. Auf Wunsch des

Präsidenten erarbeiteten wir eine Liste von berufbaren Kandidatinnen. Schaut man sich heute nach zwanzig Jahren diese Liste wieder an, so sieht man deutlich, dass der größte Teil dieser von uns identifizierten Wissenschaftlerinnen eine respektable Karriere gemacht hat. Die Bemühungen der Max-Planck-Gesellschaft, den Frauenanteil ihrer Wissenschaftlichen Mitglieder zu vergrößern, werden später noch einmal thematisiert.

Peter Gruss (1949),
Präsident der MPG
von 2002 bis 2014

Besonders gut war die Zusammenarbeit mit Vizepräsident Wegner. Von Zeit zu Zeit lud er zu einem „Schnittstellengespräch" nach Mainz ein. Nach ein paar Stunden Diskussion über die Sektion und ihre Pläne schloss sich immer ein kultureller Teil an, der mit einem Besuch einer historischen Stätte, etwa aus der Römerzeit, verbunden war. Das Ganze endete mit einem Abendessen in einem guten Restaurant mit vorzüglichem Wein aus der Region. Was Letzteren betraf, war Herr Wegner ein echter Connaisseur, und so traf seine Weinauswahl gewöhnlich ins Schwarze. Die Kopplung von Wissenschaft und Kultur war ganz nach meinem Geschmack und ist für mich ein Wesenszug der Max-Planck-Gesellschaft bzw. sollte es sein.

Während meiner Zeit als Vorsitzender der CPTS fand auf der Hauptversammlung in Halle der Amtswechsel von Präsident Markl zum neuen Präsidenten Peter Gruss statt. Als meinen Nachfolger für den Sektionsvorsitz hatte ich bereits Kurt Mehlhorn (MPI für Informatik, Saarbrücken) angeheuert. Jetzt wählte Gruss ihn sich als den für die CPTS zuständigen Vizepräsidenten aus, eine vorzügliche Wahl, wie sich herausstellte.

Während meiner Amtszeit hatte die MPG für eine relativ kurze Zeit ein ernsthaftes finanzielles Problem. Aus diesem Grund wurde von mir verlangt, in unserer Sektion acht Abteilungen einzusparen, beziehungsweise wie sich später herausstellte, sie lediglich für einige Jahre auf Eis zu legen. Wie man sich denken kann, war das eine sehr undankbare Aufgabe. Ich reiste zu verschiedenen Instituten, die unbesetzte Stellen hatten, und diskutierte dort mit den Kollegen über die Notwendigkeit, auf eine Neubesetzung zumindest für einige Jahre zu verzichten. Man kann sich leicht vorstellen, was das für eine Überzeugungsarbeit brauchte. Letztendlich führten die Verhandlungen jedoch zu einvernehmlichen Lösungen bis auf ein Institut, welches eine seit vielen Jahren unbesetzte Stelle hatte. Dort haben mir Kollegen die notwendige vorübergehende Stellensperrung bis heute nicht verziehen. Nach zwei bis drei Jahren war die Finanzkrise bereits wieder überwunden.

Im letzten Jahr meiner Amtszeit arbeitete ich R. Schlögl vom Fritz-Haber-Institut als meinen Nachfolger ein. Auf der Hauptversammlung 2003 in Hamburg reichte ich den Staffelstab dann an ihn weiter. Obwohl, wie bereits erwähnt, die Sektionsarbeit über insgesamt sechs Jahre lief und viel Arbeit bedeutete, schätze ich diese Zeit sehr. Die neue Art von Tätigkeit gegenüber der Forschungs- und Institutsarbeit brachte noch einmal ganz neue Erfahrungen mit sich. Diese Jahre haben dazu beigetragen, dass die beruflichen Anforderungen breiter und vielseitiger wurden, als es zuvor für Jahrzehnte der Fall war.

EMERITIERUNG UND NACHFOLGE

Zur Zeit meines Eintritts in das MPI für Festkörperforschung in Stuttgart lag das Emeritierungsalter für Wissenschaftliche Mitglieder bei 68 Jahren. Somit wäre ich im Jahr 2004 in den Ruhestand getreten. Zu diesem Zeitpunkt war jedoch das Dresdner Institut noch im Ausbau und der neue Flügel des Erweiterungsbaus in der Bauphase. Im Hinblick darauf, dass ich durch den Sektionsvorsitz für drei Jahre meine Arbeitskraft für das Institut nur eingeschränkt zur Verfügung stellen konnte, beantragten meine beiden Kollegen beim Präsidenten, die Emeritierung um diese Zeitphase zu verschieben. Peter Gruss gab dazu seine Zustimmung, und somit war ich bis zum Jahr 2007 in der bisherigen Funktion am Institut tätig.

Im Jahr 2006 stand mein 70. Geburtstag an. Kurioserweise war es auch gleichzeitig der 50. Jahrestag meiner damaligen DDR-Republikflucht, denn ich hatte Ost-Berlin genau an meinem 20. Geburtstag verlassen. Man soll die Feste feiern, wie sie fallen, und das war nun wirklich eine sehr gute Gelegenheit für ein großes Fest. Dazu wurden alle ehemaligen Doktoranden und Post-docs, sofern sie erreichbar waren, eingeladen, zusammen mit zahlreichen Freunden und Institutsangehörigen. Die Organisation der Veranstaltung lag in den Händen von Frau Schuppe mit Unterstützung durch Frau Auguszt. Sie begann am 5. April nachmittags mit Vorträgen als erstem Teil eines Symposiums über „Trends in Condensed Matter Physics“ mit insgesamt 17 Vorträgen.[15]

15 Vortragende: W. Brenig, W. Dieterich, M. Dolg, K. Efetov, W. Hanke, J. Igarashi, Y. Kakehashi, K. von Klitzing, W. van der Linden, K. Maki, A. Oles, K. Penc, K. Ueda, D. Vollhardt, X. Wang und G. Zwicknagl

Am Nachmittag des 6. April gab es verschiedene Rückblicke ehemaliger Mitarbeiter über die Zeiten in Frankfurt, am ILL, in Stuttgart und schließlich in Dresden.[16] Anschließend fuhren wir mit Bussen zum Festessen auf Schloss Wackerbarth. Dort gab es für die mehr als 200 Gäste zu Beginn einen Sektempfang in der Manufaktur. Das wurde verbunden mit fachkundigen Erläuterungen zum Wiederaufbau des Schlosses und der Kellerei. Das Verdienst, viel Geld in die Renovierung vom Schloss und der Kellerei sowie in ein neues Konzept für ambitionierten Weinanbau investiert zu haben, gebührt der Sächsischen Aufbaubank, die mit Stefan Weber in unserem Kuratorium vertreten ist. Das anschließende Abendessen fand im Weinkeller statt. Danach wurde es sehr lustig. Den After-dinner-speech hielt Jan-Michael Rost, und dem folgten verschiedene kleinere Beiträge, die für den humorvollen Teil des Abends sorgten. Obwohl es recht spät wurde, hielt das doch die meisten nicht davon ab, am nächsten Morgen um 09:30 Uhr bei der Fortsetzung des Symposiums dabei zu sein und es bis Mittag zum Abschluss zu bringen.

Noch wichtiger als Feiern ist es, die Zukunft zu sichern. In unserem Fall bestand die Zukunftssicherung darin, einen geeigneten Nachfolger für die Zeit nach meiner Emeritierung zu finden, denn diese stand im folgenden Jahr an. Der Wunsch war, dass der Nachfolger wieder auf dem Gebiet der kondensierten Materie arbeiten sollte, insbesondere auch, um die Wechselwirkung mit dem benachbarten MPI für Chemische Physik fester Stoffe aufrechtzuerhalten. In der Max-Planck-Gesellschaft gilt die sogenannte Lex Heisenberg. Danach ist bei Emeritierung eines Abteilungsleiters dieser selbst von Diskussionen über die Gestaltung der Zukunft der Abteilung auszuschließen. Trotz großer Bemühungen blieben die Anstrengungen meiner beiden Kollegen, einen Nachfolger für mich

16 B. Paulus u. I. Allekotte (Anfangszeit Dresden); E. Runge (20 Jahre Stuttgart); I. Peschel (Theorie am ILL); R. Kümmel (Physik und die 1968er)

zu finden, über längere Zeit ohne überzeugendes Ergebnis. So erwies es sich als Glücksfall, dass einer unserer eingeladenen Seminarsprecher, Roderich Moessner von der Ecole Normale Supérieure in Paris, einen derart überzeugenden Vortrag über frustrierte Spinsysteme hielt, dass Frank Jülicher, als damaliger Geschäftsführender Direktor, noch am selben Abend eine längere Unterhaltung mit ihm hatte. Dabei kam er zur Überzeugung, hier einen idealen Kandidaten für meine Nachfolge gefunden zu haben. In diesem Sinn äußerte er sich auch gegenüber Jan-Michael Rost, der zur Zeit des Vortrags auf einer Auslandsreise war. Deshalb fuhr Rost kurze Zeit später nach Paris, um mit Moessner zu konferieren, und kam zu einem ähnlichen Ergebnis wie Jülicher. Mit Brief vom 31.08.2006 richtete Jülicher ein Schreiben an Martin Stratmann, den damaligen Vorsitzenden der CPTS mit dem Wunsch, eine Berufungskommission für Roderich Moessner ins Leben zu rufen. Auf der Oktobersitzung entsprach die Sektion diesem Wunsch und richtete die Kommission ein.

Roderich Moessner
(1971)

Das Jahr 2007 begann mit der Verleihung des Verdienstordens des Freistaats Sachsen am 15. Januar durch den Ministerpräsidenten Georg Milbradt. Es war eine freundliche Geste, die ich auch als eine solche geschätzt habe. Inzwischen ist der Ministerpräsident a. D. Milbradt Vorsitzender unseres Kuratoriums.

Das wichtigste Ziel zu dieser Zeit war, das Berufungsverfahren für Roderich Moessner erfolgreich durchzuführen. Nachdem die Berufungskommission der Sektion seine Ernennung empfohlen hatte, folgte die Sektion der Empfehlung, und der Vorschlag ging in den Senat. Nach dessen Zustimmung begannen die Berufungsverhandlungen mit Peter Gruss, die in relativ kurzer Zeit abgeschlossen waren. Am 01.12.2007 nahm R. Moessner seine Arbeit am Institut auf. Als er anfing, sagte er mir, dass er genau halb so alt sei wie ich. Darauf war meine Antwort: aber nicht mehr lange! Darüber haben wir beide gelacht. Seine Berufung ergänzt das Institut in hervorragender Weise.

Im selben Jahr gelang es uns durch die Gewinnung von Stefan Skupin, eine Nachwuchsgruppe über „Computational Nonlinear and Relativistic Optics" aufzubauen, die uns stärker mit dem Forschungszentrum Dresden-Rossendorf verband. Dort war nach der Pensionierung von Frank Pobell inzwischen Roland Sauerbrey zum Nachfolger als Wissenschaftlicher Direktor berufen worden. Seine Berufung hat sich als großer Gewinn für den Wissenschaftsstandort Dresden erwiesen. Da sein wissenschaftliches Interesse vornehmlich Hochleistungslasern gilt, wurde durch die Nachwuchsgruppe von Skupin diese Forschungsrichtung auch von uns unterstützt. So betteten sich unsere wissenschaftlichen Aktivitäten zunehmend in die unseres Umfelds ein.

Mit Oktober 2007 endete meine Zeit als Direktor am Institut. Mit meinem Arbeitszimmer wechselte ich in den neuen Flügel des Instituts, sehr günstig, gleich neben der Kaffeemaschine gelegen. Was mir sehr schwer fiel, war, nun nicht mehr tagtäglich, sondern nur noch sporadisch mit Regine Schuppe zusammenarbeiten zu können. J.-M. Rost hatte mich eingeladen, doch weiter an den Institutsberatungen teilzunehmen, das wollte ich jedoch nicht. Ich war der Meinung, dass es nun Aufgabe der nächsten Generation sei, das Institut ohne Interferenz mit einem Emeritus nach bestem Wissen weiterzuführen. Das hat sich auch als richtig herausgestellt, und im Fall, dass meine Kollegen auch heute einen Rat brauchen, was ab und zu der Fall ist, so bin ich jederzeit gern bereit zu helfen. Auf diese Weise lässt sich gut miteinander auskommen. Lediglich zwei Ratschläge habe ich meinen drei Kollegen beim Ausscheiden gegeben. Der erste war, in jeder Hinsicht großzügig zu sein. Das erscheint mir sehr wichtig. Gerade ein Institut mit unserer Struktur und in unserer Umgebung braucht eine solche Haltung, denn die Vorstellungen und der Hintergrund der Menschen aus allen Teilen der Welt, die bei uns arbeiten, sind sehr unterschiedlich, und so ist auch die Sichtweise der Institute und Institutionen um uns herum. Die zweite Empfehlung war, bei anstehenden Entscheidungen dem Wohl und der Fortentwicklung der Mitarbeiter höchste Priorität einzuräumen. Denn wir als Institut sind die Starken, sie sind die Schwachen. Wie Bert Brecht in einem Gedicht über den chinesischen Berglöwen sagte: Die Starken fürchten seine Krallen, die Schwachen rühmen seinen Sanftmut.

Ende Oktober fand das sogenannte Emeriti-Essen beim Präsidenten Peter Gruss statt. Er hatte es sich zur Regel gemacht, die Wissenschaftlichen Mitglieder nach ihrer Emeritierung zu einem Dinner zu sich nach Hause einzuladen. Es wurde ein Abend mit interessanten Gesprächen. Unterschwellig machte sich jedoch das Gefühl breit, dass eine lange Phase des Lebens ihren Abschluss gefunden hatte. Dabei fühlte ich mich in einer Verfassung, die auch nicht annähernd den Gedanken aufkommen lassen wollte, dass ich von nun an den sogenannten „wohlverdienten Ruhestand" genießen sollte. Das war auch gar nicht möglich, denn das nächste Projekt war bereits gestartet worden, in Korea.

DIE JAHRE IN KOREA

Das erste Mal hörte ich von Korea zu Beginn des Besuchs der Oberschule in Weißenfels. Es war die Zeit nach Ausbruch des Koreakriegs. Von der Schulleitung wurden wir verpflichtet, pro Schüler 20 Unterschriften für einen Protestaufruf gegen die „anglo-amerikanischen Kriegstreiber in Korea“ zu sammeln. Wir empfanden diese Zwangsverpflichtung als Bevormundung. Deshalb setzten wir uns einfach in Runden zusammen und unterzeichneten unsere Unterschriftenzettel wechselseitig mit vielen erfundenen Namen, auf diese Weise wurde das Soll erfüllt. Damals war für uns Korea weit, weit weg. Das blieb so für viele Jahre, bis in Stuttgart die ersten koreanischen Gäste in unserer Abteilung am Institut arbeiteten. Da hörte ich zum ersten Mal mehr über die Folgen des Korea-Krieges und den Kampf gegen die Armut in dem nunmehr gespaltenen Land. In dem dreijährigen Bruderkrieg, der von den ausländischen Mächten USA und China mit einem Waffenstillstand beendet wurde, hatte die Kriegsfront mehrfach das Land überrollt und alles in Schutt und Asche gelegt. Allem vorausgegangen war eine 35-jährige Besetzung des Landes durch Japan, die erst durch die Kapitulation Japans zum Ende des Zweiten Weltkrieges beendet wurde. Danach gehörte Korea zu den ärmsten Ländern der Welt, weit ärmer noch als Bangladesch. In der folgenden Zeit war anfangs der Norden wegen der dort vorkommenden Bodenschätze wirtschaftlich im Vorteil gegenüber dem Süden. Das änderte sich in der Folgezeit drastisch, sodass der Süden jetzt wirtschaftlich dem Norden weit voraus ist. Diese Vorgeschichte muss man kennen, wenn man sich mit dem heutigen Korea befasst. Ähnliches trifft zu, wenn man den Aufbau der Wissenschaft in Südkorea verstehen will, denn eine Wissenschaftstradition wie etwa in Japan oder China gibt es nach eigenem Bekunden der Kollegen in Korea nicht. Gewöhnlich unterbinden Besatzungsmächte eine eigenständige Entwicklung von Kultur und Wissenschaft im besetzten Land. Der wirtschaftliche Aufschwung in Südkorea begann, als Park Chung-hee 1963 Präsident und später (bis 1979) Diktator wurde. Er war durchaus vergleichbar mit dem deutschen Wirtschaftswunder nach dem Zweiten Weltkrieg. Während dieser Zeit schien sich der durch Besetzung und Krieg unterdrückte Lebens- und Gestaltungswille in Korea explosionsartig Bahn gebrochen zu haben. Diese Kraft war auch bei unseren koreanischen Gästen zu spüren. Zwei von ihnen, die ich herausgreifen möchte, Hyekyung Won und Yunkyu Bang, repräsentierten diese neue Generation. Mit großer Zielstrebigkeit leisteten diese jungen koreanischen Kollegen während ihres Gastaufenthalts hervorragende Arbeit. Hyekyung Won wurde später als erste Frau in Korea auf eine Professur für Theoretische Physik an die Hallym Universität berufen. Yunkyu Bang ist inzwischen eine Autorität in der koreanischen Physikergemeinschaft und leitet ein Zentrum, von dem noch die Rede sein wird.

ERSTE BESUCHE IN KOREA

Vermutlich initiiert durch Hyekyung Won und Yunkyu Bang sowie andere frühere koreanische Gäste, wurde ich im Frühjahr 2006 zur Aprilsitzung der Korean Physical Society (KPS) eingeladen. Bereits bei meiner Ankunft am 19. April in Seoul kümmerte sich Frau Won mit anderen Kollegen vorbildlich um mich. Noch am Tag meiner Ankunft, nach einer fast 20-stündigen Reise, startete das Besichtigungsprogramm. Ich hatte kaum Zeit, vorher zu duschen und mich umzuziehen. Die Vitalität meiner Gastgeber war beachtlich.

Am nächsten Tag nahm mich Frau Won mit zum Tagungsort Pyeongchang der KPS. Dort lernte ich viel über den Stand der Forschung in Korea und wurde mit zahlreichen Kollegen bekannt gemacht. Ein Abend war reserviert für ein spezielles Dinner, welches ehemalige Gäste unserer Abteilung in Stuttgart und am neuen Dresdner Institut organisiert hatten. Die Gastfreundschaft, die ich bereits in Seoul erfahren hatte, fiel mir auch hier auf. Nach Vorträgen, die ich auf der Tagung hielt, ging es wieder zurück nach Seoul. Am nächsten Tag folgte dort ein umfangreiches Besichtigungsprogramm. Es begann mit einem vierstündigen Besuch des Nationalmuseums, dem sich der Besuch des Changdeokgung Palastes anschloss, gefolgt von der Besichtigung von sieben historischen Häusern, die alle wiederhergestellt worden waren. Das physische Durchhaltevermögen von Frau Won bei diesem Programm habe ich erneut bewundert.

Am darauffolgenden Tag nahm mich Frau Won mit nach Pohang, wo ich das Asia Pacific Center for Theoretical Physics (APCtp) besuchte. Von Pohang wird noch des Öfteren die Rede sein. Die Stadt mit rund einer halben Million Einwohnern liegt an der Ostküste des Landes in der Provinz Gyeongsangbuk-do. Sie ist bekannt durch die Stahlwerke POSCO, die zu den weltweit größten zählen und eine wichtige Rolle bei der Industrialisierung des Landes nach dem Koreakrieg spielten.

DAS ASIA PACIFIC CENTER FOR THEORETICAL PHYSICS (APCTP)

Das Asia Pacific Center for Theoretical Physics (APCtp) war im Jahr 1996 gegründet worden. Die Gründung wurde gemeinsam von zehn Ländern der asiatisch-pazifischen Region beschlossen.[17] Der Hauptmotor und Initiator dieser Neugründung war C. N. Yang, der wohl einflussreichste Wissenschaftler in der asiatisch-pazifischen Region. Er hatte mit 35 Jahren einen Nobelpreis für Physik erhalten und war mit seinem Umfeld bestens vernetzt. Ihm schwebte ein Zentrum vor, an dem sich die besten Physiker der Gegend treffen und zusammenarbeiten. Er hatte ein Princeton Asiens vor Augen. Nach langen Diskussionen zwischen den am Projekt beteiligten Ländern wurde Korea als Standort für die Gründung ausgewählt. Der koreanische Präsident hatte im November 1996 eine großzügige finanzielle Unterstützung des APCtp durch Korea zugesagt. Yang wurde zum ersten Präsidenten und gleichzeitig Vorsitzenden des Kuratoriums gewählt und nahm seine Arbeit zwei Monate später in Seoul auf. Mit einem wahrhaft eindrucksvollen Symposium, für das Yang eine erstaunlich große Zahl der besten amerikanischen und asiatischen Physiker gewinnen konnte, nahm das Center in Seoul seine Arbeit auf.

Ich erinnere mich sehr gut an den Moment, als wir in Dresden von dieser Neugründung hörten. Damals erwartete ich mit Interesse und Neugier einen stimulierenden Wettbewerb zwischen unserem Institut und dem APCtp, der uns als Ansporn dienen

---

17 Australien (Australia Research Council); Beijing (National Natural Science Foundation); Japan (RIKEN); Korea (Korea Science and Engineering Foundation); Malaysia (Malaysian Institute of Physics); Phillipinien (National Research Council of the Philippines); Singapore (World Scientific Co.); Taipei (Academia Sinica); Thailand (National Research Council of Thailand); Vietnam (Vietnamese Academy of Science and Technology)

sollte. Jedoch entwickelten sich die Dinge anders als gedacht. Fast gleichzeitig mit der Gründung des APCtp begann die asiatische Finanzkrise, die Korea besonders hart traf. Korea konnte die gemachten Finanzierungsversprechungen für das APCtp nicht einlösen. Hinzu kamen strategische Fehler des Managements des Centers. Mit Recht fühlte sich C. N. Yang unfair behandelt. Ein entsprechendes Schreiben, welches er an den koreanischen Präsidenten schickte, führte zu keinen positiven Veränderungen, zumal die Amtszeit des Präsidenten und somit auch des verantwortlichen Ministers sich bereits dem Ende zuneigte. Daraufhin trat C. N. Yang von der Präsidentschaft des APCtp zurück. Als das Center zusätzliche finanzielle Unterstützung in Korea suchte, erklärte sich die Pohang University of Science and Technology (POSTECH) bereit, es zu günstigen Bedingungen auf dem eigenen Campus unterzubringen – was dann auch im August 2001 geschah. Ebenfalls als Teil der Abmachung wird der jeweilige Präsident des APCtp vom POSTECH zum Distinguished Professor ernannt.

Dem Gründungspräsidenten C. N. Yang folgte nach einer Interimsperiode im April 2004 Robert Laughlin als zweiter Präsident. Er hatte eine Erklärung für den fraktionierten Quantum-Hall-Effekt gefunden und damit einen ganz neuen Zweig in der Theoretischen Physik eröffnet (Nobelpreis 1998). Kurz danach wurde er auch zum Präsidenten von KAIST (Korean Advanced Institute of Science and Technology) ernannt, der neben POSTECH bekanntesten technischen Universität des Landes. Die beiden Präsidentschaften waren bezüglich ihres Gewichts und ihrer Bedeutung kaum zu vergleichen. Da Robert Laughlin beide gleichzeitig innehatte, litt natürlich das viel kleinere APCtp stark unter seiner Doppelbelastung. Den Managing Director des Centers Seungwhan (Swan) Kim hatte ich bereits während eines Besuchs in Dresden kennengelernt. Das war der Stand der Dinge, als ich das APCtp besuchte.

Chan-Mo Park
Präsident von POSTECH

Im Vorfeld des Besuchs war bereits der Wunsch des APCtp ausgesprochen worden, mit unserem Dresdner Max-Planck-Institut ein Memorandum of Understanding (MOU) zu unterzeichnen. Solche Abmachungen spielen in Korea eine wichtige Rolle und werden als Zeichen einer zunehmenden internationalen Ankopplung der koreanischen Wissenschaft angesehen. Anstrengungen dieser Art waren besonders wichtig, um sich aus einer Position der Isolation zu befreien. So war dann auch die Unterzeichnung des MOU der formale Höhepunkt meines dortigen Besuchs. Insgesamt machte das APCtp einen recht enttäuschenden Eindruck auf mich. Es hatte praktisch kein inhouse Forschungsprogramm. Es waren lediglich einige Postdocs vorhanden, die fast ausnahmslos auf dem Gebiet der String-Theorie arbeiteten und kaum miteinander kommunizierten. Eine eigene kleine Bibliothek fehlte ebenfalls. Dagegen war das Center sehr gut positioniert beim Ausrichten von Workshops und Symposien auf speziellen Gebieten der Theoretischen Physik. Es bot praktisch die einzige Möglichkeit, in Korea Veranstaltungen dieser Art zu organisieren, und die koreanischen Physiker nutzten diese Möglichkeit intensiv.

Während meines Besuchs hatte ich Gelegenheit, mit dem Präsidenten von POSTECH Chan-Mo Park zu sprechen. Er hatte gehört, dass ich in Maryland promoviert hatte, und da er an der University of Maryland für etliche Jahre als Informatiker tätig war, betrachtete er mich gleich als „one of the boys“. Wir verstanden uns auf Anhieb sehr gut.

Wappen von Gyeongju und Areal um das National Museum

Die Reise nach Pohang nutzte ich für einen Besuch von Gyeongju (gegründet 57 v. Chr.), das für über 800 Jahre, das heißt bis um 900 n. Chr., die Hauptstadt des Silla-Königreiches war. Die Stadt ist mit dem Auto in 45 Minuten von Pohang aus zu erreichen und aus kulturhistorischer Sicht wohl neben Seoul der interessanteste Ort in Korea. Es gibt dort sowohl das älteste astronomische Observatorium Koreas zu besichtigen als auch die Königsgräber der Silla-Herrscher. Letztere sehen wie grasbewachsene Hügel aus. Von den zahlreichen Sehenswürdigkeiten der Umgebung ragen zwei deutlich heraus, der Bulguksa-Tempel, der während der japanischen Besetzung fast ruiniert worden war und wieder sehr schön renoviert wurde, und die Seokguram-Grotte mit einer fantastischen Buddha-Statue („Buddha in the cave“). Die Figur ist derart harmonisch und ideal proportioniert, dass es eines der schönsten Kunstwerke darstellt, das ich je gesehen habe. Am 26. April besuchte ich noch die Seoul National University, wo ich einen Vortrag hielt, bevor ich am nächsten Tag wieder zurück nach Deutschland flog. Es war eine sehr ereignisreiche Woche.

BEGINN DER LEITUNG DES APCTP

Im November 2006 feierte das APCtp sein zehnjähriges Bestehen. Da wir das MOU mit dem Center vereinbart hatten, wurde ich zu den Feierlichkeiten eingeladen. Das Festbankett war eindrucksvoll und die Stimmung locker und freundlich. Ohne Vorwarnung wurde ich während des Essens aufgefordert, etwas zu den Anwesenden über das APCtp zu sagen. Das tat ich dann auch, und es gab viel zu lachen. Die gesellige Art der Koreaner trat deutlich zutage und gefiel mir sehr.

Zu der Zeit war Nguyen Van Hieu, der Präsident der Vietnamesischen Akademie der Wissenschaften in Hanoi, Vorsitzender des Kuratoriums des APCtp. Wir sprachen über das Institut und dessen Schwierigkeiten und nebenbei auch darüber, wann ich in Dresden emeritiert würde.

Im Frühjahr 2007 wurde ich mit der Anfrage überrascht, ob ich unter Umständen bereit wäre, die Präsidentschaft des APCtp zu übernehmen. Zuerst nahm ich dies nicht sehr ernst, denn ich hatte gehört, dass in Korea gegenüber Aufsichtsbehörden manchmal ausländische Kandidaten zu einem bereits feststehenden koreanischen Kandidaten hinzugefügt wurden, um formalen Kriterien zu genügen. Am 30. April kam dann aber doch ein Anruf aus Korea, direkt vom Treffen des Kuratoriums des Centers, in dem mir die Leitung des APCtp angetragen wurde. Damit sei eine zweimonatige Anwesenheitspflicht pro Jahr am Center verbunden. Allerdings wollte das Kuratorium meine Antwort zu diesem Angebot sofort wissen: Ja oder nein! Das war etwas überraschend, und ich sagte, dass ich wenigstens zuerst meine Frau fragen müsste, ob sie damit einverstanden sei. Da sie gerade in Dresden war, konnte ich sie direkt fragen. Sie hatte keine Einwände, und so konnte ich, obwohl überhaupt nichts vorher abgeklärt oder besprochen war, was diese Position betraf, meine Zusage geben. Am Telefon hörte ich den Applaus der Kuratoriumsmitglieder und konnte deshalb aus dem Stand einige Sätze an sie richten. Das war eine Erfahrung, die ich in Korea wiederholt gemacht habe. Termine wurden oft sehr kurzfristig angesetzt, und Entscheidungen sollten möglichst sofort getroffen werden. Im Nachhinein wurde die Eile des Komitees verständlich. Die Stelle sollte nämlich bis zum 1. Mai besetzt sein, also einen Tag nach dem Anruf. Eine Verzögerung hätte Probleme mit dem Ministerium gegeben. Noch am gleichen Tag erhielt ich ein Fax in koreanischer Sprache, ohne Übersetzung und lediglich einem Zeichen „→ hier bitte unterschreiben“, was ich dann auch tat. Diese Art, eine neue Verpflichtung einzugehen, war sehr ungewöhnlich und mag riskant erscheinen, sie war es aber nicht. Was hätte passieren können? Mit den beiden, sehr angesehenen Vorgängern im Amt, konnten die Randbedingungen nicht schlecht sein. Außerdem war der Vertrag auf drei Jahre befristet.

Da die verlangte zweimonatige Anwesenheit im Jahr viel zu kurz war, um irgendeine Änderung am Institut zu bewirken, legte ich Wert darauf, dass die Mindestaufenthaltszeit am APCtp auf drei Monate im Jahr angehoben wurde. Recht bald wuchs mein Koreaaufenthalt pro Jahr jedoch auf rund die Hälfte meiner gesamten Zeit an. So pendelte sich schließlich ein zweimonatiger Wechsel zwischen Dresden und Korea ein.

Als ich dem Präsidenten der Max-Planck-Gesellschaft, Peter Gruss, von meinem Korea-Engagement berichtete, war er erfreut, denn die MPG wurde auf diese Weise mit physikalischen Institutionen und Akademien in über zehn asiatischen Staaten in Beziehung gebracht. Er wollte gern wissen, ob er meine Pläne auf irgendeine Weise unterstützen könne. Das war ein großzügiges und weitblickendes Angebot, und wir kamen überein, dass er eine Nachwuchsgruppe am APCtp für fünf Jahre finanzieren würde. Auf diese Weise konnte ich mit dem Aufbau eines inhouse Forschungsprogramms beginnen. Ende Juli fuhr ich für vier Wochen nach Pohang, um am APCtp nach dem Rechten zu sehen. Gleich zu Beginn bekam ich von Chan-Mo Park, dem POSTECH-Präsidenten, den Dreijahresvertrag für das APCtp ausgehändigt. Der Vorsitzende des Kuratoriums Namkung Won organisierte zusammen mit Swan Kim und dem Präsidenten der Koreanischen Physikalischen Gesellschaft (KPS) Zhong Gou Kim ein Treffen mit dem koreanischen Minister for Science and Technology in Seoul, bei dem über die Zukunft des APCtp verhandelt wurde. Das Treffen verlief recht enttäuschend, denn der Minister gab mir zu verstehen, dass ich nicht mit einer besonderen Unterstützung des APCtp rechnen dürfe. Offenbar herrschte im Ministerium dem Center gegenüber Reserviertheit. Das hatte sicherlich etwas mit der Historie des APCtp zu tun. Mehrfach wurde ich gefragt, wie sich das APCtp eigentlich vom Korean Institute for Advanced Science (KIAS) abheben würde, das im Ministerium hohes Ansehen genoss. Die Botschaft war, dass man das APCtp als nicht notwendig ansah, was wiederum mit alten Scharmützeln zwischen dem APCtp und dem Ministerium zu tun hatte. Total erfolgreich hingegen war eine Pressekonferenz, die Swan Kim in Seoul hervorragend organisiert hatte und in der das Engagement der Max-Planck-Gesellschaft am APCtp in Pohang im Mittelpunkt stand. Die Summe von rund 300.000 Euro pro Jahr für die Nachwuchsgruppe war ja nun wirklich kein Betrag von großer Bedeutung. Jedoch war es offenbar noch nie vorgekommen, dass eine ausländische Organisation, und dann noch eine besonders angesehene wie die Max-Planck-Gesellschaft, Geld in die koreanische Grundlagenforschung investierte, ohne dass ein unmittelbarer Nutzen für den Geldgeber ersichtlich war. Auf irgendeine Weise wurde hier ein Nerv in Korea getroffen, sodass die Information für einen Tag die wichtigste neue Nachricht („News of the Day“) im Land war. Ich war vollkommen überrascht darüber. Seitdem sind Max Planck und die MPG in Korea sehr bekannt.

Als Folge stieg im darauffolgenden Jahr die Zahl koreanischer Post-docs, die sich erfolgreich an Max-Planck-Instituten bewarben, um über 30 Prozent an. Das finanzielle Engagement der MPG hatte sich in kürzester Zeit wirtschaftlich amortisiert.

Das APCtp hatte neben dem Präsidenten und Managing Director ein Verwaltungssystem, das sehr versiert und hilfreich bei der Organisation von Workshops, Konferenzen und Symposien war. Die Mitarbeiter waren voll engagiert und oft bis in die späten Abendstunden und auch samstags im Büro. Allerdings war die sprachliche Verständigung mit ihnen nicht einfach, da nur wenige englisch sprachen. Das Zentrum wurde von einem Kuratorium beaufsichtigt, dessen Mitglieder ein hohes Durchschnittsalter hatten sowie einem General Council, in dem jedes Mitgliedsland vertreten war. Beide tagten jährlich Anfang April. Wie ich oft scherzte, hatten wir mehr Häuptlinge als Indianer. Gremien dieser Art sind in Asien üblich, brachten in unserem Fall jedoch wenig. Auch gab es auf dem Papier einen wissenschaftlichen Beirat mit vielen bekannten Namen. Da er jedoch in all den Jahren nicht ein einziges Mal getagt hatte, löste ich ihn auf, was von den betroffenen Mitgliedern sehr positiv aufgenommen wurde. An seiner Stelle ernannte ich einen neuen Beirat mit nur wenigen Mitgliedern,[18] der jährlich tagte und dazu einen kurzen Bericht schrieb, den ich an das Ministerium schickte. Es gab in Korea kein anderes Institut, welches vergleichbar vorging.

Ende August fand auf dem POSTECH-Campus die „10th Asia Pacific Physics Conference“ im neu eröffneten POSCO International Center statt. Diese Konferenzen wurden im Dreijahresrhythmus veranstaltet und von der Association of Asia Pacific Physical Societies (AAPPS) organisiert. Es war dementsprechend ein großes Ereignis, und das Gebäude, in dem die Konferenz

18 Ganapathy Baskaran, Steven Louie, Kazuo Ueda, Spenta Wadia, Lu Yu, Fuchun Zhang

stattfand, war erst in letzter Minute fertig geworden. Bei dem Anlass lernte ich den Gründer von POSCO und Initiator von POSTECH Tae-Joon Park kennen. Er war eine charismatische Person und früher ein General und Freund des Präsidenten und späteren Diktators Chung-Hee Park. Während dessen Zeit erlebte Korea einen enormen wirtschaftlichen Aufschwung, POSCO und POSTECH sind Beispiele dafür. Auf der Konferenz hatte ich Gelegenheit, die Pläne für das wissenschaftliche Programm des APCtp den Teilnehmern vorzustellen.

Den reservierten Empfang im Ministerium nahm ich zum Anlass, dieses darauf hinzuweisen, dass es das Geld der MPG nur geben würde, wenn das Budget des Centers mit einer gleichen, zusätzlichen Summe vom Ministerium aufgestockt würde. Das wurde akzeptiert. Da das Geld der Max-Planck-Gesellschaft in Korea für zwei Nachwuchsgruppen reichte, hatten wir mit dem zusätzlichen Betrag vom Ministerium die Mittel, um insgesamt vier Nachwuchsgruppen zu gründen. Auf diese Weise wurde das System von selbstständigen Nachwuchsgruppen in Korea eingeführt. Bis dahin gab es solche Gruppen in der dortigen hierarchisch organisierten Wissenschaft nicht. Inzwischen sind sie im Land üblich, und ihre Zahl wächst stetig.

Eine weitere Reise nach Korea im selben Jahr nutzte ich, um in Japan um mehr Unterstützung für das Center zu werben. Dort gab es ein spezielles Komitee, welches die japanischen Interessen am APCtp vertrat. Auch hier stieß ich auf große Skepsis, was die Zukunft des APCtp betraf. Das Ansehen des Centers war in Japan nicht sehr ausgeprägt. Nachdem ich dem Komitee die Pläne für den Aufbau des inhouse Forschungsprogramms und die Einrichtung von Junior Research Groups (JRG) vorgestellt hatte, wurde mir bekundet, dass dies das erste akzeptable Konzept sei, das bis dato vom Center vorgelegt wurde. Das klang zwar ermutigend, zusätzliches Geld für das Center war damit jedoch nicht verbunden. Der Weitblick von Peter Gruss war schon etwas ganz Besonderes, und die Flexibilität unseres deutschen Wissenschaftssystems lernte man im Ausland schätzen. Unterstützung erhielt ich hingegen von der Stadt Pohang. Der damalige Bürgermeister der Stadt, Seung-Ho Park, war ein äußerst sympathischer Mann. Er war früher ein bekannter Judosportler in der Provinz Gyeongbuk-do gewesen. Sein Vorschlag war, eine Partnerschaft zwischen Pohang und Dresden zu schließen.

Als ich mit diesem Vorschlag beim Ersten Bürgermeister in Dresden, Dirk Hilbert, vorsprach, war dieser zuerst wenig begeistert. Es lägen der Stadt eine Reihe von Partnerschaftsvorschlägen vor, und wir wüssten doch sehr wenig über Korea, und über Pohang schon gar nichts. Um es vorwegzunehmen: Das hat sich seitdem grundlegend geändert. Nicht viel später nämlich unternahmen die Dresdner Philharmoniker eine Korea-Tournee, die Herr Hilbert begleitete, um Kontakte zu koreanischen Firmen zu knüpfen. Während der Reise lernte er eine koreanische Opernsängerin kennen, verliebte sich in sie und heiratete sie kurze Zeit später. Inzwischen ist Dirk Hilbert nicht nur ein tatkräftiger Oberbürgermeister, sondern auch ein Korea-Fan. So können sich Einstellungen ändern.

Seung-Ho Park
Bürgermeister von Pohang

Anfang 2008 war es jedenfalls noch nicht so weit. Die Stadt Pohang hatte gerade eine neue City Hall (Rathaus) gebaut, die viel Geld gekostet hatte und deshalb bei der Bevölkerung nur mit

Einschränkungen populär war. So stieß mein Vorschlag, analog zum Dresdner Vorbild, eine Vortragsreihe „Science in the City Hall“ ins Leben zu rufen, sofort auf große Resonanz bei den Stadtvertretern. Die Idee der Veranstaltungsreihe war, die Ergebnisse zeitgenössischer Grundlagenforschung interessierten Bürgern leicht und verständlich nahezubringen. Besonders Themen aus der Astrophysik (Gravitationswellen, Schwarze Löcher und so weiter) und Medizin stießen allgemein auf großes Interesse. Am 29. März 2008 fand der erste Vortrag in dem neuen Rathausgebäude statt. Referent war der Chemiker Yuan T. Lee aus Taipeh, der einen Nobelpreis für Chemie bekommen hatte. Das Thema, über welches er sprach, nämlich Energie und Umwelt, war sehr populär. So war der große Veranstaltungssaal der City Hall dicht gefüllt. Im Unterschied zum Dresdner grauhaarigen Publikum waren es hier vor allem ganz junge Leute, welche die Zuhörerschaft bildeten. Offenbar hatten die Schulen ganze Klassen zur Veranstaltung geschickt, und als wir den Saal betraten, gab es ein großes Hallo, viele Schüler winkten uns zu. Jedenfalls war die Veranstaltung ein großer Erfolg, obwohl mir nicht klar war, inwieweit die Zuhörerschaft dem Vortrag wirklich folgen konnte. Seit diesem Beginn wird jeweils ein unterhaltsamer Teil in das Programm mit eingebaut. Mit drei Vorträgen pro Jahr findet die Reihe in Pohang bis heute Anklang.

Der Aufbau der Nachwuchsgruppen (Junior Research Groups) gestaltete sich schwieriger als anfangs vermutet. Mit Unterstützung von Lu Yu (Beijing), den wir in unsere Auswahlkommission berufen hatten, gelang es uns jedoch, zwei vielversprechende junge chinesische Kollegen als Gruppenleiter für uns zu gewinnen, von denen insbesondere Xin Wan hervorragend war. Er war einige Zeit in Princeton gewesen und kannte unser Dresdner Institut. So war er maßgeblich für den guten Start unseres Nachwuchsgruppenprogramms verantwortlich. Seitdem hat sich die Situation grundlegend geändert. Nachdem es sich zeigte, dass die Nachwuchsgruppenleiter sehr gute Anschlussangebote von Universitäten erhielten, sind diese Stellen sehr begehrt.

Die starke Entwicklung von Südkorea führte zu einem steigenden Interesse der MPG an diesem Land. Anfang Oktober 2007 wurde deshalb ein zweitägiges Symposium an der Seoul National University (SNU) veranstaltet mit dem Titel „Max Planck Society meets SNU“. Zu diesem Treffen reiste die MPG mit starker Besetzung an, unter anderem mit mehreren bekannten Wissenschaftlern.

Im Rahmen dieses Besuchs wollte POSTECH unbedingt den Präsidenten der MPG Peter Gruss nach Pohang einladen. Das erwies sich als schwierig, da der Zeitplan von Gruss keinen großen Spielraum zuließ. Lediglich am 5. Oktober war ein Zeitfenster von fünf Stunden noch nicht verplant. Um dennoch einen Besuch von POSTECH zu ermöglichen, erreichte es dessen neuer Präsident Sunggi Baik, dass der Chairman von POSCO seinen Hubschrauber zur Verfügung stellte. So ließ sich ein Besuch für die wenigen Stunden, die zur Verfügung standen, organisieren. Auf diese Weise lernte ich Korea aus der Luft kennen. Der Flug von Seoul zurück nach Pohang war insofern kurios, als dass wir den Forschungsleiter von POSCO mitnehmen sollten, der Pilot diesen jedoch vergaß. Auf halbem Weg mussten wir also noch einmal umkehren, um ihn in Seoul an Bord zu nehmen. Das erhöhte das Vergnügen des Hubschrauberflugs. POSTECH beeindruckte Peter Gruss sehr. Die Atmosphäre war viel vitaler als an der SNU. Nicht nur Gespräche mit Sunggi Baik, der enge Beziehungen zum Max-Planck-Institut für Mikrostrukturphysik in Halle hatte, fanden statt, sondern auch mit anderen Fakultätsmitgliedern sowie Doktoranden und Studenten. Trotz der sehr kurzen Zeit wurde viel erreicht, auf dem später aufgebaut werden konnte.

Sunggi Baik war die treibende Kraft einer Diskussion über eine mögliche Gründung eines Max-Planck-Instituts für Materialwissenschaften in Korea. Von so einem Institut erhoffte man sich nicht nur einen großen Auftrieb für die dortigen Materialwissenschaften, sondern darüber hinaus für die Grundlagenforschung den Gewinn größerer Unabhängigkeit gegenüber dem Ministerium. Dieses nimmt gewöhnlich Einfluss auf Wissenschaft und Lehre bis ins Detail, sobald es Projekte finanziert. Trotz dieser Einflussnahme entwickelt sich die Wissenschaft in Korea enorm stark, denn mit Zähigkeit und Hilfe von Kollegen kommt man gewöhnlich beim Ministerium zum Ziel. Natürlich würden für ein MPI in Korea die allgemeinen Regeln der MPG gelten, und die geben den Instituten größtmögliche Unabhängigkeit. Die koreanische Regierung hatte signalisiert, für solch ein MPI rund 200 Millionen US-Dollar zur Verfügung zu stellen. Um die Möglichkeiten für solch ein Unternehmen auszuleuchten, veranstaltete die MPG zusammen mit POSTECH ein eintägiges internationales Symposium über Materialwissenschaften auf dem POSTECH-Campus, zu dem hervorragende Sprecher eingeladen wurden. Die Resonanz in Korea war außerordentlich groß, denn die Vortragenden beeindruckten die aus den verschiedenen koreanischen Universitäten angereisten Teilnehmer gewaltig.

Wissenschaftler der Max-Planck-Gesellschaft bauen ihre Kooperationen mit südkoreanischen Kollegen der privaten Pohang University POSTECH weiter aus. Max-Planck-Präsident Professor Peter Gruss und der Präsident von Postech, Professor Sunggi Baik, unterzeichneten am 14. Juni 2010 in München ein entsprechendes Abkommen, das im Rahmen einer „Research Initiative“ die Einrichtung von zunächst zwei internationalen Max-Planck-Centers vorsah.

Eine Institutsgründung kam jedoch nicht zustande. Der Grund war letztlich, dass hervorragende koreanische Kandidaten, die man für den Aufbau des Instituts ins Auge fasste, nicht bereit waren, von ihren guten Positionen in den USA für diese Aufgabe zurück nach Korea zu kommen. So wurde beschlossen, eine bescheidenere Version in Form von zwei kleinen Max-Planck-Zentren am POSTECH zu realisieren. Das gelang, und im Juni 2010 wurde ein entsprechendes Abkommen zwischen der MPG und POSTECH von den beiden Präsidenten Peter Gruss und Sunggi Baik in München unterzeichnet.

Die Beziehungen des APCtp zu den Mitgliedsländern waren natürlich unterschiedlich intensiv. Mit Taiwan, Vietnam, Japan, Indien und auch China waren sie eng, während sie etwa bei Laos oder der Mongolei auf die Teilnahme eines Vertreters an der jährlichen Sitzung des General Council beschränkt waren. In einigen Ländern waren die physikalischen Gesellschaften, beziehungsweise wissenschaftlichen Organisationen so schwach, dass sie die jährlichen Mitgliedsbeiträge von 10.000 US-Dollar nicht aufbringen konnten.

Taiwan hatte zahlreiche talentierte Nachwuchskräfte, die zum großen Teil ihr Glück in den USA versuchten. Im Land selbst waren insbesondere die Academia Sinica, die Taiwan National University (TNU) sowie das National Center for Theoretical Sciences (NCTS) in Hsinchu auf dem Campus der National Tsing Hua University Sammelbecken für diese Talente. Unsere Junior Research Groups am APCtp veranstalteten jährliche Treffen mit Theoretikern aus Taiwan, die auf gute Akzeptanz stießen. Ich selbst besuchte mehrfach den eindrucksvollen Campus der Academia Sinica, wo ich mit T. K. Lee zusammenarbeitete. Im Science Council des NCTS versuchten wir, die finanzielle Unterstützung der Forschungsarbeit, insbesondere von taiwanesischen Nachwuchswissenschaftlern, zu verbessern. Schließlich war und ist es eine Hauptaufgabe des APCtp, die internationale Zusammenarbeit bei Forschungsprojekten im asiatisch-pazifischen Raum zu stärken und auszubauen. Im

November 2009 wurde anlässlich einer Preisverleihung durch den National Science Council die Bedeutung der wissenschaftlichen Zusammenarbeit nicht nur zwischen Taiwan und dem APCtp, sondern insbesondere auch mit Deutschland betont.

Während das Budget des Centers zu Beginn meiner Tätigkeit aufgrund der Unterstützung durch die MPG gewachsen war, stagnierte es in den darauffolgenden Jahren. Jetzt machte sich der Nachteil, die Landessprache nicht zu beherrschen, voll bemerkbar. So konnte ich die Verhandlungen mit den Beamten des Ministeriums nicht selbst führen, da diese der englischen Sprache nicht mächtig waren, sondern musste das immer einem Administrator überlassen. Dabei war ich mir nie sicher, ob meine Argumente beim Ministerium auch wie beabsichtigt ankamen, denn erfahrungsgemäß ging bei indirekten Verhandlungen immer viel Information verloren.

Über die finanzielle Zukunft des APCtp machte ich mir zunehmend Sorgen. Wir hatten die Zahl der Junior Research Groups (JRG) langsam, aber stetig vergrößert und waren dadurch mittel- bis langfristige Verpflichtungen eingegangen. Da die Leiter der JRGs recht schnell gute Jobangebote erhielten, bewarben sich zunehmend gute, junge Koreaner auf diese Stellen, und der Anteil an ausländischen Gruppenleitern ging kontinuierlich zurück. Insgesamt erreichte ich, dass im Normalfall acht JRGs am APCtp arbeiteten. Deren Finanzierung wollte ich unbedingt langfristig sichern. So brachte ich mehrfach meine Pläne über die Zukunft des APCtp zu Papier, doch es blieb unklar, wie diese vom Ministerium aufgenommen wurden. Gute Unterstützung erhielt ich hingegen vom POSTECH-Präsidenten Sunggi Baik. Mein Ziel war nicht nur der Aufbau eines respektablen inhouse Forschungsprogramms, sondern darüber hinaus der Bau eines eigenen Gebäudes, um den steigenden Mehrbedarf an Fläche für das Center aufzufangen. Sunggi Baik sagte mir dafür eine Fläche auf dem POSTECH-Campus zu, und für einige Zeit schien es so, als ob er auch einen privaten Finanzier für das Vorhaben gefunden hätte. Im weiteren

Verlauf stellte sich allerdings heraus, dass die dafür verlangten Gegenleistungen inakzeptabel waren.

Später versuchte ich mit Unterstützung des deutschen Botschafters in Seoul, Dr. H.-U. Seidt, über Deutschland ein sogenanntes „seed money“ in Höhe von 700.000 Euro zu erhalten. Mit diesem Startgeld wäre die Provinz Gyeongbuk bereit gewesen, das Projekt als „Max-Planck-Haus“ zu finanzieren. Aber auch dieser Versuch schlug fehl, obwohl Deutschland für sehr wenig Geld großes Ansehen in Korea erworben hätte. Auf dem POSCO-Gelände gab es bereits ein Erwin-Rommel-Haus, denn der Gründer von POSCO, der ehemalige General Tae-Jeon Park, war ein Bewunderer des „Wüstenfuchses“. Nun wäre noch ein Max-Planck-Haus auf dem POSTECH-Campus als Gegenstück hinzugekommen, schade!

Im Oktober 2010 war es so weit, dass Inge Korea besuchte. Ein guter Anlass war eine erneute Einladung zum Herbsttreffen der Koreanischen Physikalischen Gesellschaft (KPG). Tagungsort war wiederum Pyeongchang (acht Jahre später wurde es der Austragungsort für die Olympischen Winterspiele). Dort bedankte sich die KPG für den Einsatz für das APCtp und bekundete Solidarität gegenüber dem Ministerium.

Das Dorf Yangdong mit seinen typischen Bauernhäusern

Nach der Konferenz fuhren wir mit dem Auto entlang der koreanischen Ostküste nach Pohang. Dort zeigte ich Inge die Sehenswürdigkeiten der Umgebung, unter anderem Gyeongju und das historische Dorf Yangdong. Die Häuser hatten noch die Form alter Bauernkaten. Im größten der Häuser war eine Holztafel angebracht, die so etwas wie „Goldene Regeln" beschrieb, die eingehalten werden sollten. Eine Regel ist mir besonders im Gedächtnis geblieben. In Jahren von Missernten war es untersagt, Land von Bauern zu kaufen, die in Not geraten waren. Das fand ich eindrucksvoll, denn die Regel sollte verhindern, dass ein Bauer sich gezwungen sah, Teile seiner Lebensgrundlage während eines temporären Notstands unter Wert zu veräußern. Diese Haltung kontrastiert zum Verhalten der Buddenbrooks im gleichnamigen Roman von Thomas Mann, wo die temporäre Notlage eines Kaufmanns durch einen Buddenbrook unbedenklich ausgenutzt wurde. Offenbar gibt es ethische Regeln, die unabhängig von Zeit und Ort zur Menschheit gehören. Wir besuchten das Dorf anlässlich eines Institutsausflugs, und beim Dinner saßen wir alle zusammen im Freien auf den Holzplanken eines kleinen traditionellen Restaurants. Oktober ist die schönste Jahreszeit in Korea, und so verlebten wir in dieser historischen Umgebung einen stimmungsvollen Abend.

Mein Vertrag am APCtp war aus Altersgründen bis 2013 befristet. Als der Tag des Vertragsendes gekommen war, lud ich viele Freunde und Kollegen zum Abschiedsessen in ein traditionelles Restaurant in Gyeongju ein, wo es in schönem Ambiente recht gesellig zuging. Sie hatten in den Jahren zuvor dafür gesorgt, dass ich mich in Pohang sehr wohl gefühlt habe. Die kommunikative Art der Koreaner hatte dazu geführt, dass ich mich in Korea trotz aller kulturellen Unterschiede immer integriert fühlte.

Nach meinem Ausscheiden tat sich das Kuratorium recht schwer, einen Nachfolger zu finden. Umso erfreuter bin ich heute, dass nach Jahren der Unsicherheit das Center nun mit Yunkyu Bang einen hervorragenden Präsidenten gefunden hat. Das Budget steigt wieder, und das Ministerium erkennt das Center als eine treibende Kraft im koreanischen Wissenschaftsbetrieb an. Die frühere Reserviertheit dem Center gegenüber ist gewichen, und die Nachwuchsgruppen des Centers wurden bereits mehrfach ausgezeichnet. Persönliche Verbindungen zum APCtp und zu Pohang bestehen natürlich auch weiterhin. So habe ich mit Hilfe eines Dresdner Kollegen in jüngster Zeit einen Schüleraustausch zwischen Dresden und Pohang initiiert, der auf gute Resonanz gestoßen ist. Als Ehrenbürger von Pohang fühle ich mich verpflichtet, das bessere Kennenlernen der beiden Städte zu unterstützen. Auch am jährlichen Treffen des Kuratoriums des Centers habe ich als dessen Ehrenpräsident weiterhin teilgenommen, bis die Corona Epidemie diese Aktivitäten beendet hat.

DAS INSTITUTE FOR BASIC SCIENCE (IBS)

Ein wichtiges Projekt im Wahlprogramm des 2008 zum Präsidenten von Korea gewählten Myung-bak Lee war die Schaffung eines „International Science and Business Belts“ (ISBB). Dieser Wissenschafts- und Wirtschaftsgürtel quer durch das Land sollte Korea einen Schub nach vorn bringen. Wie der Präsident mehrfach betonte, lag ihm folgende Überlegung zugrunde: Der wirtschaftliche Erfolg Koreas beruht auf neuer Technologie, bei der das Land die Rolle eines hervorragenden „close follower“ einnimmt. Damit ist gemeint, dass die Grundideen von Neuentwicklungen im Hightech-Bereich aus dem Ausland kommen, insbesondere aus den USA, dass diese aber in Korea schnell aufgegriffen, perfektioniert, mit hoher Qualität produziert und mit Erfolg verkauft werden. Ein Beispiel ist Apple als Ideengenerator und Samsung als erfolgreicher Produkterzeuger, das heißt „close follower“. Diese Rolle, so Präsident Lee, würde jedoch immer stärker von China eingenommen. Deshalb müsse Korea zur Sicherung seiner Zukunft von einem „close follower“ zu einem „Technologieführer“ werden. Das erfordere einmal die Erzeugung neuen Wissens, besonders in den Grundlagen von Physik, Chemie, Biologie,

Mathematik etc., welche zu neuen Technologien führen und daneben neue Formen der Zusammenarbeit von Wissenschaft und Wirtschaft. Beiden sollte der ISBB dienen. Daneben sollte der ISBB eine teilweise Entzerrung der zu stark auf Seoul ausgerichteten Wirtschaft bewirken. In Seoul und näherer Umgebung lebt ungefähr ein Drittel der koreanischen Bevölkerung. Eine bessere Verteilung der Wirtschaft über das gesamte Land würde zu insgesamt höherem Zuwachs beim nationalen Bruttosozialprodukt führen. Soweit die Intentionen des Präsidenten Lee, der die Schaffung des ISBB durch einen Beschluss des Nationalen Parlaments absichern ließ. Das waren beeindruckende Pläne zur Zukunft Koreas, welche die Vitalität des Landes und seiner politischen Führer widerspiegeln. Als Kernstück wurde die Gründung des Institute for Basic Science (IBS) beschlossen. Unter diesem Schirm werden 50 Zentren zur Grundlagenforschung aufgebaut. Korea schafft damit eine Forschungsorganisation, welche der Max-Planck-Gesellschaft in Deutschland oder der von RIKEN in Japan entspricht. Dafür stellte das Parlament für einen Zeitraum von zehn Jahren sechs Milliarden Euro zur Verfügung.

Institute for Basic Science (IBS)

Im Jahr 2010 wurde heftig gerungen, wie die regionale Verteilung dieser 50 Zentren aussehen sollte. Eine große Kontroverse entbrannte um den Sitz des IBS Headquarters. Hier waren Daejeon und die Gyeongsangbuk-do Provinz mit den Städten Pohang, Daegu, Ulsan die beiden Hauptkontrahenten. Als ein Ausländer mit langjähriger MPG-Erfahrung wurde ich von der Provinz mit an die Front geschickt. So nahm ich an einer Reihe von TV- und Zeitungsinterviews teil und hielt Vorträge über die MPG und das deutsche System zum Betreiben von Grundlagenforschung. Höhepunkt war der Besuch einer Delegation der Provinz Gyeongbuk unter Leitung des Governors Kwan-Yong Kim am 12. Mai 2011 im Koreanischen Parlamentsgebäude in Seoul. Dieser Delegation gehörte ich ebenfalls an. Insbesondere nahm ich an einer Podiumsdiskussion teil. Anschließend wurden der Governor und ich vom „General Secretary of the National Assembly“ zum Tee eingeladen. Als besonders nützlich konnte ich mich bei einem Fernsehinterview der Delegation durch die größte koreanische Fernsehstation erweisen. Die Reporter wollten nämlich detailliert wissen, warum die Provinz Gyeongbuk besser für die Grundlagenforschung geeignet sei als Daejeon. Da die anderen Delegationsmitglieder lokale Politiker und tüchtige Wirtschaftsvertreter waren, aber zu Fragen der Wissenschaft wenig zu sagen hatten, musste ich die Beantwortung übernehmen. So blieb es an mir hängen, den Reportern genau zu erklären, warum man auf POSTECH und die Provinz Gyeongbuk beim Aufbau des IBS nicht verzichten könne, ohne einen großen Fehler zu begehen. Insbesondere wies ich auf die Notwendigkeit hin, hochqualifizierte Studenten für den Erfolg des IBS zu gewinnen. Das war eine Stärke der Universitäten der Gyeongbuk Provinz, und das Argument kam erstaunlich gut an. So war die Delegation über den Verlauf des Fernsehinterviews sehr zufrieden. Dennoch verlor aufgrund übergeordneter politischer Umstände die Provinz gegen Daejeon das Rennen. Das starke Engagement der Provinz machte sich jedoch beim Verteilungsschlüssel der 50 Zentren positiv bemerkbar. Von diesen wurden allein zehn der Provinz Gyeongbuk zugeteilt.

Se-jung Oh – Gründungspräsident des Institute for Basic Science

Nachdem die Zuordnungsfrage der Zentren geklärt war, musste ein Präsident für das IBS gefunden werden. Dazu wurde die Position ausgeschrieben, und das Berufungskomitee forderte mich auf, mich ebenfalls dafür zu bewerben. Teil der Bewerbung war eine Beschreibung, wie man sich den Aufbau des IBS vorstellt. Da es mir vollkommen unrealistisch erschien, für diese sehr politische Stelle einen Ausländer zu berufen, sah ich keinen Grund für eine Bewerbung. Dagegen fand ich es interessant, dem Komitee mitzuteilen, wie das Vorgehen während der Gründungsphase vonstattengehen sollte und wie eine koreanische Version der Max-Planck-Gesellschaft aussehen könnte. Das Komitee schlug schließlich seinen Vorsitzenden, Se-jung Oh, dem Präsidenten von Korea zur Berufung als ersten IBS Präsidenten vor. Diese fand alsbald statt, und aus meiner Sicht wurde damit der wohl für dieses Amt am besten befähigte koreanische Wissenschaftler ausgewählt. Se-jung Oh ist von Haus aus ein Materialwissenschaftler. Er hatte zuvor mehrere Ämter innegehabt, wie das des Vorsitzenden der Koreanischen National Research Foundation. Er ist nicht nur ausgesprochen klug, es heißt, dass er nie an einem Examen teilgenommen habe, bei dem er nicht als die Nummer Eins reüssierte, sondern er war auch flexibel genug, um ein Unternehmen wie das IBS, für das es in Korea überhaupt keine Erfahrungen irgendwelcher Art gab, erfolgreich zu starten. Kurz nach seiner Ernennung zum Präsidenten des IBS fragte er mich, ob ich bereit wäre, das Amt des Vorsitzenden des Selection and Evaluation Committees (SEC) des IBS für drei Jahre zu übernehmen. Das IBS war so konzipiert, dass Kandidaten für die Direktorenstellen der einzelnen Zentren vom SEC dem Scientific Advisory Board (SAB) als Kontrollorgan empfohlen wurden und dass nach deren Bestätigung der Präsident, das heißt Se-jung Oh, dann die Verhandlungen mit den zu Berufenden aufnehmen konnte. Dem SEC fiel somit eine entscheidende Schlüsselstellung zu. Mit der Auswahl geeigneter Direktoren steht und fällt das IBS. Das SEC wiederum war nach Subkomitees für die Fächer Mathematik, Physik, Chemie, Erdwissenschaften, Lebenswissenschaften und Technikwissenschaften unterteilt. Die Namen der Mitglieder, wurden außer meinem als vertraulich behandelt, da letztere befürchteten, von außen unter Druck gesetzt zu werden. Meine Hauptaufgabe war, ein angemessenes Berufungsverfahren zu entwickeln. Dabei kamen mir meine Erfahrungen aus der Zeit als Sektionsvorsitzender der Chemisch-Physikalisch-Technischen Sektion der Max-Planck-Gesellschaft zugute. Internationale Berufungskommissionen, Referenzschreiben und Symposien mit Berufungskandidaten waren alles Dinge, die in Korea nicht bekannt waren und nun eingeführt wurden. Das erste Treffen des SEC fand Anfang März 2012 statt. Zuvor hatten die Berufungskommissionen getagt, die wir installiert hatten. Als am 17. Mai 2012 die große Eröffnungsveranstaltung mit Präsident Myung-buk Lee stattfand, konnten die ersten zwölf neu berufenen Direktoren der Öffentlichkeit präsentiert werden. Das Echo auf die Gründung des IBS war gewaltig, und die koreanische Bevölkerung nahm regen Anteil an dessen Entwicklung. Zahlreiche Interviews in Presse und Fernsehen folgten. Es war eine sehr intensive und ereignisreiche Zeit. Die größte Herausforderung war, trotz gewaltigen zeitlichen Drucks keine Zugeständnisse bezüglich der Qualität der zu berufenden Direktoren zu machen. Das war nicht leicht und bot Gelegenheit, sich neue „Freunde" zu schaffen. Im Rückblick kann man jedoch feststellen, dass dieser Qualitätsanspruch vom SEC erfolgreich durchgesetzt wurde. Der Wirkungsquerschnitt meiner Arbeit war nie höher als zu dieser Zeit.

In Korea beträgt die Amtszeit des Präsidenten einmalig fünf Jahre. Nachdem im Jahr 2014 die neue koreanische Präsidentin Geun-hye Park ihr Amt angetreten hatte, geriet das IBS zunehmend unter Druck. Der Grund war, dass die neue Regierung zur Finanzierung ihrer Wahlversprechen im Sozialbereich die hohen Zuwachsraten im Wissenschaftsbereich kappte. Dadurch sank die Erfolgsquote bei Anträgen von Wissenschaftlern an die National Research Foundation. Dafür machten jetzt viele abgelehnte Antragsteller das große Budget des IBS verantwortlich. Das traf zwar nicht zu, denn Letzteres war vom Gesetzgeber gesondert im Haushaltsplan verankert worden. Im Ergebnis wuchs jedoch die Zahl der Gegner des IBS. Der wachsende Widerstand trug sicher wesentlich dazu bei, dass Se-jung Oh seine Position am IBS aufgab und zurück an die Seoul National University ging, um sich dort um die Präsidentschaft zu bewerben. Für das IBS war diese Entwicklung nicht von Vorteil, denn nun wurde das Programm zeitlich stark gedehnt, und damit traten die Partikularinteressen der einzelnen Disziplinen zutage. Das machte meine Aufgabe als Vorsitzender des SEC nicht leichter, und so war ich ganz froh, als Ende Januar 2015 meine dreijährige Amtszeit zu Ende ging.

Es ist interessant, dass der Vorsitz des SEC bis heute von Mitgliedern der Max-Planck-Gesellschaft eingenommen wird. Die hohen Qualitätsanforderungen bei Neuberufungen von Direktoren und Arbeitsgruppenleitern sind beibehalten worden. So entwickelt sich das IBS in der Grundlagenforschung zu einer international sehr angesehenen Forschungsorganisation.

In Dresden hat sich, wie bereits erwähnt, in den letzten Jahren das Bild von Korea stark verändert. Nicht unwesentlich hat dazu der koreanische Honorarkonsul Dr. C. Hollenders in

Dresden beigetragen. Das Land gilt als ein geschätzter und verlässlicher Handelspartner mit wachsenden Verflechtungen.

Ein Erfolg für die Stadt Dresden war dabei, dass die koreanische Präsidentin Geun-hye Park auf ihrem ersten Europabesuch in die sächsische Metropole kam, um die Ehrendoktorwürde der Juristischen Fakultät der Technischen Universität in Empfang zu nehmen. Sie hielt zu dem Anlass eine denkwürdige Rede zur koreanischen Wiedervereinigung. Diese Rede ist als „Dresden Declaration" in die koreanische Geschichte eingegangen. Der Bekanntheitsgrad Dresdens in Korea ist aufgrund dieses Besuchs sehr gestiegen. Seither hat die Präsidentschaft von Frau Geun-hye Park eine unerwartete Wendung genommen, sie sitzt gegenwärtig im Gefängnis. Im November 2016 war es in Seoul zu Protestkundgebungen gegen die Präsidentin gekommen, der Amtsmissbrauch und Betrug vorgeworfen wurden. Im darauffolgenden März wurde sie ihres Amtes enthoben. Es folgte die Verurteilung zu einer hohen Geld- und langjährigen Haftstrafe. Rückblickend entbehrt das Amtsenthebungsverfahren nicht einer gewissen Tragik. Die eigentlich Schuldige in dieser Angelegenheit war nämlich die Tochter Soon-sil Choi eines koreanischen Sektenführers, welche die engste Vertraute der Präsidentin war und ihre Stellung missbraucht hatte. Besagter Sektenführer war nach der Ermordung der Mutter von Geun-hye Park bei einem fehlgeschlagenen Attentat, das dem Vater gegolten hatte, von letzterem beauftragt worden, sich um Geun-hye Parks seelische Verfassung zu kümmern und sie in seine Obhut zu nehmen. So kam es zu einer partiellen mentalen Abhängigkeit der Präsidentin vom Choi-Klan und zu den Vergehen, die sie 2017 die Präsidentschaft kosteten.

Damit enden die Rückblicke auf eine Zeit der Umbrüche und Neuorientierungen.

ADDENDUM

PFLEGE DES WISSENSCHAFTLICHEN NACHWUCHSES

Das materielle Wohl unseres Landes hängt von einer starken Wirtschaft ab. Deren Position auf dem Weltmarkt ist wiederum eng mit der gewährten Unterstützung durch ein starkes wissenschaftliches Umfeld verknüpft. Damit dieses Umfeld auch in Zukunft Bestand hat, bedarf es einer besonderen Pflege des wissenschaftlichen Nachwuchses. Die gegenwärtigen Vertreter der Wissenschaft müssen es als ihre Verpflichtung ansehen, Sorge zu tragen, dass auch in Zukunft ein angesehener Prozentsatz der besten Vertreter der heranwachsenden Generation in die Wissenschaft geht. Das bedarf besonderer Anstrengungen, denn die Einkommen im Wissenschaftsbetrieb sind deutlich geringer als in der freien Wirtschaft. Dafür bietet besonders die Grundlagenforschung viel Gestaltungsfreiraum für die eigene Arbeit und einen hohen Grad an sozialer Sicherheit.

Seit Gründung des Max-Planck-Instituts für Physik komplexer Systeme spielen die Pflege und Förderung des wissenschaftlichen Nachwuchses eine besondere Rolle. Das geht bereits aus dem Institutskonzept klar hervor, welches auf einem großen Gäste- bzw. Postdoc-Programm basiert, sowie der Organisation von Konferenzen, Workshops, Symposien etc. So ist verschiedentlich unser Institut des Spaßes halber als eine Art Durchlauferhitzer bezeichnet worden. Bevor ich darauf genauer eingehe, möchte ich über allgemeine Aktivitäten berichten, die sich an Jugendliche wenden, die noch nicht die Hochschulreife erlangt haben.

Der Junior Doktor

Seit dem Jahr 2000 wird in Deutschland jährlich ein neues Wissenschaftsjahr für eine ausgewählte Wissenschaftsrichtung ausgerufen. Diese soll popularisiert werden, indem unter einem Motto versucht wird, Brücken zwischen der Bevölkerung und dieser ausgewählten Wissenschaftsdisziplin aufzubauen. Die Serie wurde im Jahr 2000 mit der Physik als ausgewähltem Fach begonnen. Für uns als ein neues Max-Planck-Institut kam es darauf an, zu zeigen, dass Dresden ein hervorragendes Potenzial für neue Arbeitsplätze im Bereich Hochtechnologie hat. Inzwischen hat sich das bewahrheitet. In Kaufhäusern, auf Märkten und anderen markanten Plätzen in der Stadt wurden Stände für einfache physikalische Experimente eingerichtet, welche die Kinder ausprobieren konnten. Auf gesonderten Bögen wurden einfache physikalische Fragen gestellt, die beantwortet werden sollten. Auf diese Weise konnten Kinder und Jugendliche Punkte an den verschiedenen Ständen sammeln. Wer im Endergebnis auf eine gewissen Punktezahl kam, der erhielt dafür den Grad eines „Junior Doktors". Diesen verlieh ich den Jugendlichen am Ende der Aktion auf einer kleinen provisorischen Bühne in der Kuppelhalle des Hauptbahnhofs. Bei der Zielgruppe kam diese Würdigung sehr gut an, und die Kinder und Jugendlichen nahmen die Urkunde und ein kleines Geschenk im Beisein ihrer Eltern oder Großeltern stolz entgegen. Wer weiß, vielleicht hat auf diese Weise die eine oder andere wissenschaftliche Karriere ihren Anfang genommen.

Lange Nacht der Wissenschaften

In Dresden findet jedes Jahr im Sommer eine „Lange Nacht der Wissenschaften" statt. Lediglich die Corona-Pandemie hat dieses jährliche Ereignis kurzzeitig unterbrochen. In der Langen Nacht bleiben die teilnehmenden Institute für Besucher bis 1:00 Uhr nachts geöffnet. Diverse Unterhaltungsprogramme stimulieren bei Kindern und bildungsorientierten Bürgern in der Bevölkerung ein neugieriges Interesse an der Physik und den Naturwissenschaften im Allgemeinen. Insbesondere die verschiedenen wissenschaftlichen Nachwuchsgruppen, die wir am Institut haben, bieten interessante, einfache Experimente an, wie zum Beispiel das Doppelpendel, welche die Zuschauer faszinieren. Andere nichtlineare Systeme wie dasjenige von Jägern und Beute (oder Füchse und Hasen) lassen sich leicht auf dem Rechner simulieren und beeindrucken Schüler und Erwachsene. Insbesondere kann man damit die Entstehung chaotischen Verhaltens demonstrieren. Sehr populär sind ebenfalls freiberufliche Animateure im Programm mit einem abgeschlossenen Physikstudium. Sie können Physik mit guter Unterhaltung fantasievoll verbinden, und ihre Vorstellungen sind bei der Langen Nacht gewöhnlich überlaufen, es sind die Höhepunkte dieser Veranstaltungsart. Abhängig vom Wetter hatten wir an solch einem Abend bis über 3.000 Besucher am Institut. Bei schönem Wetter sitzen die Familien auf den Rasenflächen des Instituts, erfreuen sich an den Grillspezialitäten, Väter und Mütter trinken ein Bier dazu, und die Kinder rennen mit den verschenkten Luftballons umher. Anschließend geht es zur Besichtigung des nächsten Instituts. Das Schöne dabei ist: Jeder hat etwas gelernt, und Interessen wurden geweckt.

Wissenschaft im Rathaus, beziehungsweise im Theater

Dresden ist bekannt für sein Bildungsbürgertum. Dieses hat auch 40 Jahre DDR überlebt. Nun kommt es der Stadt sehr zugute, denn es zieht Besucher stark an. Das gilt auch für Wirtschaftszweige, die auf bildungsfreudige Mitarbeiter angewiesen sind, wie zum Beispiel die Halbleiterelektronik.

In den Jahren nach der Wende war die Situation umgekehrt: Wegen der hohen Arbeitslosigkeit verlor die Stadt rund 40.000 ihrer Bürger durch Abwanderung in die alten Bundesländer. Um diesem Trend entgegenzuwirken und um den Dresdner Bürgern zu zeigen, in welche Richtung die Zukunft zeigt, veranstaltete unser Institut schon kurz nach seiner Gründung die Vortragsreihe „Wissenschaft im Rathaus". Mitveranstalter sind seither die Stadt Dresden und die Technische Universität. Mit dem Rathaus als Veranstaltungsort wollten wir die Hemmschwelle abbauen, welche viele Bürger beim Besuch von Veranstaltung haben, die in der Universität stattfinden.

Der erste Vortrag in der neu geschaffenen Vortragsreihe wurde von Klaus von Klitzing aus Stuttgart gehalten zum Thema „Vom Urmeter zur Atomuhr". Er erläuterte, wie stark die Anforderungen an die Genauigkeit von Messgrößen im Zeitalter der Globalisierung gestiegen sind. Wenn etwa Teile des Airbus in drei Ländern hergestellt werden, die bei der Montage perfekt passen müssen, dann ist höchste Maßgenauigkeit angesagt. Der Erfolg war beeindruckend. Der große Plenarsaal im Rathaus reichte nicht aus, die rund 500 Besucher aufzunehmen, und so musste ein zweiter Raum zur Übertragung genutzt werden. Seitdem werden jährlich circa drei Veranstaltungen abgehalten mit im Durchschnitt 200 bis 300 Besuchern.

Die Vortragenden sind immer führende Wissenschaftler auf ihrem Gebiet, und die Vortragsthemen stellen die Front der Forschung in allgemeinverständlicher Form dar. Sehr beliebt sind Themen aus der Kosmologie oder der Genetik. Oft kommen Eltern mit Kindern, die kurz vor dem Abitur stehen, um sich zu informieren, welche Wissenschaftsgebiete für ein Studium vorzugsweise in Frage kommen.

Wegen einer umfangreichen Renovierung des Rathauses, die viel Zeit in Anspruch nahm, wurde unsere Veranstaltung, die von Jan-Michael Rost bestens betrieben wird, in ein Theater verlegt. Dort ist sie seitdem geblieben und wird nach wie vor gut frequentiert.

Jugend forscht

Im Jahr 1965 wurde auf Initiative des Journalisten Henri Nannen in der Zeitschrift „Stern" das Projekt „Jugend forscht" ins Leben gerufen. Im Rahmen eines bundesweiten Wettbewerbs werden jährlich besonders talentierte Jugendliche zwischen 15 und 21 Jahren für die sogenannten MINT-Fächer, d. h. Mathematik, Informatik, Naturwissenschaften und Technik aber auch Lebenswissenschaften, im Rahmen eines Wettbewerbs ermittelt. Zunächst finden Ausscheidungen auf Landesebene statt. Die Teilnehmer sind Einzelpersonen, die sich aber zu kleinen Teams zusammenschließen können. Die Landessieger der 16 Bundesländer nehmen an dem Bundeswettbewerb „Jugend forscht" teil, und die oder der Bundessieger wird dann von einer kompetenten Wissenschaftlergruppe ermittelt.

Als in einem Jahr Peter Gruss, der Präsident der MPG, als Jurymitglied verhindert war, an der Endauswahl teilzunehmen, bat er mich, ihn zu vertreten. Auf diese Weise bin ich mit diesem Wettbewerb in Berührung gekommen. Die Bundessieger wurden in Bremerhaven ermittelt. Der Moderator bei der Preisverleihung war Tom Buhrow, der spätere Intendant des WDR. Ungefähr 40 Kandidaten waren zur Endauswahl eingeladen worden. Obwohl die Zahl der Mädchen und Jungen unter den Kandidaten nicht sehr verschieden war, so waren es dafür deren Aufteilungen auf die verschiedenen Teilgebiete. Unter den rund 20 Teilnehmern der Endauswahl für die Fächer Mathematik, Informatik, Physik und Chemie nahm nach meiner Erinnerung nur ein Mädchen teil. Hingegen waren in den Fächern, die allgemein mit „Leben" zu tun hatten, insbesondere Biologie, die Verhältnisse fast umgekehrt. Hier waren die Mädchen den Jungen zahlenmäßig stark überlegen. Ich hatte nicht den Eindruck, dass diese Zahlenverhältnisse bei der Endauswahl gesteuert waren. Nach meinen persönlichen Erfahrungen sind originelle Schülerinnen genauso gut für eine Karriere in der Physik geeignet wie originelle Schüler. Deshalb vermute ich, dass die genderspezifische Präferenz für die unterschiedlichen Fächer primär auf traditionelles Rollenverhalten zurückzuführen ist.

Die Teilnahme in der Jury war ein Vergnügen. Es war beeindruckend zu sehen, mit welchem Engagement die Kandidaten ihre Versuche aufbauten, wie sie sich auch gegenseitig halfen, wenn die mitgebrachten Hilfsmittel nicht vollständig waren oder kleine Pannen behoben werden mussten, und mit welcher Begeisterung sie über die Resultate ihrer Forschungsvorhaben berichteten. Solange wir solche jungen Leute im Land haben, kann es um die Zukunft unseres Landes nicht schlecht bestellt sein.

Interessant waren die Beurteilungskriterien der vorgestellten Arbeiten. Es war nicht die technische Raffinesse von Beiträgen, die besonders hoch bewertet wurde, sondern die Originalität. Das führte bei einigen Teilnehmern zu Enttäuschungen, ist aber nach meiner Meinung voll gerechtfertigt, denn das übergeordnete Ziel sollte sein, originelles, unabhängiges Denken anzuregen. In Korea wäre man vermutlich anders vorgegangen. Dort genießt technische Meisterschaft höchstes Ansehen. Die Stiftung „Jugend forscht“ leistet meiner Meinung nach einen hervorragenden Beitrag zur Sicherung des wissenschaftlichen Nachwuchses.

Die Stellung der Doktoranden

Von besonderer Bedeutung ist die Einbettung von Doktoranden in unser Wissenschaftssystem. Nur selten wird ein Wissenschaftler in seinem Leben noch einmal die Gelegenheit haben, sich für mehrere Jahre ausschließlich mit einem Thema vollzeitlich beschäftigen zu dürfen, wie während seiner Doktorarbeit. Gewöhnlich geht der Doktorand an das Arbeitsthema seiner Dissertation, welches ihm der Doktorvater (oder die Doktormutter) vorgeschlagen hat oder das er sich selbst gewählt hat, unbefangen heran. Frühere Fehlversuche, falls es solche gab, kennt er gewöhnlich nicht und wird deshalb auch nicht negativ voreingenommen über versuchte Lösungswege sein. Das sind gute Voraussetzungen für neue, unkonventionelle Lösungsansätze.

Um Doktoranden für ihre Arbeit ein hohes Maß an Unabhängigkeit zu sichern, erhielten sie in der Vergangenheit vorzugsweise ein Promotionsstipendium. Mit solch einem Stipendium waren sie nicht weisungsgebunden und unabhängig. Dafür war die Erstellung der Dissertation ein Risikofaktor, den sie selbst zu tragen hatten. Dieses Risiko war durchaus nicht gering. In den USA, wo zur Zeit meiner Promotion die Verhältnisse bezüglich der Eigenverantwortung von Doktoranden ähnlich wie in Deutschland waren, haben einige meiner Kommilitonen ihre Promotion nicht zu Ende geführt, beziehungsweise erst etliche Jahre später beendet. Ein Freund von mir, Alex S., den ich nach meiner Rückkehr nach Deutschland für viele Jahre nicht gesehen hatte, sagte mir nach unserem Wiedersehen als ersten Satz: „Oh, Peter, I have to finish my PHD." Er hatte es an der University of Maryland nicht geschafft, seine Dissertation abzuschließen, und verdiente sein Geld mit Tätigkeiten, die eine geringere Qualifikation verlangten. Nachdem er bereits für etliche Jahre berufsmäßig tätig war, hat er es dann doch noch geschafft, an einer anderen Universität mit einem anderen Thema einen PHD zu erhalten. Ich selbst wurde während meiner Promotion aus einem Grant der Airforce bezahlt, über welches R. A. Ferrell frei verfügen durfte. Es gab mir völlige Unabhängigkeit. Natürlich war ich sehr um Ratschläge von Ferrell bemüht. Während der Vorlesungszeit war es nicht immer einfach, einen Termin bei ihm zu bekommen. Dafür konnte ich in den Sommerferien viel mit ihm diskutieren. Dabei hat er mir immer den Eindruck zu vermitteln versucht, als würden wir auf gleicher Augenhöhe diskutieren.

Gegenwärtig ist der Trend vorhanden, Stipendien durch BAT-Verträge zu ersetzen. Auf Wunsch und Drängen der Doktoranden sind auch innerhalb der Max-Planck-Gesellschaft alle Stipendienverträge durch BAT-Verträge abgelöst worden. Mit einem Dienstvertrag ist der Doktorand nunmehr weisungsgebunden. Ob damit ein Verlust von Selbstständigkeit und Unabhängigkeit verbunden ist, hängt sehr von dem Dienstvorgesetzten ab. Ist es zum Beispiel ein junger Nachwuchsgruppenleiter, der hochmotiviert ist, sein eigenes Forschungsprogramm erfolgreich zu realisieren, dann kann der Verlust an Unabhängigkeit des bei ihm Promovierenden durchaus beträchtlich sein, denn er muss sich in ein bereits klar definiertes Arbeitsprogramm einfügen und wird nur eingeschränkt Möglichkeiten haben, sich mit eigenen, neuen Fragestellungen zu befassen. Dafür ist das Risiko eines Scheiterns stark reduziert, denn nun trägt der Gruppenleiter die Verantwortung für den Erfolg des Forschungsprogramms. Der Doktorand hat somit de facto die Sicherheit, nach ca. drei Jahren eine Dissertation und den Doktorgrad in den Händen zu halten. Die Promotionszeit geht in seine spätere Rentenberechnung ein, und die früher manchmal vorhandene ungleiche Bezahlung von Doktoranden – je nach Finanzierungsquelle – ist nicht mehr vorhanden. Der Deal ist also: Aufgabe von Unabhängigkeit gegen Gewinn an Sicherheit und Gerechtigkeit (zum Beispiel einheitliche Bezahlung aller Doktoranden an einem Institut). Für diese Regelung haben, wie bereits erwähnt, die Doktoranden der MPG lange geworben. Ihrem Wunsch wurde schließlich entsprochen. Die Zukunft wird zeigen, ob sie sich bewährt.

Wenn man als Doktorand nicht lernt, Eigenverantwortung und Verantwortung für andere zu übernehmen, wo lernt man es dann? Dafür wurde das Instrument des Nachwuchsgruppenleiters geschaffen. Herausragende Doktoranden haben jetzt die Möglichkeit, nach der Promotion und nach ein paar Jahren als Post-doc in einer angesehenen Forschergruppe selbst eine eigene Nachwuchsgruppe aufzubauen. Mit dieser Gruppe kann er für eine begrenzte Anzahl von Jahren (gewöhnlich sind es 4 bis 5) sein eigenes wissenschaftliches Profil schärfen und Neuland erschließen. Für die wissenschaftliche Arbeit der Mitarbeiter in der Nachwuchsgruppe trägt er als Leiter der Gruppe die Verantwortung.

PHYSIKERINNEN AN HOCHSCHULEN

Es war während der Oberschulzeit in Naumburg, dass ich zum ersten Mal realisierte, wie lange höhere Bildungseinrichtungen für Frauen verschlossen waren. Wir hatten eine Lehrerin in Latein, die uns erzählte, dass sie die erste Studentin war, die zum Studium an der Universität in Königsberg zugelassen wurde. Das hat damals Kopfschütteln bei mir ausgelöst, aber nicht mehr. Beim späteren Physikstudium war der Anteil der Kommilitoninnen zwar sehr gering, geschätzte zehn Prozent, aber das wunderte mich wenig, denn bereits an der Oberschule war das Fach besonders bei den Mitschülerinnen wenig beliebt gewesen. Hatten Letztere gute Noten, so gingen sie nach dem Abitur gern in die Medizin. Bei den Jungs war die Situation eine andere. Wer sich etwas zutraute, der ging in die Naturwissenschaften, zumal etliche Fächer wie Jura, Wirtschaftswissenschaften usw. wegen zu großer Nähe zur Politik für viele Mitschüler von vornherein ausschieden. So war es keine Überraschung, dass während des Studiums die Zahl der Kommilitoninnen im Fach Physik klein war. Das galt nicht nur für die Ostberliner Humboldt-Universität, sondern ebenso für die Universitäten in Göttingen und Hamburg in Westdeutschland. Auch während meiner Promotionszeit in den USA an der University of Maryland und in Berkeley war die Situation nicht viel anders. Es ist kein Widerspruch, dass in den Materialwissenschaften einige junge Wissenschaftlerinnen herausragten und Aufmerksamkeit auf sich zogen, wie etwa Mildred Dresselhaus (1930 bis 2017) oder Myriam Sarachik (1933), die beide von Ivy League Colleges kamen, oder auch Fumiko Yonezawa (1938 bis 2019) von der Kyoto University. Sie hatten ihre Ausbildung an hervorragenden Universitäten erhalten und somit gute Startbedingungen. Erst in den 1970er-Jahren lernte ich die Probleme kennen, mit denen sich junge Physikerinnen in Deutschland konfrontiert sahen, die zur damaligen Zeit eine Laufbahn an einer Universität anstrebten.

Das will ich am Beispiel von Frau A. B. aufzeigen, die damals als junge Wissenschaftlerin in unsere Gruppe nach Stuttgart kam. Sie hatte zwölf Jahre zuvor in Deutschland promoviert und arbeitete anschließend als Post-doc an einer amerikanischen Ivy League Universität sowie als Wissenschaftlerin in verschiedenen Sonderforschungsbereichen in Deutschland. In den USA publizierte sie auf dem Gebiet der Supraleitung eine bemerkenswerte und viel beachtete Arbeit zusammen mit einem Teamkollegen. Sie kam zu uns, weil das wissenschaftliche Programm unserer Gruppe sowie das Umfeld ihren eigenen Vorstellungen entsprach. Sie war die einzige Frau in unserer Abteilung, aber das war sie gewohnt. Seit ihrer Schulzeit war sie fast immer die einzige Frau unter Männern gewesen, auch während ihrer Post-doc-Zeit in den USA. Für uns war sie ein großer Gewinn, denn sie war eine ganz ungewöhnlich begabte Wissenschaftlerin, welche sowohl stark in der Phänomenologie als auch in der Nutzung technischer Methoden war. Ihr Mann hatte eine Stelle in einer anderen deutschen Großstadt gefunden. Für Frau A. B. war das zu bewältigende Arbeitsaufkommen enorm. Neben ihrer sehr erfolgreichen wissenschaftlichen Arbeit hatte sie zwei Kinder großzuziehen und war mit einem Mann verheiratet, der in einer anderen Stadt arbeitete. Das ging natürlich nicht ohne häusliche Hilfe. Wie sie mir einmal sagte, musste sie diese mit dem größten Teil ihres Gehalts abdecken. Diese wirtschaftliche Belastung junger Frauen im Wissenschaftsbetrieb war auch Christiane Nüsslein-Volhard bekannt. Sie verwendete deshalb das Geld, welches sie 1995 für den Nobelpreis in Medizin erhielt, für die Gründung einer Stiftung. Diese unterstützt junge Frauen während der Promotion mit Mitteln, die zur Einstellung einer Hilfe bei der Kinderbetreuung verwendet werden können. Da die interessantesten Bewerbungen aus dem Bereich der Physik kamen, bat mich Frau Nüsslein-Volhard, ihr bei der Auswahl der zu Fördernden zu helfen. Das gab mir Einblicke in ganz verschiedene Lebensläufe und zeigte mir, mit welcher Energie und Zähigkeit Frauen Schwierigkeiten überwinden können, wenn sie von ihrem Ziel und ihrem Vorhaben überzeugt sind. Weil die wissenschaftliche Arbeit von Frau A. B. außerordentlich erfolgreich war, konnte sie sich nach einer angemessenen Zeit habilitieren und sich um ausgeschriebene Professorenstellen bewerben. Hier zeigten sich die Nachteile, mit denen in den 1980er- und 1990er-Jahren junge Wissenschaftlerinnen zu kämpfen hatten. Zur damaligen Zeit waren in der Physik Bewerbungen von Frauen auf solche Stellen selten. Die Ministerien in den einzelnen Bundesländern wollten den Frauenanteil an den Professuren jedoch wesentlich erhöhen. Nun muss man wissen, dass bei einer freien Professur die Berufungskommission dem Ministerium des betreffenden Bundeslandes eine Dreierliste von Kandidaten zur Berufung vorlegen muss. Der vom Fachbereich bevorzugte Kandidat steht an erster Stelle, gefolgt von den nächstfavorisierten Kandidaten. Als hoffnungsvoller Nachwuchswissenschaftler kommt man bei Bewerbungen oft zuerst auf einen Listenplatz 2 oder 3. Man hat dennoch eine gute Chance, berufen zu werden, denn der Kandidat auf Platz 1 nimmt ein entsprechendes Angebot oft nicht an, insbesondere wenn er bereits eine gut ausgestattete Professur hat. Er möchte dann in Bleibeverhandlungen lediglich sein Gehalt und seine Ausstattung verbessern. Bewirbt sich also Frau A. B. um eine Professur, dann wird sie die Berufungskommission nie auf Platz 2 oder 3 setzen, denn das Ministerium hat das Recht, die Reihenfolge zu ändern. Es würde sofort die Bewerberin auf Platz 1 setzen und berufen, um den Frauenanteil in der Professorenschaft zu erhöhen. Eine Universität wird jedoch das Recht nicht aufgeben wollen, zu versuchen, unter den Bewerbern den ihrer Meinung nach Bestqualifizierten zu gewinnen, und das ist die Person auf Platz 1. Damals sind einige Ministerien sogar so weit gegangen, zu verlangen, dass für Bewerberinnen, die nicht auf der Dreierliste berücksichtigt wurden, Gründe für die Nichtberücksichtigung anzugeben. In solchen Bundesländern konnte Frau A. B. sich überhaupt nicht bewerben, wenn sie vermeiden wollte, dass die Berufungskommission gezwungenermaßen negative Kommentare über sie an das Ministerium schickt. Inzwischen hat sich auch im Fach Physik der Frauenanteil an den Professuren deutlich verbessert, und auch Frau A. B. ist eine sehr angesehene Professorin geworden. Allerdings hätte die Anfangsphase ihrer Hochschulkarriere sehr viel einfacher verlaufen sollen.

Die Max-Planck-Gesellschaft hat sich selbst verpflichtet, den Frauenanteil bei den Wissenschaftlichen Mitgliedern und somit Direktoren schrittweise zu vergrößern. Das ist für Institute der Geistes-, Sozial- und Humanwissenschaftlichen Sektion (GSMS) sowie der Biologisch-Medizinischen Sektion (BMS) deutlich einfacher als für Institute der Chemisch-Physikalisch-Technischen Sektion (CPTS). Dementsprechend lagen die Anteile von Frauen bei den Wissenschaftlichen Mitgliedern im Jahr 2020 bei 25 Prozent (GSMS), 19,2 Prozent (BMS) und 12,7 Prozent (CPTS). Der Grund liegt auf der Hand, wenn man den bereits beschriebenen Wettbewerb „Jugend forscht" betrachtet, bei dem es sich zeigte, dass genderspezifische Interessen an den einzelnen wissenschaftlichen Gebieten unterschiedlich stark ausgeprägt sind. Erfreulicherweise steigt gegenwärtig das Interesse an den MINT-Fächern unter Abiturientinnen. Das ändert nichts daran, dass die Studienanfänger in den MINT-Fächern weiterhin überwiegend männlich sind. Aber die Aussichten ändern sich, und insbesondere Nachwuchsgruppenleiterinnen dienen den Studentinnen als Vorbilder und Trendsetter. Deshalb darf man optimistisch in die Zukunft sehen, wenn man nicht in den Fehler verfällt, den Anspruch aufzugeben, den jeweils am besten qualifizierten Kandidaten zu berufen. Mit einer Gleichstellungsbeauftragten, die jeder Berufungskommission angehört, sollte das sicherzustellen sein.

Um das in Deutschland vorhandene Potenzial an Wissenschaftlerinnen auszuschöpfen, müssten Arbeitsgesetze flexibilisiert werden. Wissenschaftliche Arbeit ist sehr kompetitiv und erfordert einen sehr hohen Zeitaufwand, um erfolgreich zu sein. Diesen in Einklang mit der parallelen Gründung einer Familie zu bringen, ist ein Hauptproblem, um talentierte Frauen für eine Hochschulkarriere zu interessieren: Der gesamte Arbeitsaufwand für eine Wissenschaftlerin mit einer Familie sollte den eines männlichen Pendants nicht deutlich übersteigen. Mit einem zielgerichteten Steuersystem sollte sich da viel erreichen lassen.

DANKSAGUNG

Es ist mir ein besonderes Anliegen, mich bei denjenigen zu bedanken, ohne die das Buchprojekt wohl kaum zustande gekommen wäre. Ganz besonders möchte ich Frau Regine Schuppe danken, die nicht nur das Manuskript nach mehreren Überarbeitungen immer wieder professionell geschrieben hat, sondern auch mit Vorschlägen zu Qualitätsverbesserungen beigetragen hat. Professor (emeritus) Dr. Reinhard Hesse hat den Anstoß gegeben, die „Rückblicke" in Buchform zu publizieren. Dr. Jutta Dornheim danke ich für zahlreiche Diskussionen über den Inhalt des Buches und die Thematik, persönliche Erinnerungen an die Öffentlichkeit zu bringen. Was ist gerechtfertigt und was nicht? Mein Bruder Klaus war so freundlich, Teile der ersten beiden Kapitel zu verifizieren. Frau Nora von Mühlendahl-Krehl gebührt Dank für das sorgfältige Lektorieren des fast fertigen Manuskripts. Herr Thomas Müller half mehrfach unterstützend mit seinem elektronischen know-how. Last not least möchte ich Frau Christina Renner danken für die Hilfsbereitschaft beim Publikationsprozess.

Der Autor

Peter Fulde wurde 1936 in Breslau, dem heutigen Wroclaw in Polen, geboren. Er erlebte den Zweiten Weltkrieg und die Zeit danach in der DDR. Nach der Republikflucht und einem Diplom in Hamburg ging er in die USA und promovierte 1963 an der University of Maryland. 1966 habilitierte der Autor und wurde 1968 auf einen Lehrstuhl für Theoretische Physik an der Johann Wolfgang Goethe-Universität in Frankfurt am Main berufen. Im Laufe seiner Karriere arbeitete der Autor in verschiedenen wissenschaftlichen Instituten und wurde zum Gründungsdirektor für das Max-Planck-Institut für Physik komplexer Systeme in Dresden. Von 2007 bis 2013 war Peter Fulde Präsident und seitdem Ehrenpräsident des Asia Pacific Centers for Theoretical Physics in Pohang (Korea). Die Leidenschaft an der Wissenschaft begleitet Peter Fulde seit Anbeginn seiner beruflichen Karriere, der Grundlagenforschung in der Physik widmete sich der Autor zeit seines Lebens.

Der Verlag

Wer aufhört
besser zu werden,
hat aufgehört
gut zu sein!

Basierend auf diesem Motto ist es dem novum Verlag ein Anliegen neue Manuskripte aufzuspüren, zu veröffentlichen und deren Autoren langfristig zu fördern. Mittlerweile gilt der 1997 gegründete und mehrfach prämierte Verlag als Spezialist für Neuautoren in Deutschland, Österreich und der Schweiz.

Für jedes neue Manuskript wird innerhalb weniger Wochen eine kostenfreie, unverbindliche Lektorats-Prüfung erstellt.

Weitere Informationen zum Verlag und seinen Büchern finden Sie im Internet unter:

www.novumverlag.com